guzzini Infinito design italiano   Infinite Italian Design

guzzini

Infinito design italiano / Infinite Italian Design

a cura di / edited by Moreno Gentili

In copertina / Cover
Immagine celebrativa del centenario Guzzini,
progetto Arca, pp. 140-141
Celebratory image of the Guzzini centenary,
Arca project, pp. 140-141

Controfrontespizio / Facing title-page
Ciotole *Vintage*, design Guzzini Lab, 2002
Vintage bowls, designed by Guzzini Lab, 2002

Design
Marcello Francone

Coordinamento redazionale / Editorial Coordination
Vincenza Russo

Redazione / Editing
Cinzia Morisco
Marina Marcello

Impaginazione / Layout
Stefano Frattini

Traduzione / Translations
Emily Ligniti e / and Sylvia Notini (dall'italiano
in inglese / from Italian to English); Irene Inserra
e / and Alessandra Gallo per / for *Scriptum*, Roma
(dall'inglese e dal francese in italiano / from English
and French to Italian)
Paul Metcalfe per / for *Scriptum*, Roma
(dall'italiano e dal francese in inglese / from Italian
and French to English)

Ricerca iconografica / Iconographical Research
Studio Gentili

First published in Italy in 2012 by
Skira Editore S.p.A.
Palazzo Casati Stampa
via Torino 61
20123 Milano
Italy
www.skira.net

Nessuna parte di questo libro può essere riprodotta
o trasmessa in qualsiasi forma o con qualsiasi
mezzo elettronico, meccanico o altro senza
l'autorizzazione scritta dei proprietari dei diritti
e dell'editore

© 2012 Fratelli Guzzini spa
© 2012 Moreno Gentili
© 2012 gli autori per i loro testi / the authors
for their texts
© 2012 Skira editore, Milano
Tutti i diritti riservati

All rights reserved under
international copyright conventions.
No part of this book may
be reproduced or utilized
in any form or by any means, electronic or
mechanical, including photocopying, recording,
or any information
storage and retrieval system, without permission
in writing from the publisher.

Printed and bound in Italy.
First edition

Distributed in USA, Canada, Central & South
America by Rizzoli International Publications, Inc.,
300 Park Avenue South, New York, NY 10010, USA.
Distributed elsewhere in the world by Thames and
Hudson Ltd., 181A High Holborn, London WC1V
7QX, United Kingdom.

Finito di stampare nel mese
di novembre 2012
a cura di Skira, Ginevra-Milano
Printed in Italy

Crediti fotografici / Credits
Archivio/Galleria Guzzini, pp. 8, 12, 21 in alto
e in basso a sinistra / above and below left, 96,
97, 102, 103, 188-189
Luigi Bussolati, pp. 2, 32, 39, 50, 58, 76, 98,
165, 190
Santi Caleca, p. 49
Paolo Carlini, p. 100
Daniele Cinciripini, p. 57
Esa Studio Buschi, pp. 27, 35, 40, 45, 51, 66, 72,
74, 78 in alto / above, 82 in alto, in basso a sinistra
e a destra / above, below left and right,
85, 86, 87, 111, 112, 155 in basso a sinistra / below
left, 157, 158 in alto a destra / above right, 159
in alto, in basso a sinistra e a destra / above
and below left and right, 160, 163, 166, 169
labadabadu – Felice di comunicare, pp. 55, 75, 115
Franco Lombardi, pp. 28, 82 in basso al centro /
below center, 158 in alto a sinistra / above left,
159 in basso al centro / below center
Stefano Marzoli, pp. 7, 8 in alto a destra / above
right, 19, 21 in basso a destra / below right, 44, 47,
68-69, 93, 106, 143, 145, 147, 148-149, 150, 153,
155 in alto, in basso al centro e a destra / above,
below center and right
Andrea Pancino, p. 78 in basso / below
Leo Torri, pp. 168, 172

Per gentile concessione / By kind permission:
Giovanni Faggiolati, p. 109
Moreno Gentili, pp. 94-95
Matteo Guzzini, pp. 80-81

Sommario / Contents

Cento anni di futuro
One Hundred Years of Future

7   Cento anni di futuro
       One Hundred Years of Future

20   Memorie di ieri, memoria di domani
       Memories of Yesterday, Memory
       of Tomorrow
       Moreno Gentili

Made in Italy nel mondo
Made in Italy in the World

35   Le origini nel futuro
       The Origins in the Future
       Adolfo Guzzini, Domenico Guzzini

48   "Formula Uomo"
       "Formula Man"
       Luca Cordero di Montezemolo

52   Tradizione e innovazione nello sviluppo
       di un Paese
       Tradition and Innovation in a Country's
       Development
       Diego Della Valle

Innovazione: design & mercato
Innovation: Market & Design

57   Innovare: dovere e passione
       To Innovate: Duty and Passion
       Gianfranco Zaccai

70   Il valore degli "oggetti"
       The Value of "Objects"
       Aldo Bonomi

77   L'uomo dei due mondi produce e distribuisce,
       fa ristorazione e insegna a cucinare, in Europa
       e oltreoceano
       The Hero of two Worlds Produces
       and Distributes, Works in the Restaurant
       Business and Teaches how to Cook, in Europe
       and across the Ocean
       Oscar Farinetti

Generazioni e territorio
Generations and Territory

93   Territorio, responsabilità, competitività
        Territory, Responsibility, Competitiveness
        Guido Corbetta

108   I protagonisti
        The Leading Figures

119   I designer che hanno collaborato e collaborano
        con la Fratelli Guzzini
        The Designers who Have Collaborated, and Continue
        to do so Today, with Fratelli Guzzini

Vision e comunicazione
Communication and Vision

121   Questa non è una ciotola per l'insalata
        This Is Not a Salad Bowl
        Alessandro Cannavò

126   Dieci domande a Moreno Cedroni
        Ten Questions for Moreno Cedroni

130   Dieci domande a Luigi Massoni
        Ten Questions for Luigi Massoni

Evoluzione di uno stile
Evolution of a Style

145   Cento anni Guzzini
        100 Years of Guzzini
        Aldo Colonetti, Gillo Dorfles

Foodesign & internazionalità
Foodesign & Internationality

171   Quando il design è sottile
        When Design Is Subtle
        Giorgio Di Tullio

180   Quale analogia può esistere, in gastronomia,
        tra uno scolapasta e un armadillo?
        In Gastronomy, What Affinity Could There
        Be between a Colander and an Armadillo?
        Alberto Capatti

191   Biografie / Biographies

Cento anni di futuro
One Hundred Years of Future

• Francobollo emesso dalle Poste Italiane nell'ottobre del 2012 in occasione del centenario dell'azienda (dal progetto Arca, pagina 140)

• Stamp issued by the Italian Post Office in October 2012 to commemorate the company's Centennial (from the *Arca* project, page 140)

Cento anni di futuro
Moreno Gentili

Questo Paese ha bisogno di futuro, è innegabile. E il futuro non è facile da leggere e nemmeno da comprendere. E allora? Occorre guardare alla nostra memoria, ora più che mai, ma senza retorica o malinconie per esperienze che oggi sarebbero irripetibili. Come? Voltandosi indietro con la giusta dose di saggezza, senza perdere di vista desideri, prospettive e progetti per dare risposte concrete alla comunità civile di cui tutti noi facciamo parte. Mantenendo insomma inalterata la capacità di guardare avanti, puntare verso un futuro plausibile. E per farlo parliamo della vitalità di un'azienda quale è la Fratelli Guzzini di Recanati nelle Marche, che quest'anno compie cento anni, ricchi di storia e pieni di una vitalità, che generazione dopo generazione sposta i suoi orizzonti nel mondo. L'azienda nasce nel 1912 al rientro da un viaggio in Argentina, allora terra di migrazione per molti italiani,

One Hundred Years of Future
Moreno Gentili

This country needs a future, and that's an undeniable fact. And the future is neither easy to read nor is it easy to understand. And so? We need to look towards our memory, now more than ever, but without rhetoric or nostalgia for experiences that today would be unrepeatable. How can we do this? By turning back the pages with the right dose of wisdom, without losing sight of desires, prospects and projects so that we can give concrete answers to the civil community we are all a part of. In short, by keeping intact the capacity to look ahead, to search for a plausible future. And to do so we speak of the vitality of a company like Fratelli Guzzini based in Recanati in the Marches region, a company which this year celebrates its one hundredth anniversary, steeped in history and filled with an energy that generation after generation shifts its horizons out into the world.

di Enrico Guzzini accompagnato del figlio maggiore Ubaldo. Lì, in un laboratorio nei dintorni di Buenos Aires, l'uomo aveva scoperto l'importanza delle lavorazioni del corno di bue, ricavato dall'omonimo animale, da stampare e modellare con grande fatica e accuratezza. È in questi anni di lavoro che Enrico intuisce la possibilità di ricondurre un materiale naturale verso prodotti innovativi e utili, come la tabacchiera per contenere tabacco da fiuto, di qualità e bellezza particolari. Rientrato in Italia dopo diverso tempo, dà subito vita a un modo di essere che caratterizza tutt'oggi la Fratelli Guzzini: essere sempre innovativi. Erano i prodromi di un design ancora artigianale di cui nelle Marche non vi era alcuna scuola, ma non solo. Era l'inizio di un cambiamento epocale in cui si iniziava a desiderare qualcosa di più di ciò che era semplicemente necessario.

Oggi, per le aziende attente alle evoluzioni del gusto e a quelle indispensabili della tecnologia, utili soprattutto per rispondere a mercati fluidi e imprevedibili, forme di flessibilità economica incontrollabili e spostamenti improvvisi di baricentri produttivi, è più che mai importante porsi obiettivi concreti. Quali? Qualità del prodotto innanzitutto, ma anche contribuire a un benessere sociale in grado di favorire l'evoluzione di un sistema-paese per le prossime generazioni. Se a questo aggiungiamo anche la possibilità di rappresentare l'immagine stessa della nazione in cui l'azienda opera, ecco che la risposta nel merito degli obiettivi da raggiungere completa un quadro sinergico di forte rappresentanza economica e territoriale di cui oggi buona parte dell'Europa, se non del mondo, ha bisogno. E questo è ciò che

The company was born in 1912 upon Enrico Guzzini's return from a trip to Argentina, then the land of migration for many Italians, accompanied by his eldest son Ubaldo. There, in a workshop in the outskirts of Buenos Aires, Enrico had discovered the importance of working ox-horn, taken from the animal itself, to be cast and molded with great effort and precision. It was in those years that Enrico intuited the possibility to channel a natural material towards innovative and useful products, such as the snuffbox used to contain tobacco for sniffing, a particularly high-quality, beautiful object. Once he had returned to Italy some time later, he immediately launched a way of being that still characterizes Fratelli Guzzini today: the fact of always being innovative. These were the early signs of a design that was still craft-based, and unprecedented in the Marches region. But it was not only that. It was the start of a great change in which people began to want things that were no longer simply necessary for life.

Today, for those companies mindful of evolutions in taste and essential evolutions in technology, above all useful for responding to fluid and unforeseeable markets, forms of uncontrollable economic flexibility and sudden shifts in productive hubs, it is more important than ever to set concrete objectives. But which ones? Product quality first and foremost, but also the need to contribute to a social well-being capable of fostering the evolution of a country as system for the generations to come. We should add to this the possibility of representing the image itself of the country in which the

• Stampo in legno per la formatura del corno di bue con tabacchiera ovale, 1912

• Mold made from wood for ox-horn molding with an oval snuffbox, 1912

hanno fatto – e che tutt'ora fanno con orgoglio – molte aziende di questo Paese capitanate da dinastie famigliari di lungo corso come la Fratelli Guzzini.

Se guardiamo alla storia delle nostre imprese, il made in Italy si è imposto internazionalmente in non pochi casi perché sinonimo di qualità di prodotto, che ha contribuito notevolmente a creare un benessere sociale diffuso grazie al valore delle maestranze e a una strategia imprenditoriale di tutto rispetto che fino a un recente passato ha saputo come muoversi e diffondersi. Oggi è tutto più difficile, ma questo non vuole dire che la medesima forza produttiva non possa trovare nuove forme di identità, così come paradigmi di comunicazione che sappiano identificare rinnovati traguardi da raggiungere. Uno di questi è senza dubbio il valore congiunto di quella capacità di "previsione dei mercati" che ha spinto aziende come la Guzzini a rinnovarsi continuamente, tra il giusto riconoscimento verso una storia straordinaria e una formidabile determinazione verso il futuro. Una forza di volontà protrattasi fino a oggi in una forma di *governance* moderna e dinamica guidata da imprenditori portati a confrontarsi con gli stilemi di un nuovo millennio tutto da interpretare.

La Fratelli Guzzini – dinastica per antonomasia – rivela quindi tutto il sapore non solo di un territorio come le Marche, che ha visto nascere innovatori del calibro di Enrico Mattei, ma anche la qualità di persone che hanno saputo interpretare insieme i bisogni e i desideri di un Paese in evoluzione. Figure come Enrico Guzzini, il fondatore, i figli Pierino e Mariano, i primi a partecipare con lui alla nascita dell'azienda marchigiana, il terzo figlio Silvio e successivamente i nipoti, rappresentano una nostra *Heimat* attraverso cui si può leggere la storia di un Paese, delle sue qualità e delle sue tendenze. "Quella dei Guzzini è la storia di un successo costruito con intelligenza, volontà, coraggio: virtù che la solidità dei legami familiari ha cementato, innalzandone il valore e rafforzandone l'efficacia. Nel successo della Guzzini ci sono tutti gli ingredienti del modello marchigiano di sviluppo: l'attività industriale che ha origine in quella artigianale; le sinergie familiari; il radicamento del territorio, da cui discende anche il 'credo' nella vocazione sociale dell'Impresa. Una peculiarità, quest'ultima, che ha permesso di 'saldare' gli interessi dell'azienda con quelli della comunità locale, riducendo così la conflittualità all'interno dell'impresa e innalzando il consenso sociale all'esterno", scrive in proposito un presidente della company operates. Here is where the answer as to which aims are to be achieved completes a synergetic picture of strong economic and territorial representation, which today most of Europe, if not the world, is in need of. And this is what many companies in this country have done—and still do with pride—captained by long-established family dynasties just like Fratelli Guzzini.

If we look at the history of our companies, the "Made in Italy" has prevailed internationally in so many cases because it is synonymous with product quality, which has substantially contributed to creating widespread social well-being thanks to the value of the skilled workers and a reputable entrepreneurial strategy that until the recent past has been capable of acting effectively and expanding. Today everything is harder than it used to be, but this does not mean that the same productive energy cannot find new forms of identity, as well as communication paradigms capable of identifying renewed goals to be achieved. One of these is undoubtedly the combined value of that capacity for "market forecasting" that has pushed companies like Guzzini to renew themselves continuously between the proper acknowledgement of an outstanding history and a formidable determination in facing the future. A strength of willpower that has endured up to the present day in a form of modern and dynamic governance led by entrepreneurs who measure up to the stylistic features of a new millennium that is yet to be interpreted.

Fratelli Guzzini—quintessentially dynastic—reveals all the flavor not just of a territory like the Marches, which has seen the birth of innovators of the caliber of Enrico Mattei, but also the quality of people who have been capable of interpreting together the needs and desires of an evolving country. Figures such as Enrico Guzzini, the founder, his sons Pierino and Mariano, the first to take part with him in the birth of the Marches-based company, his third son Silvio and subsequently his grandchildren, represent our own *Heimat* through which we can read the history of a country, its qualities and its trends. "That of the Guzzini family is a story of success built with intelligence, willpower, courage: virtues that the solidity of the family bonds has consolidated, raising its value and reinforcing its efficacy. In the success of Guzzini we can find all the

Repubblica quale è stato Carlo Azeglio Ciampi, figura di indubbia correttezza morale e politica[1]. Ed ecco perché storie come queste vanno conosciute – e in questo libro faremo la conoscenza della Fratelli Guzzini – non come realtà avulsa dalla nostra stessa quotidianità, ma come possibilità di evolvere verso rinnovate occasioni, sostenute da una determinazione che ha fatto grande questo Paese.

È infatti in parole come quelle scritte da Ciampi che si ravvisano i valori grazie ai quali un'azienda, quando persegue parametri produttivi nei termini di una lungimiranza imprenditoriale capace di evolversi nel rispetto delle regole sociali, non può che dare un contributo fondamentale tanto al territorio di appartenenza quanto al Paese intero di cui ne rappresenta a tutti gli effetti l'immagine. E la Fratelli Guzzini è oggi parte di un sistema-paese che ha saputo internazionalizzare oltre che il made in Italy anche un *know-how* imprenditoriale sempre al passo con i tempi, perfino con quel giusto anticipo che richiedono i prodotti in grado di rispondere ai bisogni dell'immaginario collettivo. È la storia di una famiglia che alla fine degli anni cinquanta ha portato il design nelle Marche, quindi partecipato all'evoluzione di tale genere industriale in Italia e nel mondo. Ma è poi tutto qui? E chi lo dice? Se parliamo di "100 anni di futuro" – slogan che ci siamo dati per rappresentare la Fratelli Guzzini – possiamo affermare che, se il cosiddetto mercato globale è ormai meta superata dalle innovazioni di una "rete" universale entro cui si relazionano quelle imprese dotate di un pensiero tecnologico trasversale a innovazioni e *know-how* di prodotto, questa azienda sta lavorando per un futuro ancora più interessante dove la cultura dei materiali, la valenza del pensiero umano e la stessa esperienza imprenditoriale si possono già definire responsabilità di una nuova etica d'impresa.
La medesima nata da Enrico Guzzini, figlio di contadini dotati di un amore per la terra e per quegli "orti" di campagna che anticamente definivano una parola che è principio di innovazione: *nascimento*. E nascere non è arrendersi all'evidenza dei fatti, tutt'altro. È compiere cent'anni e poi ricominciare ancora per guardare avanti, godendo della trazione motrice di una memoria ricca di sorprese ancora *in nuce*.
Ma a questo proposito, vale a dire riguardo all'epopea familiare che contraddistingue la storia della Fratelli Guzzini, è necessario aprire un prezioso inciso nelle vicende imprenditoriali di questo Paese: sarebbe infatti ora di riconoscere che non esiste

ingredients of the Marches model of development: the industrial activity that originated in the artisanal one; the family synergies, the rootedness in the territory, from which the 'creed' for a social vocation of the enterprise also stems. A peculiarity, the latter, that has allowed the company's interests to be 'welded' with those of the local community, thus reducing the conflict levels inside the company and raising the social consensus on the outside," writes former President of the Italian Republic, Carlo Azeglio Ciampi, a figure of undoubted moral and political rectitude.[1] And this is why stories such as this one deserve to be known about—and in this book we shall get to learn about Fratelli Guzzini—not as a reality cut off from our own daily lives, but as the chance to evolve towards renewed opportunities, supported by a determination that has made this country great.

It is indeed in words like the ones written by Ciampi that we can see the values thanks to which a company, when it pursues productive parameters in terms of entrepreneurial long-sightedness capable of evolving in compliance with the social rules, cannot help but give a fundamental contribution both to its own region and to the whole country whose image it represents for all intents and purposes. And Fratelli Guzzini is today part of a country as system that has been able to internationalize not only the "Made in Italy," but also an entrepreneurial know-how always abreast with the times, also with that right amount of foresight that products capable of answering the needs of the collective imaginary require. It is part of the history of a family that in the late-1950s brought design to the Marches region, participating in the evolution of that industrial genre in Italy and the rest of the world. But is this all there is to it? And who says so? If we speak of "100 years of future"—the slogan we have given ourselves to represent Fratelli Guzzini—we can assert that, if the so-called global market is by now a goal surpassed by the innovations of a universal "network" in which companies are endowed with a technological thinking transversal to innovation and product know-how, this company is working for an even more interesting future in which materials culture, the value of human thinking, and the entrepreneurial experience itself can already be defined as the responsibilities of a new business

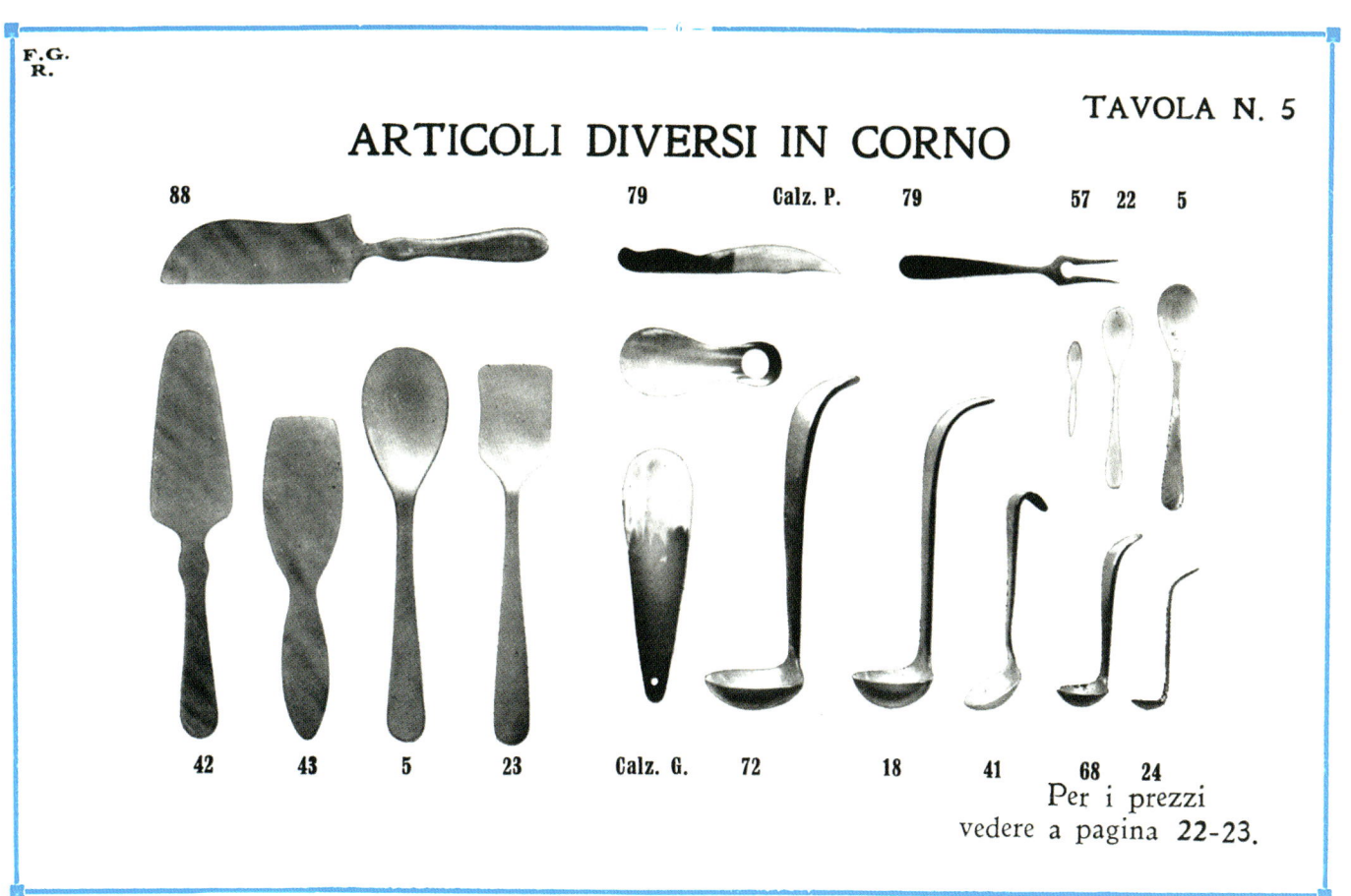

- Pagina interna del catalogo P. & M. Guzzini, 1932-1933
- Copertina del catalogo P. & M. Guzzini, 1932-1933
- Page inside catalogue P. & M. Guzzini, 1932–33
- Catalogue cover P. & M. Guzzini, 1932–33

qualità d'impresa senza una strategia etica e intuitiva di chi la governa poiché, come in effetti è, appare vero proprio il suo contrario; dove cioè non vi è stata strategia imprenditoriale confortata dal rispetto delle regole nei confronti delle maestranze, dalla qualità della ricerca e dalle necessarie innovazioni, spesso le aziende faticano a crescere e a divenire.
E in ogni buona strategia imprenditoriale nasce un "nascimento" di cui molti giovani imprenditori italiani dovrebbero fare tesoro, soprattutto se in esso è leggibile il confronto con coloro che posseggono quel giusto talento in grado di ampliare gli orizzonti di diffusione del prodotto e con questo il valore dell'azienda stessa, fino all'immagine del territorio

ethic. The same one born from Enrico Guzzini, a farmer's son endowed with a love for the land and those market gardens that once defined a word that constitutes the principle of innovation: *nascimento (birth)*. And being born is not surrendering to the reality, anything but that. It is reaching one hundred years of age and then starting over again to look ahead, enjoying the forward traction of a memory rich in surprises still in the embryonic phase.
But in this regard, that is to say as concerns the family saga that distinguishes the history of Fratelli Guzzini, we need to open an important aside in the entrepreneurial events of this country: that the time has indeed come to recognize that there is no

- Enrico (al centro) negli anni trenta con la famiglia, tra cui i figli e i nipoti
- Enrico (center) in the 1930s with his family, among which his sons and his grandchildren

locale e nazionale in cui risiedono. E qui il made in Italy dimostra una volta di più che gli imprenditori italiani di talento hanno saputo allargare i nostri confini senza temere confronto alcuno con il mercato.

È in queste scelte imprenditoriali, dotate di lungimiranza tecnologica e insieme scientifica, che si intravede quella lucidità che da sempre aiuta a sviluppare non solo il proprio seminato nei termini di profitto, ma crea, come afferma Ciampi, "radicamento nel territorio". Un radicamento da intendersi come un vasto campo di applicazioni dove l'ingegno dell'imprenditore si affianca al talento del management e delle maestranze, così come ai creativi chiamati a studiare l'evoluzione del prodotto. Chiediamoci infatti in proposito che cosa voglia dire, ancora oggi, individuare un materiale di successo che lega non solo la funzionalità di un prodotto al mercato – quindi al gusto dei consumatori – ma anche alla funzionalità di un territorio in termini di economia di sistema. Chiediamocelo perché sarebbe importante per comprendere appieno il successo di un'azienda che crea usi e costumi collettivi senza ricorrere eccessivamente ad artifici di natura velleitaria, ma applicando ricerca e rispetto della tradizione, innovazione e cultura di talento. È questo un insieme di fattori che realizzano la qualità del prodotto finito tra le mani – nel caso dei Guzzini potremmo dire "in casa" – di tutti noi consumatori.

E dall'uso del corno di bue all'applicazione dell'acrilico in poi, il successo della Fratelli Guzzini è divenuto un crescendo continuo grazie alla scoperta di nuove modalità di produzione, ma soprattutto di nuove "forme" di design vero e proprio. Pensiamo alle prime ciotole sferiche e trasparenti per il cibo, così semplici e perfette che a guardarle ancora oggi sembrano richiamare quella regola, essenziale e spirituale insieme, che è stata l'"ora et labora" dei benedettini. Un caso? Un accostamento improprio? Molto probabilmente né l'uno né l'altro. Non è nella funzionalità degli oggetti che si riscontra quel valore d'uso comune che determina utilizzo e funzione della forma? E tanto più questa funzionalità si diffonde, tanto più si dimostra che l'intuizione imprenditoriale e creativa – cioè l'insieme dei due fattori – è stata corretta.

"Guardate con attenzione quelli più bravi di voi e confrontatevi con loro, solo così sarete sicuri di migliorare le cose che fate. Se poi ci mettete un pochino d'anima diventeranno dei capolavori", affermava Mariano Guzzini già in grado di prevedere

company quality without the ethical and insightful strategy of those who govern it because, as is currently the case, its opposite actually seems to be true; that is, where there has been no entrepreneurial strategy comforted by compliance with the rules *vis-à-vis* the skilled workers, by the quality of the research and the necessary innovations, companies often struggle to grow and develop. And in every good entrepreneurial strategy a *nascimento* is born which many young Italian entrepreneurs should treasure, above all if legible within it is a form of benchmarking with those who possess the right talent capable of broadening the horizons of product diffusion and along with this the value of the company itself, up to the image of the local and national territory where they are situated. And here the "Made in Italy" once again shows that the talented Italian entrepreneurs have been capable of enlarging our borders without fearing any comparisons with the market.

It is in these entrepreneurial choices, endowed with technological and scientific long-sightedness, that we can glimpse that clarity of thought that has always helped not only to reap what it has sown in terms of profit, but that also creates, as Ciampi states, "rootedness in the territory." A rootedness to be understood as a vast field of applications where the entrepreneur's ingeniousness takes its place side by side with the talent of the management and the skilled workers, just as the creative designers called upon to study product evolution.
Let's ask ourselves, then, what it still means today to single out a successful material that ties not only the functionality of a product to the market—hence to consumer taste—but also the functionality of a territory in terms of a far-reaching economy. Let's ask ourselves this because it is important to fully understand the success of a company that creates collective uses and customs without excessively resorting to artifices of an unrealistic nature, but rather by applying research and respect for tradition, innovation and a culture of talent. It is this set of factors that achieves the quality of the finished product in the hands—in the case of Guzzini we could say "in the home"— of all us consumers.

And from the use of ox-horn to the application of acrylic onwards, Fratelli Guzzini's success

• Prodotti in metacrilato creati
per Team Guzzini, 1970

• **Methacrylate products**
for Team Guzzini, 1970

le evoluzioni di un mercato in continua espansione, nonché le esigenze di un territorio per lo più ancora dotato di economie povere, prive di quella tecnologia che in futuro avrebbe creato benessere per tutti.
E Pierino e Mariano, memori di questa lezione, presero sul serio queste parole in alcuni momenti di maturità imprenditoriale e umana, come nel 1938 quando, dopo essere venuti in contatto con chi si occupava della dismissione di materiali in uso sugli aerei militari, ebbero un'intuizione formidabile. Venne infatti riferito loro dell'opportunità di utilizzare gli scarti di produzione dei finestrini dei velivoli, realizzati con un materiale trasparente e robusto per ovvie necessità logistiche. Pierino e Mariano colsero subito le possibilità produttive di questo materiale, il famoso plexiglas, che permise loro di produrre oggetti perfettamente trasparenti e di così alta qualità tanto che il negozio Richard Ginori, la Rinascente di allora, ne ordinò un considerevole quantitativo decretandone il successo nel mondo di un design ancora da scoprire. E proprio il design arrivò ben presto grazie alle intuizioni di alcuni componenti della "terza generazione", nipoti del fondatore Enrico e figli di Pierino, Mariano e Silvio, i più grandi dei quali misero piede in fabbrica per la prima volta già agli albori della Seconda guerra mondiale. Tra questi è indispensabile citare Raimondo Guzzini, innovatore di talento tanto nella metodologia di innesto dell'azienda nel tessuto internazionale, quanto nella capacità di intuire la necessità di inserire i primi designer nel percorso evolutivo dell'azienda. Sostenuto anche dagli altri fratelli, e in particolare dal giovane Giuseppe e dal fratello maggiore Giovanni che con la sua manualità e sensibilità si occupava dello sviluppo del prodotto, fu portatore di una visione nuova invitando, come vedremo in seguito, diversi designer a lavorare per il futuro dell'azienda di famiglia. È però importante tenere ben in mente questa esperienza, nata tra discussioni e approfondimenti sul finire degli anni cinquanta, soprattutto alla luce di quella che è l'attuale evoluzione di mercato del design.

Questo "innesto di relazione", voluto dalla famiglia Guzzini, tra imprenditore e designer dimostra infatti una volta di più una necessaria funzionalità del prodotto made in Italy, che se valorizzato oggi in modo originale, e proprio in un periodo storico di crisi, darebbe un rinnovato impulso a un sistema-design spesso arenato sulle secche di due mondi divenuti negli ultimi anni troppo distanti. Oggi infatti possiamo dire che l'immagine del design internazionale appare spesso autoreferenziale nei

has become a continuous *crescendo* thanks to the discovery of new production modalities, but above all new "forms" of full-fledged design. Suffice it to recall the first spherical, transparent bowls for food, so simple and perfect that even looking at them today they seem to recall that motto, both essential and spiritual, that was the *ora et labora* of the Benedictines. Mere chance? An inappropriate comparison? Quite likely neither one nor the other. Is it not in the functionality of the object that we find the true common value of use that determines use and function of the form? And the more this functionality is spread, the more it shows that the entrepreneurial and creative insight—that is, the combination of the two factors—was right. "Look carefully towards those who are better than you and compare yourselves with them, only then can you be sure to improve the things you do. Then, if you add a little soul to it, they will become masterpieces," Mariano Guzzini would say, already capable of foreseeing the trends in a continuously expanding market, as well as the needs of a territory still largely endowed with poor economies, and devoid of the technology that in the future would create well-being for everyone. And Pierino and Mariano, remembering this lesson, took these words seriously in certain moments of their entrepreneurial and human maturity, such as in 1938, when, after having come into contact with those who dealt with the disposal of materials used in military aircraft, they had a formidable insight. In fact, they were told of the opportunity of using the by-products of the aircraft windows, made with transparent and sturdy materials for obvious logistic needs. Pierino and Mariano quickly understood the productive possibilities of this material, famous as Plexiglas, which allowed them to produce perfectly transparent objects of such high quality that the Richard Ginori store, the "Rinascente" of the day, ordered a considerable quantity of them, thus decreeing their success in the world of a design yet to be discovered. And design soon arrived thanks to the insights of some of the members of the "third generation," the grandchildren of the founder Enrico and the sons of Pierino, Mariano and Silvio, the eldest of whom set foot in the factory for the first time at the dawning of the Second World War. Among these we must cite Raimondo Guzzini, a talented innovator both in the way of grafting the company

termini di figure che vanificano la ricerca imprenditoriale e a volte lo stesso prodotto. Insomma, aziende da una parte e designer dall'altra, quasi due scuole di pensiero disgiunte e non di rado portatrici di obiettivi diversi, rischiosamente lontane da un'unione esperienziale tra imprenditore e designer. La relazione tra la famiglia Guzzini e Luigi Massoni, designer e comunicatore di raffinata qualità, capace di creare oggetti ma anche di dotare l'azienda di strumenti di *brand identity* quali marchi e messaggi valoriali, ha dimostrato con anni di anticipo come sia indispensabile non chiudere steccati tra i ruoli ma aprirli, soprattutto nell'ambito del design, dove forma e funzione sono ancora fonti di stimolo indispensabili alla creatività. Massoni in un certo senso appartiene a quella scuola di pensiero di alcuni maestri, quali Bob Noorda, A.G. Fronzoni, Italo Lupi, Pierluigi Cerri, quest'ultimo collaboratore non a caso di lungo corso del gruppo Guzzini, che ha caratterizzato la comunicazione del design nel momento del suo massimo fulgore. Nel caso dei Guzzini il design, non dimentichiamolo, ha attinto linfa da una precisa e determinata strategia di internazionalizzazione, voluta e perseguita con determinazione da tutti i componenti della famiglia che ancora oggi si impegnano con il medesimo entusiasmo.

È in anni come questi che si delineano con definitiva chiarezza la versatilità e le qualità imprenditoriali dei Guzzini nel loro insieme dinastico. Qualità, da come si è osservato, sostenute da una velocità intuitiva e una capacità di realizzazione nel segno di un rinnovamento del nostro modo di abitare lo spazio pubblico e privato. Il saper fare "rete", innestare relazioni, lavorare in termini di co-marketing danno oggi garanzie per un futuro meno incerto ed è in questo modello culturale che il "modello-casa" dei Guzzini, cioè l'ambito in cui il calore delle relazioni, i sogni e non raramente le speranze di uomini e donne trovano riscontro grazie agli affetti, si afferma.

Dare vita a una creatività che ancora oggi permette di essere presenti nel mercato internazionale con soluzioni idonee alla tutela delle tradizioni è frutto di una curiosità di spirito, oltre che della volontà di creare buone regole. E anche all'interno della "dinastia Guzzini" le innovazioni di salvaguardia del capitale umano e industriale presentano soluzioni di interesse economico e strategico. Ad esempio, in Guzzini sono state create regole di responsabilità imprenditoriale verso quei famigliari non direttamente

into the international fabric, and in his capacity to intuit the need to put the first designer in the company's evolutionary pathway. Also supported by his other brothers, and in particular by the young Giuseppe and his elder brother Giovanni, who, with his manual skills and sensibility, dealt with product development, he was the bearer of a new vision, inviting, as we shall see later, a number of designers to work for the future of the family business. It is, however, important to keep this experience well in mind, an experience born from discussions and analyses towards the end of the 1950s, especially in light of what the current evolution in the design market is.

This "grafting of relations," wanted by the Guzzini family, between entrepreneur and designer, indeed demonstrates once more a necessary functionality of the "Made in Italy," which, if valorized today in an original way, and precisely in a historical period of crisis, would give renewed impulse to a design system often stuck in the shallows of two worlds that have grown too far apart in the past few years. We can in fact say that today the image of international design often appears to be self-referential in terms of figures that thwart entrepreneurial research and at times the product itself. In short, the companies, on the one hand, and the designers, on the other, almost two separate schools of thought and often the bearers of different objectives, riskily far removed from an experiential union between entrepreneur and designer. The relationship between the Guzzini family and Luigi Massoni, a designer and communicator of refined quality, capable of creating objects but also of equipping the company with brand identity instruments such as logos and value messages, has shown years ahead of the times how crucial it is not to shut off the barriers between roles, but rather to open them up, above all within the scope of design, where form and function are still the essential sources of stimulus for creativity. Massoni in a certain sense belongs to that school of thinking of such masters as Bob Noorda, A.G. Fronzoni, Italo Lupi, Pierluigi Cerri, the latter not surprisingly a long-running collaborator of the Guzzini group, who characterized design communication at the moment of its utmost splendor. In the case of Guzzini, let's not forget, design has drawn energy from a precise and determined strategy of internationalization,

coinvolti nelle attività di produzione ma comunque partecipi delle scelte cruciali del gruppo. È in questo contesto di relazioni umane e professionali che nasce nel 1982 FIMAG (Finanziaria Mariano Guzzini), acronimo che determina la possibilità di valutare dal punto di vista storico come un gruppo famigliare di grandi e oggettive responsabilità si doti di uno strumento, definito come un vero e proprio "patto di famiglia", per trovare accordo e concordia ma soprattutto, come riportato nel libro omonimo dedicato a questa operazione, per "[...] porre le regole di un comportamento aziendale e familiare a tutela dell'azienda, quest'ultima intesa non solo come patrimonio familiare, ma anche come bene sociale che incide sulla cultura e l'economia del nostro Paese". Affermazione questa interessante – di questi tempi più che opportuna – che denota lo sviluppo di una coscienza civile di quegli imprenditori che non distolgono l'attenzione dai valori del territorio in cui essi stessi sono cresciuti. Non è forse un caso che la Fratelli Guzzini entra nel nuovo millennio con figure che ancora oggi guardano con rispetto alle precedenti generazioni, a partire dal fondatore Enrico Guzzini e alla sua tabacchiera in corno di bue.

Negli anni la Fratelli Guzzini ha alimentato una capacità di sviluppo tecnologico a tutto campo che l'ha portata a sperimentare e produrre oggetti in metallo, vetro, plastica e porcellana, plastica e acciaio, ampliando di fatto una gamma di prodotti che i consumatori guardano a tutt'oggi con simpatia. Non vi è che da entrare dove siano esposti i prodotti dell'azienda per cogliere un *esprit* che si può intuire nei quadri di Miró, Matisse, van Gogh, Keith Haring, Andy Warhol e altri. Essere "colorati" non vuole dire solo intrattenere il consumatore sul piano delle sue pulsioni consumistiche, ma cogliere il suo piacere nell'emozionarsi nei termini di una necessità esistenziale. Se poi a questo si aggiunge la funzionalità estetica di una "forma" pari alle attese interiori di una o più generazioni, non può che nascere una relazione di indiscutibile successo, soprattutto quando si riesce ad applicare questa chiave in un profilo internazionale. Essere colorati oggi vuole dire essere anche equilibrati, flessibili, vitali insomma. E se una figura straordinaria quale è stata Bruno Munari ha teorizzato la necessità di "vedere l'arcobaleno di profilo", possiamo dire che fin dai suoi albori la famiglia Guzzini ha sempre messo in pratica questo principio. Stiamo dunque parlando di una fucina di talenti? Può darsi, ma soprattutto si tratta di una storia da

wanted and pursued with determination by all the members of the family who are still committed to it with the same enthusiasm today.

It is in years like these that the entrepreneurial versatility and qualities of the Guzzinis in their dynastic wholeness are best appreciated. Qualities, as has been observed, supported by an insightful speed and a capacity of realization under the sign of a renewal of our way of living public and private spaces. Knowing how to "network," foster relations, work in co-marketing terms, today provides guarantees for a less uncertain future, and it is in this cultural model that the "model-house" of Guzzini, that is, the environment in which the warmth of relations, the dreams and not rarely the hopes of men and women find confirmation thanks to loved ones, proves to be successful. To breathe life into a creativity that even today allows us to be present in the international market with solutions suited to the safeguarding of traditions is the result of a curiosity of spirit, as well as the desire to create good rules. And also inside the "Guzzini dynasty" the innovations safeguarding human and industrial capital present solutions of economic and strategic interest. For example, rules of entrepreneurial responsibility have been created in Fratelli Guzzini towards those family members not directly involved in the production activities, but nonetheless involved in the group's crucial decisions. It is within this context of human and professional relations that in 1982 FIMAG (Finanziaria Mariano Guzzini) was founded, an acronym that determines the possibility to evaluate from a historical standpoint how a family business with great and objective responsibilities endows itself with an instrument, defined as a true and proper "family covenant," to find agreement and harmony but above all, as reported in the book of the same name dedicated to the operation, to "[...] lay down the rules for a corporate and family behavior safeguarding the company, the latter understood not only as a family asset but also as a social asset that impacts the culture and the economy of our country." This is an interesting statement—these days all the more relevant—which denotes the development of a civil conscience of those entrepreneurs who do not look away from the values of the territory in which they themselves have grown up. It may be no accident that Fratelli Guzzini entered the new millennium

• *Bolo cubo*, design Luigi Massoni, decoro Muriel, 1968

• *Bolo cubo*, design by Luigi Massoni, Muriel decoration, 1968

leggere con il giusto grado di ottimismo. In fondo essa rispecchia una qualità indiscussa del nostro Paese: il made in Italy più autentico, la sua cultura e le sue tradizioni. "La sperimentazione di tecniche industriali e artigianali di serie è guidata dalle implicazioni sociali cui la progettazione si ispira per la ricerca di soluzioni adeguate. Tutta la produzione made in Italy è riconoscibile per questi fattori dando vita a un approccio inimitabile perché l'industria italiana del design ha puntato e continua a puntare con forza sul connubio cultura-prodotto che si manifesta anche in un gusto estetico inimitabile, frutto di tutti i componenti che provengono dalla nostra tradizione", scrivono Valentina Croci e Porzia Bergamasco nel volume *Design in Italia*[2].

Oggi la Fratelli Guzzini è a tutti gli effetti un brand plurivaloriale, denso di un gusto estetico e capace di restituire emozioni allo stato puro in termini di prodotto finito. "La costruzione di una reputazione e di un'identità visiva è l'esito di un coordinamento strategico. Tale 'regia' trae la propria linfa vitale da un'attività continuativa di ricerca qualitativa"[3], afferma Elio Carmi a proposito di qualità della visibilità di un'impresa e quindi – noi aggiungiamo – della sua storia. Progetti come Foodesign denotano l'essenza di una ricerca condotta alle radici, alle origini, di quel complemento essenziale che è il cibo per tutti noi oggi. Circa trecento designer coinvolti, sei città

with figures that even today look respectfully to the previous generations, starting from the founder Enrico Guzzini and his ox-horn snuffbox.

Over the years, Fratelli Guzzini has fueled a capacity for technological development across the board that has led it to test and produce objects made from metal, glass, plastic and porcelain, plastic and steel, actually enlarging a range of products that the consumers are still attracted to and pleased by today. All we have to do is go and see where the company's goods are on display to grasp an *esprit* that can be intuited in the pictures of Miró, Matisse, van Gogh, Keith Haring, Andy Warhol and others. Being "colorful" does not only mean entertaining the consumer on the level of consumer drives, but rather understanding his or her pleasure in being emotionally moved in terms of an existential necessity. If then to this we add the aesthetic functionality of a "form" equal to the interior expectations of one or more generations, this can only lead to the birth of a relationship of undoubted success, above all when we succeed in applying this key to an international profile. Being colorful today also means being balanced, flexible, in a nutshell, alive. And if an outstanding figure like that of Bruno Munari theorized the need to "see the rainbow from the side," we can say that right from the outset the Guzzini family has always put this principle into practice.

Are we therefore speaking of a hotbed of talents? Perhaps, but above all it is a question of a history to be read with the right degree of optimism. At bottom, it reflects an undoubted quality of our country: the most authentic "Made in Italy," its culture and its traditions. "The experimentation in industrial and craft-based techniques in a series is driven by the social implications from which the design is inspired in the search for adequate solutions. All the "Made in Italy" production is recognizable for these factors, giving rise to an inimitable approach because the Italian design industry has aimed at and continues to aim strongly at the culture-product binomial that is also expressed in an inimitable aesthetic taste, the fruit of all the elements that come from our tradition," write Valentina Croci and Porzia Bergamasco in the volume *Design in Italia*.[2]

Today, Fratelli Guzzini is for all intents and purposes a multi-value brand, dense in aesthetic taste and capable of reviving emotions

e sei nazioni da cui si è tratto ispirazione per dare una valenza culturale alla relazione tra essere umano, cibo e territorio: tutto questo non può nascere senza il retroterra intellettuale di un'azienda che vuole continuamente conoscere, oltre che investire. Designer quali Ettore Sottsass, Karim Rashid, Ron Arad, Sori Yanagi, Arik Levy, Tom Dixon, Konstantin Grcic, Shigeru Uchida, Odile Decq, Ross Lovergrove, Marc Sadler, Jeongtae King e altri – molti altri – non sono solo un caso in una storia del design internazionale, ma una precisa volontà di investimento creativo e produttivo finalizzato alla continua affermazione di quel principio da cui tutto ha avuto origine: essere sempre innovativi.
Oggi dunque festeggiamo "100 anni di futuro", slogan che ci siamo dati per rappresentare non solo una dignitosa memoria, ma una memoria attiva, polivalente e propulsiva. Un viaggio è tale quando ha un inizio, un punto di arrivo e una nuova meta da raggiungere.

[1] Roberto Carlorosi, Piergiovanni Ceregioli, *FIMAG: la famiglia come valore Imprenditoriale*, Edizioni FIMAG, Recanati 2009.
[2] Valentina Croci, Porzia Bergamasco, *Design in Italia. L'esperienza del quotidiano*, a cura di Aldo Colonnetti, Giunti, Firenze 2010.
[3] Elio Carmi, *Branding. Una visione Design Oriented*, Fausto Lupetti Editore, Bologna 2009.

Memorie di ieri, memoria di domani

Le origini dell'azienda risalgono al laboratorio artigianale dove fra il 1911 e il 1912 Enrico Guzzini iniziò a lavorare il corno di bue producendo tabacchiere e successivamente, grazie all'ingresso dei figli maggiori Pierino e Mariano – più tardi anche di Silvio – pettini, calzascarpe e, per quell'epoca, innovative posate da insalata. È in questi anni che l'azienda scopre l'importanza di ricondurre la materia verso oggetti di qualità, quasi avesse chiaro il bisogno del mercato di evolvere verso un nuovo secolo con oggetti di uso comune ma dotati di funzione, stile e bellezza. Il principio questo di una rivoluzione culturale che ben presto avrebbe contribuito a cambiare le abitudini degli italiani non solo a tavola, ma nell'ambito del "luogo domestico", vale a dire la casa, simbolo di forza ed evoluzione della stessa storia dell'uomo di ieri, di oggi e di domani. È su questo terreno che il fondatore decide di giocare il proprio futuro e quello della sua stessa famiglia, tanto che i figli Pierino, Mariano e Silvio vengono condotti in questa avventura dove relazioni umane e intuizioni, oltre che una notevole capacità di ricerca qualitativa

at the pure state in terms of the finished product. "The construction of a reputation and a visual identity is the outcome of a strategic coordination. That 'direction' draws its lifeblood from a continuous activity of qualitative research,"[3] states Elio Carmi in regard to the quality of the visibility of a company and hence—we might add—of its history. Projects like *Foodesign* denote the essence of a research traced back to its roots, to its origins, to that essential complement that is food for all of us today. About three hundred designers involved, six cities and six countries from which inspiration has been drawn to give cultural value to the relationship between human beings, food and territory. None of this can happen without the intellectual background of a company that continuously wants to know, as well as invest. Designers such as Ettore Sottsass, Karim Rashid, Ron Arad, Sori Yanagi, Arik Levy, Tom Dixon, Konstantin Grcic, Shigeru Uchida, Odile Decq, Ross Lovergrove, Marc Sadler, Jeongtae King and others—many others—are not just a random case in the history of international design, but a deliberate will to make creative and productive investments aimed at the continuous affirmation of that principle from which everything originated: to always be innovative.
Today, then, we are celebrating "100 years of future," the slogan that we have given ourselves to represent not only a dignified memory, but an active memory, a multifarious and propulsive one. A journey is such when it has a starting point, an arrival point and a new destination to be reached.

[1] Roberto Carlorosi, Piergiovanni Ceregioli, *FIMAG: la famiglia come valore Imprenditoriale* (Recanati: Edizioni FIMAG, 2009).
[2] Valentina Croci, Porzia Bergamasco, *Design in Italia. L'esperienza del quotidiano*, ed. by Aldo Colonnetti (Florence: Giunti, 2010).
[3] Elio Carmi, *Branding. Una visione Design Oriented* (Bologna: Fausto Lupetti Editore, 2009).

Memories of Yesterday, Memory of Tomorrow

The origins of the company date back to the craft-based workshop where, between 1911 and 1912, Enrico Guzzini began working with ox-horn to produce snuffboxes, and later, thanks to the help of his elder sons Pierino and Mariano and successively Silvio combs, shoehorns and what were, for those days, innovative salad servers. It was during that period that the company

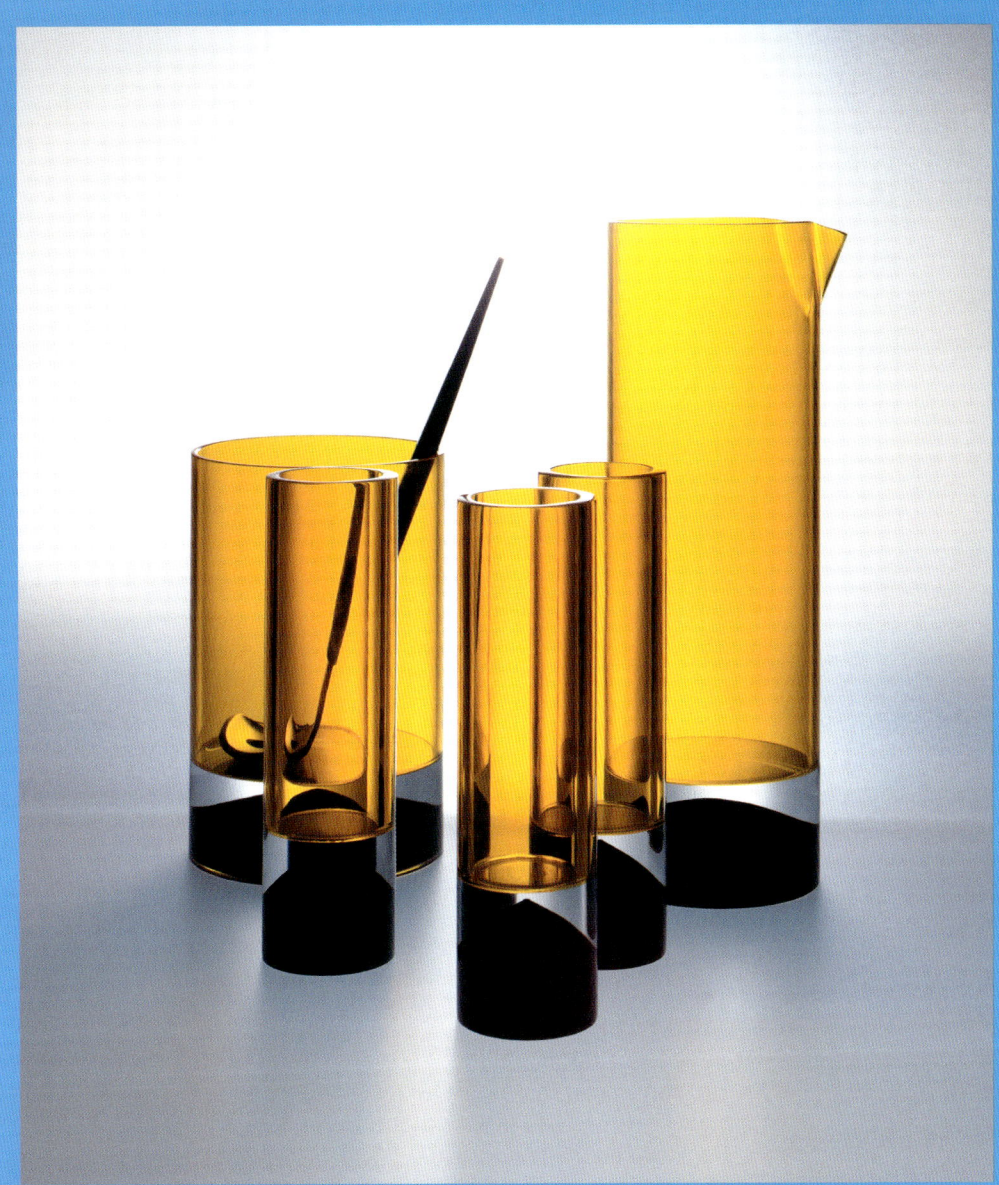

• Servizio da whisky, design Charles F. Joosten, 1957
• Posate da insalata a tortiglione, design Studio Interno, 1938
• Set party *Quadrifoglio*, design Ornella Noorda, 1968

• Whisky set, designed by Charles F. Joosten, 1957
• Salad servers with twisted handle, design by Studio Interno, 1938
• *Quadrifoglio* party set, designed by Ornella Noorda, 1968

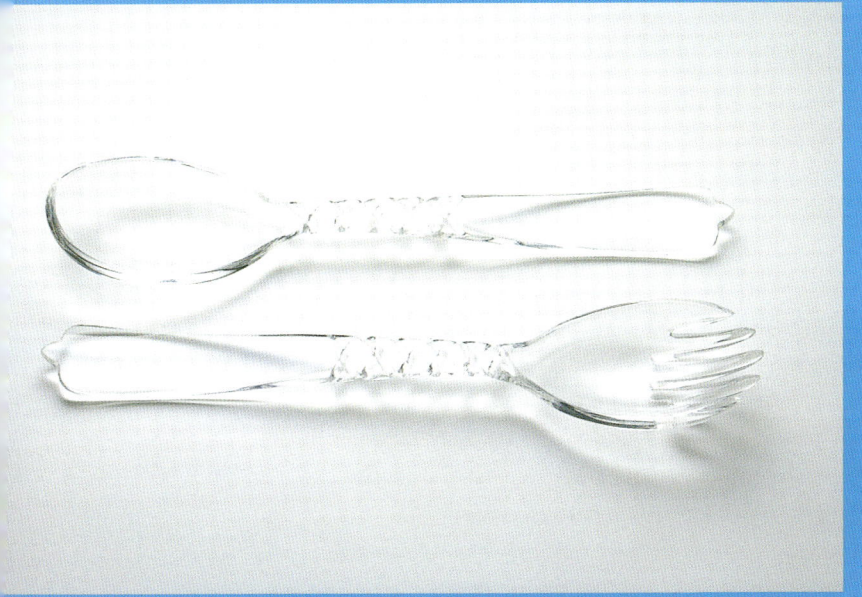

del prodotto, sono gli strumenti su cui poggiano ancora oggi le basi della Fratelli Guzzini.

Pierino e Mariano entrano in azienda nel primo dopoguerra e danno vigore e impulso all'attività ottimizzando una serie di produzioni fondamentali per lo sviluppo dei prodotti, come quella realizzata da Pierino nel 1925 quando inserisce la prima meccanizzazione della lavorazione del corno. Ma è nel 1934 che insieme al fratello Silvio costituiscono formalmente la società Fratelli Guzzini, che nel 1938 – prima azienda al mondo – introduce il metacrilato, meglio conosciuto come plexiglas, materiale allora nuovissimo e costoso, di altissimo pregio e resa estetica. Per la prima volta, su iniziativa di Pierino Guzzini, viene applicata alle lavorazioni la tecnica dello stampaggio ad aria compressa che mantiene una trasparenza del materiale molto apprezzata dai consumatori che ne decretano da subito il successo. In breve tempo l'azienda dà inizio alla lavorazione in serie di oggetti di varie tipologie – mestoli, tazze, tazzine, formaggiere, insalatiere. Da ricordare tra questi la tazza e il piatto decorati con i primi soggetti della Walt Disney, che in quegli anni erano comparsi sui giornalini e nei primi video cinematografici.

Nel 1953, grazie al contributo di Pierino e di suo nipote Virgilio, l'azienda acquisisce la tecnologia per la produzione di lastre colate. Dalla produzione di lastre trasparenti si passa a innovazioni che consentono di produrre lastre dapprima monocolori, trasparenti e opache, quindi bicolori, vale a dire lastre di due colori accoppiate con cui vengono realizzati oggetti per la tavola che porteranno l'azienda a depositare nel 1958 il brevetto internazionale denominato *Doppiato*. A questo punto del percorso storico una parte della "terza generazione", entrata in azienda già sul finire degli anni trenta, è ormai matura per gestire una nuova fase di crescita dell'impresa di famiglia. Vengono così realizzate alcune trasformazioni tecnologiche di grande qualità e innovazione. Nel corso degli anni cinquanta, grazie alle intuizioni di Pierino e Mariano, viene introdotta una piccola "pressa a iniezione" per rispondere a un primo fabbisogno di mercato, e quindi produttivo, di oggetti di piccole dimensioni quali bicchieri, cucchiaini da bibita e altri simili, articoli difficilmente riproducibili da lastra per via dei costi e della loro necessaria efficacia funzionale. Questa piccola "pressa" subì via via tante modifiche, anche originali, realizzate dal giovane Alberto che, grazie alle sue doti

discovered the importance of choosing the right materials for the manufacture of quality objects, showing it had clearly understood the market's need to to enter the new century with everyday objects, but ones that were endowed with function, style and beauty. This was the start of a cultural revolution that was soon to contribute to changing the habits of Italians not just at the table, but in their "domestic space," that is to say, in the home, the symbol of the strength and evolution in the history of the man of yesterday, today and tomorrow. It was within this breeding-ground that the company founder decided to put his own future at stake and that of his family, to the extent that his sons Pierino, Mariano and Silvio also became involved in this adventure, in which human relations and insights, in addition to a considerable capacity for qualitative product research, became the tools on which the foundations of Fratelli Guzzini are still built today.

Pierino and Mariano joined the company during the post-First World War period and they gave the business vigor and drive, optimizing a series of key productions for product development, such as the one realized by Pierino in 1925 when he introduced mechanization to process ox-horn. But it was in 1934 that Pierino, together with his brother Silvio, formally set up the Fratelli Guzzini company, and in 1938 it became the first company in the world to use methacrylate, better known as Plexiglas, a material that was very new and quite expensive at the time, as well as being of great value and beauty. For the first time, on the initiative of Pierino Guzzini, the compressed air molding technique was used for manufacturing. This made it possible to maintain the material's transparency, a popular feature with the consumers, who soon made it a success. In a short time, the company began to manufacture different typologies of objects in a series—ladles, bowls, cups, cheese containers, salad bowls. These included the cup and plate decorated with the first Walt Disney characters, which in those years had appeared in children's papers and in the early Disney movies.

In 1953, thanks to Pierino and his nephew Virgilio's contribution, the company acquired the technology needed to produce hot-molded sheets. The production of transparent sheets was followed by other innovations: opaque transparent sheets were made which at first

innate di meccanico, la trasformò da macchina manuale ad automatica: fu questo il presupposto per il passaggio da una produzione artigianale ancora tradizionale a una lavorazione con presse a iniezione automatizzata che avrà inizio negli anni sessanta. Le macchine a iniezione permettono lo stampaggio dei granuli termoplastici, tecnologia che porta la Fratelli Guzzini ad abbandonare gradualmente una cultura semiartigianale per la produzione seriale su vasta scala: la svolta da realtà artigianale a vera e propria industria.

A questa evoluzione seguono altre intuizioni di valenza istituzionale. Vanno citati, infatti, gli apporti della linea famigliare di Mariano Guzzini: dalle innovazioni di Giovanni nella progettazione dei prodotti e degli stampi per realizzarne la produzione, alle intuizioni di Raimondo verso le nuove esigenze di mercato, alle modalità di gestione e controllo dell'azienda ideate da Giuseppe. Raimondo Guzzini, favorito dall'appoggio dei fratelli, deciso a dare un ulteriore sviluppo alle attività e al prestigio dell'azienda, decide di portare all'interno dei processi di evoluzione la creatività dei designer. Fu questo un modo per dare maggiore equilibrio tra forma e funzione dei prodotti e rispondere così ai bisogni di un mercato in continua espansione. Il primo fra questi, il più importante certamente, fu Luigi Massoni che oltre a progettare nuovi oggetti studiò anche l'immagine coordinata dell'azienda. Molti altri designer seguirono poi questo percorso, citiamo Paolo Tilche, Charles F. Joosten, Ornella Noorda, Giuseppe de Götzen, Rodolfo Bonetto, Ambrogio Pozzi e così via.

La Fratelli Guzzini avvia a questo punto della sua storia una riforma importante. Siamo alla fine degli anni sessanta e la seconda generazione, Pierino, Mariano e Silvio, decide di lasciare il passo all'intraprendenza dei rispettivi figli e nipoti ritenuti ormai preparati e capaci di condurre e sviluppare l'azienda. Un esempio importante di questa maturità imprenditoriale viene dai figli di Mariano che sul finire degli anni cinquanta danno vita alla Harvey Creazioni, azienda che diventerà più tardi la iGuzzini Illuminazione. Questa nasce in seguito a un accordo famigliare che prevede la possibilità di avviare nuove attività industriali purché non in concorrenza con quelle preesistenti e future. Nasce così la Harvey Creazioni che andrà a occuparsi di prodotti di illuminazione d'arredo, mentre successivamente i figli di Pierino daranno vita alla Acrilux, azienda che realizza

featured one color, and later were two-toned, that is to say, two sheets of plastic molded together to make the tableware that would lead the company to take out an international patent for what they called "Doppiato," or double injection molding, in 1958. At this point in the company's historical development, the members of the "third generation," who had joined the company in the late 1930s, were ready to manage a new growth phase for the family business. Several high-quality and innovative changes thus came about. Over the 1950s, thanks to Pierino and Mariano's insight, a small "injection press" was introduced to answer to the first market demands, and thus productive ones, of small objects such as glasses, beverage spoons and other similar objects, items that were hard to reproduce from a sheet owing to cost and the need for functional efficacy. This small "press" underwent a number of modifications, even some original ones, realized by the young Alberto who, thanks to his natural talent in mechanics, transformed it from being a manual machine into an automatic one: this was the start of the great change that witnessed the shift from traditional craft-based production to automatic injection press manufacturing, which would begin in the 1960s. The injection machines made it possible to mold thermoplastic granules, a technology that led Fratelli Guzzini to gradually abandon a semi-artisanal culture for large-scale series production: hence, from craft-based production to a full-fledged industry.

This evolution was followed by other insights of institutional value. Indeed, we need to recall the contributions made by Mariano Guzzini's family: from Giovanni's innovations in the planning of products and the molds to make them, to Raimondo's understanding of the new market demands, to Giuseppe's ideas about how to manage and control the company. Raimondo Guzzini, helped by his brothers' support, and convinced of the need to give a further impetus to the company's business and prestige, decided to bring designers' creativity inside the processes of evolution. This was a way of giving the products greater balance between form and function, thus responding to the needs of a constantly expanding market.

1936

ANNI '40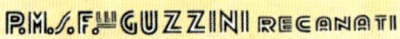

FINE ANNI '50

1967 - 1968

ANNI '70

ANNI '80

DAL 1992

DAL 2001

2012

- Evoluzione del logo Guzzini dalle origini dell'azienda a oggi
- Evolution of the Guzzini logo from the origins of the company to the present

componenti per l'illuminazione industriale e stradale per conto terzi. Un'altra attività industriale nata sulle esperienze acquisite nella formazione della terza generazione è la Teuco. Virgilio, figlio di Mariano, dopo avere collaborato alcuni anni presso un'azienda specializzata nella produzione di metacrilato fondata da Gaetano Clementi, la Polivar, intuisce le potenzialità di espansione del mercato dell'arredo bagno ma non solo. È un vero e proprio principio di *wellness* quello introdotto dalla Teuco nella società, che coglie prestigiosi successi tra cui la "cabina tonda" esposta al MoMA di New York nel 1972.

Con l'ingresso nella Fratelli Guzzini della terza generazione e con la trasformazione dell'azienda da S.n.c. a S.r.l. si costituisce il primo consiglio di Amministrazione di cui Silvio è presidente, Cherubino, figlio di Pierino, vicepresidente, e Giuseppe amministratore delegato. Con questo nuovo assetto l'azienda continua a operare e a realizzare nuovi progetti di sviluppo come quello che vede la realizzazione del nuovo stabilimento a San Leopardo inaugurato nel 1970. La crisi del petrolio dei primi anni settanta porta l'azienda a rinnovarsi con nuovi prodotti e materiali quali l'acrilico opaco decorato, ma soprattutto spinge la Fratelli Guzzini ad aprirsi a nuovi mercati tra cui il Nord America, il Giappone e i Paesi del Medio Oriente. È l'inizio del processo di internazionalizzazione. Un principio universale che spingerà imprenditori e management ad attivare nuove forme di collaborazione per divenire una realtà d'impresa capace di rappresentare il made in Italy nel mondo in uno dei settori più innovativi quale è il design. È questo che diviene l'elemento propulsivo dell'innovazione e considerato il successo delle prime collaborazioni: l'azienda incarica l'architetto Bruno Gecchelin di disegnare nuovi prodotti. Dall'idea di Giuseppe di realizzare una collezione coordinata per la cucina, nasce negli anni ottanta *Chef Line*, la prima linea completa di oggetti di design per la cucina. Con Gecchelin collaborerà Giovanni Guzzini per garantire una maggiore funzionalità tecnica a una esperienza di mercato così pratica e innovativa.

Sotto la guida di Giovanni, Raimondo e Giuseppe la Fratelli Guzzini continua il suo costante sviluppo e consolidamento economico, organizzativo e commerciale. Purtroppo il grave lutto che colpì la famiglia Guzzini nel 1978, con la prematura scomparsa di Raimondo in un incidente stradale,

The first of these designers, certainly the most important of all, was Luigi Massoni, who in addition to designing new objects also studied the company's coordinated image. Many other designers followed the same pathway, including Paolo Tilche, Charles F. Joosten, Ornella Noorda, Giuseppe de Götzen, Rodolfo Bonetto, Ambrogio Pozzi, to name just a few.

At this point in its history Fratelli Guzzini began an important reform. It was the late 1960s and the second generation—Pierino, Mariano and Silvio—decided the time had come to give way to the entrepreneurship of their respective children and grandchildren, by then believed to be adequately trained and capable of managing and developing the company. An important example of this entrepreneurial maturity came from Mariano's children, who, towards the late 1950s, breathed life into Harvey Creazioni, a company that would later become iGuzzini Illuminazione. This was born following a family agreement that provided the members with the opportunity to start up new industrial activities as long as these didn't compete with pre-existing or future ones. Thus was born Harvey Creazioni, a company that makes lighting for interiors, while later, Pierino's children would set up Acrilux, a company that manufactures component parts for industrial and road lighting on behalf of third parties. Another industrial activity that was created based on the experiences acquired in the training of the third generation is Teuco. Virgilio, Mariano's son, after having collaborated for several years with Polivar, a company specialized in the production of methacrylate that had been founded by Gaetano Clementi, understood the potential for the growth of the bath accessories sector, and not just that. What Teuco did was to introduce the principle of wellness into the company, whose many successes included the "cabina tonda," or round shower enclosure, exhibited at the MoMA in New York in 1972.

When the third generation joined Fratelli Guzzini, and with the transformation of the company from a general partnership (S.n.c.) to a limited liability company (S.r.l.), the first Board of Administration was set up with Silvio as Chairman, Cherubino, Pierino's son, Vice-Chairman, and Giuseppe as CEO. With this new status the company continued to work and realize

si rivelò anche una perdita pesantissima per l'azienda che restava priva di uno dei suoi maggiori innovatori. Tuttavia, i fratelli Giovanni e Giuseppe e tutti gli altri collaboratori aziendali presero esempio dal suo insegnamento e con un maggiore impegno e costante unità e dedizione riuscirono man mano a reagire e superare la difficile fase.

Dagli anni ottanta la storia dell'azienda presenta una serie di passaggi che evidenziano una ricerca del nuovo. Dallo sviluppo del progetto sul bicolore al salto verso la tecnologia dell'inietto soffiaggio e dell'iniezione assistita da gas, fino alla ricerca sui nuovi materiali plastici e sulle loro infinite potenzialità, con l'abbinamento proficuo dei moderni acrilici ai più classici elementi della tradizione come la porcellana, il vetro, l'acciaio e il legno.
La tecnologia dell'inietto soffiaggio per produrre volumi cavi, sperimentata per la realizzazione di caraffe e ampolle, oltre allo stampaggio a iniezione assistito da gas, offre, invece, maggiore libertà nel design e una riduzione dei tempi di stampaggio. Nascono così oggetti eleganti e raffinati come il set mestolame *Atelier 75* e la caraffa termica *Tobia* e, in tempi successivi, con il contributo e le competenze tecniche di Giannunzio, la caraffa soffiata *Happy Hour*. Non solo: il bicolore, che ha segnato molta parte della produzione industriale dell'azienda grazie alla messa a punto negli anni cinquanta del doppiato termoformato, viene attualizzato attraverso la nuova tecnologia a iniezione. Vengono così proposti oggetti in bicolore che parlano di eleganza inalterata e di modernità oltre ogni appartenenza di tempo. Nel 1987 le posate *Line* e successivamente il contenitore *Egea* costituiscono i primi oggetti a essere realizzati con l'innovativa tecnologia del bicolore, rendendo possibile l'accostamento di colori opachi o traslucidi con il trasparente.

Il processo di innovazione vede alla metà degli anni novanta un ulteriore passo in avanti costituito dal raggiungimento di due importanti primati aziendali. Il primo è costituito dalla realizzazione della collezione *Gildo*, disegnata da Dario Tanfoglio, la prima serie di piccoli elettrodomestici dove il tema del colore diventa protagonista assoluto. Per la prima volta prodotti di uso strettamente funzionale e legati al solo colore bianco vengono interpretati come oggetti di design colorati e coordinati da esporre con piacere sul top di una cucina. La collezione *Gildo* ha dato avvio alle successive innovazioni

new projects for development such as the new plant in San Leopardo which opened in 1970. The energy crisis of the early 1970s led the company to innovate with new products and materials such as opaque decorated acrylic; but above all it encouraged Fratelli Guzzini to open up to new markets, including North America, Japan and the countries of the Middle East. It was the start of a process of internationalization. A universal principle that would drive entrepreneurs and management to start new forms of collaboration to become a business reality capable of representing the "Made in Italy" in the world in one of the most innovative sectors, that of design. This became the driving element of innovation and was considered to be the success of the first collaborations: the company hired Bruno Gecchelin to design new products. From Giuseppe's idea to make a coordinated kitchen collection, *Chef Line* was created in the 1980s, the first complete line of designer objects for the kitchen. Working with Gecchelin was Giovanni Guzzini, whose role was to guarantee great technical functionality and a market experience that was both practical and innovative.

Under Giovanni, Raimondo and Giuseppe's leadership, Fratelli Guzzini continued its constant development and economic, organizational and commercial consolidation. Unfortunately, the tragedy that struck the Guzzini family in 1978, with Raimondo's untimely death in a car accident, was a terrible loss for the company, which was deprived of one of its greatest innovators. Nonetheless, the brothers Giovanni and Giuseppe and all the other company collaborators learned from his teachings, and with an ever-greater sense of commitment and constant union and dedication they gradually succeeded in overcoming that difficult phase.

In the 1980s the history of the company underwent a series of stages that attest to its innovative research. From the development of two-tone design to the leap towards the technology of injection blow molding and gas-assisted molding, and on down to the exploration of new plastic materials and their endless potentials, with the fruitful addition of modern acrylics to the most classical elements of tradition, such as porcelain, glass, steel and wood. The technology of injection blow molding to produce hollow plastic parts, experimented with

• *Wall-E*, installazione nata dall'assemblaggio dei materiali di scarto raccolti direttamente negli stabilimenti di produzione della Fratelli Guzzini e realizzata dall'artista Mariano Moroni per l'evento RE-NATURE NumeriZero, Milano Fuori Salone 2009

• *Wall-E*, installation based on the assemblage of waste material collected at the Fratelli Guzzini production plants, made by the artist Mariano Moroni for *RE-NATURE NumeriZero*, Milan Fuori Salone 2009

for the manufacturing of jugs and cruets, in addition to gas-assisted molding, instead offered greater freedom of design and a reduction in the time required for molding. Thus were born elegant and refined objects, such as the *Atelier 75* kitchen utensil set and the *Tobia* thermal jug, and later, thanks to Giannunzio's contribution and technical know-how, the blown jug called *Happy Hour*. But not just that: the use of two-tone materials, which distinguished so much of the company's industrial production thanks to the honing of the hot-molded double injection technique in the 1950s, could now be actualized by means of the new injection technology. The two-tone objects presented embodied unmodified and timeless elegance and modernity. In 1987 *Line* cutlery and later the *Egea* container were the first objects to be realized using two-tone innovative technology, so that opaque or translucent colors could be matched with transparent parts.

By the mid-1990s the innovation process witnessed yet another step forward, which consisted of the setting of two important company records. The first of these was the creation of the *Gildo* collection, designed by Dario Tanfoglio, the first series of small consumer electric household appliances where the color theme took the lead in terms of relevance. For the first time ever products of strictly functional use and solely linked to the color white were interpreted as colored and coordinated design objects, to be displayed proudly on a kitchen countertop. The *Gildo* collection paved the way for successive innovations in the production of small consumer electric household appliances, evidence of which can be seen in today's *G-Plus* collection designed by Hiroshi Ono and George Sowden, and manufactured in 2002 thanks to Virgilio Guzzini's experience in the electronics field.

The company accomplished its second record when acrylic material, processed with the same fine craftsmanship that had been employed for ox-horn, was used in combination with glass, porcelain and steel. It was Domenico Guzzini's insight, guided by his uncle Giovanni's experience, that led to the *Feeling* collection, matching objects dedicated to the world of coffee-drinking; for the first time ever, two materials that had always been distant from each other, i.e. acrylic and porcelain, were

nella produzione di piccoli elettrodomestici, testimoniate dall'attuale collezione *G-Plus* disegnata da Hiroshi Ono e George Sowden e realizzata nel 2002 grazie all'esperienza di Virgilio Guzzini nel campo dell'elettronica.

Il secondo primato si ottiene quando il materiale acrilico, lavorato con la stessa cura artigianale usata per il corno di bue, dialoga con il vetro, la porcellana e l'acciaio. Su intuizione di Domenico Guzzini, guidato dall'esperienza dello zio Giovanni, nasce la collezione *Feeling*, un coordinato di oggetti dedicati al mondo del caffè in cui, per la prima volta al mondo, vengono accostati due materiali fino ad allora distanti: l'acrilico e la porcellana. L'estetica viene affidata a tre designer londinesi, Queensberry, Hunt e Levien, con specializzazione nella progettazione di prodotti in porcellana, affiancati nel processo di creazione dalle competenze tecniche aziendali e il *know-how*

• Catalogo 1999, fotografie di apertura relative alle singole collezioni Guzzini

• Catalogue 1999, opening photograph of the different Guzzini collections

maturato fino ad allora nella lavorazione dei materiali termoplastici.
Lo stesso principio della "multimaterialità" viene applicato nella linea di posate *Gocce* disegnate da Robin Levien, in cui l'acciaio si accosta al materiale plastico bicolore del manico per ottenere effetti formali inediti: un nuovo modo, elegante e innovativo, di abitare il cibo e la casa.
Tali collezioni rappresentano ancora oggi progetti di successo che continuano a ricevere un notevole apprezzamento da parte del consumatore.

Per avere un'idea della crescita della Fratelli Guzzini con il nuovo consiglio di Amministrazione del 1967, dalla terza generazione fino all'inizio del nuovo millennio, è interessante osservare lo sviluppo di un fatturato che dal 1978 al 2001 passa da 5 a 75 miliardi di lire. Nel 2001 Giuseppe lascia l'azienda e passa alla presidenza della finanziaria di famiglia, la FIMAG S.p.A.
È sempre di quel periodo un'altra interessante iniziativa dell'azienda che conferma la sua vocazione verso la ricerca, questa volta culturale: spinta dalla crescente attenzione e dal costante interesse a indagare sul rapporto tra design e responsabilità sociale, nel 1987 la Fratelli Guzzini si è fatta promotrice di Design Memorandum, un'iniziativa attraverso la quale un gruppo di studiosi e teorici del design internazionale composto dall'allora presidente dell'ADI Angelo Cortesi, insieme a Martin Kelm, Tapio Periainen, Yuri Soloviev e Fredrik Wildhagen, ha affrontato la tematica dell'etica del design nell'era industriale come condizione di sviluppo del progetto moderno. Una riflessione più che mai attuale promossa da un'azienda fortemente convinta che questi temi debbano davvero giocare un ruolo di rilievo nel proprio percorso di crescita.

Il nuovo millennio coincide con l'inizio di una nuova era che porterà a innescare una serie di processi volti alla modernizzazione dell'azienda. Si tratta di un progetto strategico di sviluppo aziendale e culturale, promosso e sostenuto, a partire dal 2001, da Adolfo chiamato alla guida della nuova *governance* in cui figurano, in tempi diversi, i fratelli Virgilio e Giannunzio, suo nipote Domenico – allora direttore marketing, oggi presidente della Fratelli Guzzini – affiancati da un autorevole comitato scientifico.
Uno scenario in cui si decide di puntare sull'innovazione tecnologica e stilistica e sulla continua ricerca di nuovi materiali da abbinare e integrare a quelli acrilici favorendo un processo di

combined. The aesthetics of the objects was entrusted to three London designers, Queensbury, Hunt, and Levien, who specialized in designing porcelain products, supported in the processes by the creation of company technical skills and the know-how that had evolved up until then in the working of thermoplastic materials.
This same principle of "multimateriality" was applied to the *Gocce* cutlery line designed by Robin Levien, where steel was matched with a two-tone plastic handle, thus achieving never-before-seen formal effects: a new way, an elegant and innovative one, of experiencing both the home and food.
Today, these collections still represent successful projects that continue to have considerable market success.

To get some idea of the growth of Fratelli Guzzini with the new Board of 1967, from the third generation to the start of the new millennium, it is interesting to see the development of a turnover that from 1978 to 2001 went from 5 to 75 billion lire. In 2001 Giuseppe left the company and handed over the chairmanship to the family finance company, FIMAG S.p.A.
Also taking place during that period was another interesting initiative by the company, which asserted its propensity for research, this time from a cultural standpoint. Driven by the growing attention and constant interest in exploring the relationship between design and social responsibility, in 1987 Fratelli Guzzini became the promoter of Design Memorandum. Through this initiative, a group of experts and theoreticians in international design, which included then Chairman of ADI Angelo Cortesi, together with Martin Kelm, Tapio Periainen, Yuri Soloviev, and Fredrik Wildhagen, dealt with the theme of the ethics of design in industry as a condition for the development of the modern project. An idea that was more than ever timely, promoted by a company that was strongly convinced that these themes can truly play an important role in its own growth.

The new millennium merged with the start of a new era that would lead to a series of processes aimed at the modernization of the company. This was a strategic project of company and cultural development, promoted and supported, as of 2001, by Adolfo, called to the helm of the new company governance,

globalizzazione. Si inizia inoltre a prestare attenzione a funzioni più complesse della gestione aziendale grazie a un'attenta politica di sviluppo e formazione delle risorse umane e a un'accurata politica di marca per il riposizionamento del brand sul piano internazionale. Viene quindi affidato all'architetto Pierluigi Cerri di Milano lo studio della nuova *corporate identity* e del nuovo logo aziendale. Si avvia poi una collaborazione con Euro RSCG, agenzia di comunicazione di prestigio che studia un'innovativa campagna pubblicitaria istituzionale e di prodotto incentrata sul nuovo *pay off* del logo aziendale: "Designed to be used". Viene individuata infine l'agenzia Edelman di Milano – primaria agenzia di pubbliche relazioni a livello mondiale – per l'assunzione di nuove importanti attività e iniziative sul territorio nazionale.

Da non trascurare le partnership sviluppate con altre aziende italiane di rilievo e l'apertura di punti vendita shop-in-shop, traguardo ambito e oggi in via di sviluppo.

Questo ampio progetto strategico prevede inoltre un'approfondita ricerca della cultura del cibo che porta, nel 2002, al lancio del progetto culturale Foodesign Guzzini. L'obiettivo della ricerca è studiare il rapporto fra cibo e design indagato nelle sue molteplici declinazioni, culturali, sociali, culinarie, e far dialogare contemporaneamente due mondi: da un lato i designer e dall'altro la grande cultura alimentare mediterranea e internazionale. Tutto ciò al fine di individuare nuovi percorsi nel rapporto tra forma e funzione nelle quattro fasi fondamentali del mondo alimentare: la conservazione, la preparazione, il servizio e il consumo. Duecentoquarantasei designer di fama internazionale con altrettanti progetti e prototipi, protagonisti provenienti da tutti i continenti con decine di Paesi coinvolti e sei grandi edizioni realizzate in tutto il mondo, sono le cifre che spiegano la visione multiculturale, multidisciplinare e innovativa alla base di Foodesign Guzzini.

Oggi Guzzini è una delle aziende più dinamiche e rappresentative nel settore degli oggetti di design per la casa, una realtà industriale che ha costruito in cento anni una singolare storia d'oggetti d'uso per la cucina e la tavola, presente nel mondo in centodieci paesi tra Europa, Asia e Americhe in luoghi di vero e proprio culto della distribuzione quali la Rinascente, Coin in Italia, ma anche John Lewis, Harrods, Selfridges, The Conran Shop in Inghilterra,

which also included, although in different periods, his brothers Virgilio and Giannunzio, his nephew Domenico—at the time Director of Marketing, now Chairman of Fratelli Guzzini—supported by an expert scientific committee.

Within this scenario, it was decided to aim at technological and stylistic innovation, and at permanent research into new materials to be matched and integrated with acrylics, thus fostering a process of globalization. Attention was thus paid to the more complex functions of company management, thanks to a careful policy of company development and human resources training, and an accurate brand policy for the repositioning of the trade name on an international level. The Milan-based Pierluigi Cerri was thus hired to devise a new corporate identity and a new company logo. This led to the collaboration with Euro RSCG, a prestigious communications agency, which studied an innovative institutional and product publicity campaign, focused on the company logo's new pay off: "Designed to be used." The Milan-based Edelman agency—a leading name in international public relations—was chosen to implement important new activities and initiatives on the national territory.

We must not overlook the partnerships that have developed with other important Italian companies, and the opening of shop-in-shop points of sale, an important goal whose development is currently underway.

The company's vast strategic project has also witnessed its in-depth research into food culture. In 2002, this led to the launching of the cultural project known as *Foodesign* Guzzini. The aim of the research is to study the relationship between food and design explored in its different manifestations—cultural, social, culinary—and to help the two worlds communicate at the same time: on the one hand, the designers, and on the other, the great Mediterranean and international food culture. The overarching goal is to determine new trajectories in the relationship between form and function in the world of food's basic phases: preservation, preparation, serving and consumption.

A total of 246 internationally acclaimed designers with just as many projects and prototypes, leading figures from all the continents and dozens of countries, and six large events organized

le Galeries Lafayette in Francia e Dubai, El Corte Inglés in Spagna e in Portogallo, The Container Store, Crate & Barrel e Costco in USA e Canada, Eataly in Italia e nel mondo, de Bijenkorf nei Paesi Bassi, Stockmann nei paesi baltici e in Russia, Manor in Svizzera, Innovation in Belgio, NK in Svezia, Mitsukoshi a Taiwan, Lotte in Corea del Sud, El Palacio de Hierro in Messico, Nueva Americana in Paraguay e in altri seimila *retails* selezionati tra Italia e estero.

Tra i progetti del futuro ve ne sono molti che dovranno continuare quella politica intrapresa dal nuovo management che guida l'azienda e che ha già portato significative partnership quali Lavazza, Academia Barilla, Fiat, Lurisia, Maserati, WWF, Mister Baby e altri. Progetti che coniugano competenze gestionali, intuito e capacità nell'attivare importanti sinergie imprenditoriali per cogliere le nuove opportunità di business offerte dal mercato. Ne è un valido esempio l'acquisizione da parte della Fratelli Guzzini delle quote di maggioranza di un nuovo brand, il marchio e-my che, con l'intervento dell'attuale management e l'esperienza di mercato della precedente proprietà, ancora presente nel controllo dell'azienda, sta rapidamente conquistando nuovi mercati di riferimento con un design più giovane e fluido, alla portata di chiunque voglia avere a che fare con qualcosa di originale e divertente. Vanno poi citate le partecipazioni in aziende che sviluppano una politica di innovazione nell'ambito domestico, tra queste la Joy Fragrance, azienda specializzata in profumazione di ambienti domestici e, in prospettiva, anche di spazi pubblici e showroom. Si tratta di fragranze di nuova generazione, linee emozionali, che permettono di assimilare memoria e desiderio originali, stimolando la vendita d'impulso e allargando il target di riferimento.

Futuro che si esplica, inoltre, nei nuovi percorsi industriali da intraprendere guardando con attenzione ai comportamenti del consumatore e ai trend d'uso nelle abitudini domestiche. Negli anni ottanta, con la *Chef Line*, Guzzini ha ripensato il mondo dei prodotti per la cucina e ora, dopo trent'anni, è arrivato il momento di un nuova fase. Per interpretare tale cambiamento l'azienda ha avviato due prestigiose partnership: da un lato una collaborazione di altissimo livello tecnico con il professore Gianfranco Zaccai, docente del prestigioso Massachusetts Institute of Technology di Cambridge e ideatore di Continuum, e dall'altro la ricerca estetica che pone l'accento su avanguardie

throughout the world: these are figures that explain the multicultural, multidisciplinary and innovative vision on which *Foodesign* Guzzini is founded.

Today Guzzini is one of the most dynamic and representative companies in the household designer objects sector. It is an industrial reality that in a century has built up a unique history of everyday items for the kitchen and table, present throughout the world in one hundred and ten countries, located in Europe, Asia, North and South America, in outlets that are true and proper cults of distribution, such as the Rinascente and Coin in Italy, but also John Lewis, Harrods, Selfridges, The Conran Shop in England, the Galeries Lafayette in France and Dubai, El Corte Inglés in Spain and Portugal, The Container Store, Crate & Barrel and Costco in the USA and Canada, Eataly in Italy and the world, de Bijenkorf in the Low Countries, Stockmann in the Baltic countries and in Russia, Manor in Switzerland, Innovation in Belgium, NK in Sweden, Mitsukoshi in Taiwan, Lotte in South Korea, El Palacio de Hierro in Mexico, Nueva Americana in Paraguay, and in six thousand other select retailers in Italy and the rest of the world.

Many of the future projects will continue along the policies undersigned by the new management guiding the company, and that has already led to significant partnerships with Lavazza, Academia Barilla, Fiat, Lurisia, Maserati, WWF, Mister Baby, among others. Projects that combine management skills, insight and the ability to activate important entrepreneurial synergies in order to harness the new business opportunities offered by the market. A good example of this is the acquisition by Fratelli Guzzini of the majority stakeholding in a new brand known as e-my, which, with the intervention of the current management and the previous ownership's market experience, still present in the control of the company, is rapidly gaining new reference markets. This new brand features design that is younger and more flowing, but also attractive to anyone who wants to experience something that is original and fun. Also worthy of mention are the stakeholdings in companies that develop a policy of innovation in the domestic sphere, including Joy Fragrance, a company specialized in home fragrance products, as well as ones produced for use in public spaces and showrooms. These are new-generation

- Cavatappi *Cristalli*, design Arik Levy_Ldesign Studio, 2011
- Progetto per la nuova collezione da cucina disegnata da Ora-ïto: set di coltelli

- *Cristalli* corkscrew, designed by Arik Levy_Ldesign Studio, 2011
- Project for the new kitchen collection designed by Ora-ïto: set of knives

stilistiche che guardano al mondo dei giovani e alla cultura pop, come ad esempio la ricerca del designer Ora-ïto. Attraverso la collaborazione con Continuum, Guzzini può avvalersi dell'esperienza di una realtà innovativa che nasce dalla fusione della cultura italiana con l'efficienza statunitense. Questa importante partnership permette un processo di ricerca di prodotti che rispondono ai bisogni profondi, anche inespressi, del consumatore per creare tipologie del tutto innovative. D'altra parte la collaborazione con il giovane Ora-ïto rende possibile seguire le ultime evoluzioni delle tendenze stilistiche con uno sguardo alla moda. Tutto ciò senza prescindere dalle future innovazioni nelle tecniche di stampaggio dei materiali plastici, prima fra tutte la raffinata tecnologia dello stampaggio a iniezione a tre colori che permette di donare agli oggetti effetti unici modulando spessori e tonalità. In conclusione, questa storia di design e memoria, persone e tecnologie, ha ancora oggi un'idea di fondo: innovare. Vecchio e nuovo paradigma aziendale nonché caposaldo che permetterà di evolvere verso le aspettative di un futuro da conquistare giorno per giorno.

fragrances, emotional product lines, which permit the assimilation of original memory and desire, stimulating impulse buying and expanding the reference target.

A future that is expressed, moreover, in new industrial pathways to be undertaken mindful of consumer behavior and trends in domestic habits. In the 1980s, with *Chef Line*, Guzzini revamped its world of kitchen products and now, thirty years later, the time for a new phase has finally arrived. In order to interpret this change the company has initiated two prestigious partnerships: on the one hand, a very high-level technical collaboration with Gianfranco Zaccai, a professor at the Massachusetts Institute of Technology in Cambridge, Mass., and the inventor of Continuum, and on the other, an aesthetic research which accentuates the stylistic avant-gardes that look towards the world of youth and Pop culture, such as, for example, the research conducted by the designer Ora-ïto. Thanks to its collaboration with Continuum, Guzzini can make use of the experience of an innovative reality that is born from the fusion between Italian culture and American efficiency. This important partnership allows for a process of research into products that respond to the consumer's deepest, at times unsaid needs, in order to create wholly innovative product types. On the other hand, the collaboration with the young Ora-ïto makes it possible to follow the most recent evolution in stylistic trends with an eye for fashion.

All this, without forgoing future innovations in molding techniques for plastic material, first among which the refined three-color injection molding that allows the company to bestow the objects with unique effects that modulate thickness and color tones.

To conclude, this history of design and memory, people and technologies, continues to have one basic idea today: innovation. This is both the old and the new company paradigm, as well as a cornerstone that will allow for the evolution towards the demands of a future to be conquered day by day.

Made in Italy nel mondo
Made in Italy in the World

• Allacciatovaglioli *Love* realizzato in edizione limitata nella versione tricolore in occasione del 150° anniversario dell'Unità d'Italia, design Angeletti Ruzza, 2011

• *Love* napkin holder whose three-color version was produced in a limited edition on the occasion of the 150th Anniversary of the Italian Unification, design by Angeletti Ruzza, 2011

Le origini nel futuro
Adolfo Guzzini, Domenico Guzzini

C'è un prezioso giacimento di conoscenze dentro questa impresa. Un patrimonio che non si legge nella contabilità ma che è stato, lungo un secolo, coltivato, condiviso e diffuso. Un patrimonio che ha fatto crescere le attività, le ha fatte estendere alla luce con iGuzzini Illuminazione, al benessere con Teuco e ad altre interessanti iniziative imprenditoriali come la Acrilux. Un giacimento che ha permesso di capire, e talvolta anticipare, le qualità dell'Italia, del bello e ben fatto, delle culture del vivere, che ha sostenuto l'estensione internazionale dei mercati e l'equilibrio delle scelte. Stiamo parlando delle persone e delle loro famiglie in questo territorio.
La Fratelli Guzzini ha ricevuto migliaia di competenze e contributi: maestranze, tecnici, designer, forza vendita, rivenditori, manager. Ognuno ha dato molto e nulla è andato perso, anzi tutto è diventato parte

The Origins in the Future
Adolfo Guzzini, Domenico Guzzini

There is a precious deposit of skills inside this company. A heritage that cannot be read in the accounting records, but that has been nurtured, shared and spread for a century now. A heritage that has made the activities grow, that has extended them to lighting with iGuzzini Illuminazione, to wellness with Teuco, and to other interesting entrepreneurial initiatives such as Acrilux. This precious deposit has allowed us to understand, and at times anticipate the qualities of Italy, of things that are beautiful and well made, of the cultures of living, which have supported the international expansion of the markets and the balance of the choices. We are talking about the people and their families in this territory. Fratelli Guzzini has benefited from thousands of individual skills and contributions: skilled workers, technicians, designers, sales forces,

di quel ricco patrimonio, ancora oggi condiviso
con chi è impegnato nelle diverse società.

Le Marche sono la terra dell'armonia, della bellezza, dell'arte e della cultura; valori testimoniati da antenati illustri, Raffaello Sanzio, Giacomo Leopardi, Gioachino Rossini e, più prossimi a noi, Beniamino Gigli, Mario Giacomelli, Enzo Cucchi e Arnaldo Pomodoro. Sono personaggi, amici, che fanno parte della nostra quotidianità e che condizionano il nostro gusto e il nostro amore per il bello. Il nostro paesaggio è fonte costante di ispirazione sia per le forme morbide e avvolgenti, sia per i colori brillanti, accesi e diversi a seconda dell'ora e della stagione. Dal lavoro di questi personaggi e dalle qualità del territorio sono derivate le quattro università e il patrimonio museale della nostra regione. Tutto ciò ha modellato il marchigiano: un uomo che ha il senso del fare e che ama le relazioni; tutto, però, nella giusta misura.
Questo siamo e vorremmo essere sempre: gente operosa e fondamentalmente ottimista, uomini consapevoli di essere cittadini del mondo ma felici della propria terra perché quando si vive in un posto così è difficile non esserlo.
Alcuni prodotti hanno una luce che li circonda; arriva dalla loro storia, dal loro contesto, dal sapere che incarnano, dall'intelligenza che li ha costruiti. È su questa luce, scaturita dalle nostre persone e dalla nostra terra, che l'azienda ha costruito ieri il proprio percorso e immagina oggi l'eccellenza di domani.
È proprio in questa direzione che vanno interpretati i contributi, esaltati i sacrifici, ringraziate le persone e le famiglie che, nel corso di questo secolo, hanno costruito e creato l'organizzazione di persone, idee, futuro che Fratelli Guzzini è.

In cento anni sono passate, in questa azienda, quattro generazioni di Guzzini. L'impresa appartiene a un gruppo industriale in cui operano componenti della famiglia insieme a centinaia di appassionati lavoratori. Le diverse generazioni hanno lavorato in modo dialettico anche con confronti a volte tesi ma senza fratture e con un grande senso di continuità nella evoluzione: è sempre stata chiara l'idea che con l'impegno, la consapevolezza, con l'unità di intenti saremmo stati più forti.
Abbiamo definito un patto di famiglia condiviso, nel quale l'impegno, le competenze, la responsabilità sociale, i valori etici, la visione strategica e la trasparenza di intenti emergono quali punti unificanti di tutto il gruppo Guzzini.

retailers, managers. Each one has given a great deal and nothing has been lost; actually, everything has become part of that rich heritage, even today shared with those who have been engaged in the different companies.

The Marches region is the land of harmony, beauty, art and culture; values testified to by its illustrious ancestors, Raffaello Sanzio, Giacomo Leopardi, Gioachino Rossini and, closer to us in time, Beniamino Gigli, Mario Giacomelli, Enzo Cucchi and Arnaldo Pomodoro. Personalities, friends, who are part of our day-to-day lives, and who influence our taste and our love of beauty. Our landscape is a constant source of inspiration both for its soft and embracing forms, and for its brilliant colors, so vibrant and different depending on the time of day and the season. From the work of these people and from the quality of the territory have come our region's four universities and its museums. All of this has shaped the Marchigiano: a man who has a sense of doing and who loves relationships: always, however, in the right measure. This is what we're like, and what we want to be like forever: hard-working and fundamentally optimistic people aware of being citizens of the world, but happy with their land because when you live in a place like this it's hard not to be happy with it.
Some products have a light that surrounds them. It comes from their history, from their context, from the knowledge they embody, from the intelligence that put them together. It is upon this light, triggered by our people and our land, that yesterday the company built up its own path, and today it envisions tomorrow's excellence.
It is precisely in this direction that the contributions should be interpreted, the sacrifices exalted, the people and the families thanked, those who, in the course of this century, have built and created the organization of people, ideas, and future that Fratelli Guzzini already is.

In one hundred years, four generations of the Guzzini family have passed through this company. The company belongs to an industrial group in which members of the family along with hundreds of enthusiastic workers all work together. The different generations have worked dialectically, and also during some critical moments, but without fractures and with a great sense of continuity in the company's evolution. The idea

• Soggetto di campagna pubblicitaria
per il Compasso d'Oro allo spremiagrumi
Latina disegnato da Lorenzo Gecchelin, 2004

• Subject of the press campaign
for the *Compasso d'Oro* Award
for the *Latina* juicer, designed by Lorenzo
Gecchelin, 2004

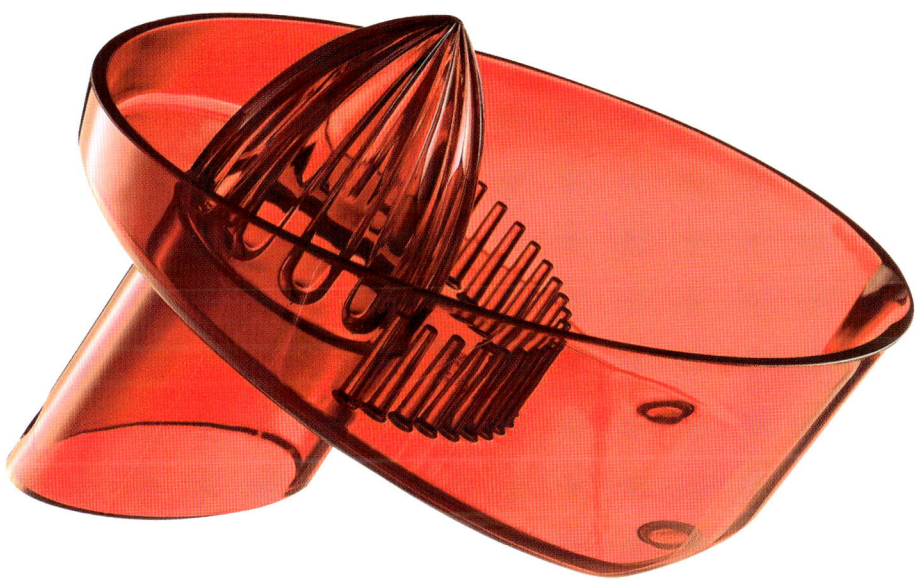

Per vincere il Compasso d'Oro, non abbiamo spremuto solo arance.

Per lo Spremiagrumi LaTina ci siamo dovuti spremere tutti. Da Lorenzo Gecchelin, che si è spremuto le meningi per ideare un prodotto di un eccellente dinamismo formale; all'ufficio tecnico, che si è spremuto nel ricercare i materiali migliori; alla produzione, che si è spremuta per realizzarlo al meglio e metterlo sul mercato a un prezzo contenuto. Grazie. E grazie ai clienti che avranno voglia di spremere. Oggi è disponibile in edizione limitata. Per informazioni visitate il sito www.fratelliguzzini.com.

• **Luigi Massoni**, *designer.* Tutti e tutti concorrevano al raggiungimento dello scopo, tanto che facevo fatica a distinguere l'apporto di ognuno: l'intera famiglia, ciascuno con le proprie capacità, "condivideva" il progetto e ne seguiva le fasi di realizzazione. La preparazione teorica di Giovanni, la conoscenza di mercato di Raimondo, le capacità amministrative di Giuseppe erano certo determinanti per risolvere i problemi che si presentavano nel corso del nostro lavoro ma, su ogni cosa, prevaleva sempre la volontà di procedere attraverso un "metodo di lavoro comune", un apporto globale che coinvolgesse tutti (anche le maestranze) a vari livelli.

Le somme di ogni giornata si tiravano la sera, nei "dopocena" a casa dei genitori, quando alle lunghe discussioni, alle "dispute" su quanto era stato realizzato si aggiungevano i fratelli più giovani: Adolfo e Giannunzio. I pareri potevano essere sostenuti anche con forza ma, comunque, l'ultima parola toccava sempre a papà Mariano e le sue decisioni non ammettevamo dubbi (mamma Irene ne avrebbe, più tardi, "smussato le code").

Dunque, cominciai così a conoscere meglio questa famiglia e ciò che la rendeva unita e forte; condividerne le giornate mi sarebbe servito per "tradurre" le loro parole e darmi ragione del loro comportamento.

• *Designer.* At Guzzini everyone worked towards a goal, and sometimes you couldn't tell the difference between what each person's contribution was. The family members, each with their own skills, "shared" the project and followed all the production phases. Giovanni's theoretical preparation, Raimondo's market knowledge, Giuseppe's administrative skills were of course essential to solving the problems that cropped up during the work, but for every single matter what prevailed was the desire to proceed by way of "a common working method," a global approach that involved everyone (even the skilled workers) at various levels.

All the day's issues would be tabled in the evening, after dinner at their parents' house. That was when the long discussions and "wrangling" as to what had been done also involved the younger brothers, Adolfo and Giannunzio. The opinions voiced might be strong, but ultimately it was their father Mariano who always had the last word, and there was no room for doubts when he made a decision. (Later, their mother Irene would deal with smoothing things over.)

So that's how I began to know this family better and understand what kept them together and kept them strong; spending days with them would help me to "translate" their words and understand their behavior.

• A pagina 39, vassoio *Aqua*, design Guzzini Lab, 2012
• Portabiancheria *Ninfea*, design Roberto Giacomucci, 2009

• On page 39, *Aqua* tray, designed by Guzzini Lab, 2012
• *Ninfea* laundry holder, designed by Roberto Giacomucci, 2009

Chi ha lavorato all'interno dell'azienda è stato animato da concretezza, passione, coraggio, ottimismo e curiosità. Anche l'internazionalità era un seme già presente al momento della fondazione dell'attività (nata in Argentina, cresciuta su innovazioni apprese nei viaggi di esplorazione e studio, migliorata e perfezionata nell'incontro con culture di tutto il mondo). Lo spazio dato alla creatività e alle visioni di personaggi internazionali ha permesso di apportare nuova linfa a questa rete di persone, che l'hanno tradotta in oggetti, innovazioni, riconoscimenti.
L'apertura, gli incontri, la conoscenza ci hanno permesso di cogliere anche i segnali più deboli del cambiamento dei costumi e dell'evoluzione dei mercati, facendoci trovare, in molte occasioni, le risposte giuste per produrre proposte formalmente e funzionalmente innovative.

È l'innovazione la leva fondamentale: senza progetto, visione, immaginazione non c'è futuro. Il futuro: immaginarlo, interpretarlo, impostarlo, gestirlo già ora. Questa è la vera, grande indicazione che emerge dallo studio del nostro secolo di storia. Altro elemento fondamentale è il particolare percorso che porta la famiglia, come organizzazione nel tempo, a essere un credibile modello di management. La famiglia è il nucleo essenziale del sistema a rete, poi esteso nella comunità territoriale, in quella culturale, tecnologica, infine globale.
La cultura a rete ha favorito la costruzione di una credibile politica di brand, ha anche motivato la collaborazione con altre aziende contigue e con rispettati concorrenti.
La rete è un modo di pensare il mondo, è origine e futuro, così come il design e la bellezza.
La bellezza intesa come un sistema stabile in continua mutazione; per questo il pensiero intorno ai progetti non si è mai fermato e l'esplorazione di un design da usare tutti i giorni ha favorito l'elaborazione di posizioni sul senso e sul significato delle ritualità alimentari, conviviali, arredative.

Tuttavia, se cambiano le tecnologie, le forme, le funzioni dei prodotti, le motivazioni per le quali certi materiali si lavorano e certi oggetti si producono, la stessa cosa non può dirsi dei valori. Sono i valori, quelli iniziali, a indicare la strada dei prossimi cento anni: non solo sensibilità e competenze, ma soprattutto reti, formazione, progettualità applicata ai processi di produzione e d'uso: i processi sono moti emotivi che

was and has always been clear: with commitment, awareness, a unity of intents, we could and can grow stronger. We have defined a shared family pact, in which commitment, skills, social responsibility, ethical values, strategic vision and transparency of intents emerge as unifying points for the whole Guzzini group.
Whoever has worked inside the company has been driven by a sense of concreteness, passion, courage, optimism and curiosity. Even internationality was a seed already present when the business was first started (born in Argentina, developed upon innovations learned about in journeys of exploration and study, improved and honed in the encounters with cultures from all around the world). The space given over to creativity and to the visions of international personalities has allowed us to bring new energy to this network of people, who translated it into objects, innovations, acclaim.
The opening, the encounters, the knowledge have enabled us to grasp even the smallest signs of change in customs and in the market trends, making us find, on many occasions, the right answers in order to produce formally and functionally innovative proposals.

Innovation is the fundamental driver: without a project, vision, imagination, there is no future. The future: to imagine it, interpret it, create it, manage it starting from now. This is the true, great indication that emerges from the study of our century of history.
Another fundamental element is the particular path that leads the family, as an organization in time, to be a credible management model. The family is the essential core of the network system, later extended into the territorial community, into the cultural, technological and lastly the global one.
The network culture has fostered the construction of a credible brand policy,
it has also motivated the collaboration with other associated companies and with respected competitors.
The network is a way of thinking about the world, it is the origin and the future, just as design and beauty are.
Beauty understood as a stable system that changes continuously; for this reason the thinking around the projects has never stopped and the exploration for a design to be used every day has fostered

- Soggetti della campagna stampa "Gente di Guzzini", anni novanta
- Subjects for the press campaign *Gente di Guzzini*, 1990s

• Colapasta *Chef Line*, design Bruno Gecchelin, 1981

• *Chef Line* colander, designed by Bruno Gecchelin, 1981

attraversano il tempo a partire da storie profonde. Un oggetto in sé è ben poco: è l'emozione, sono le situazioni che riesce a creare che lo rendono eterno. Quando i prodotti emozionano ciò non avviene grazie alla forma o al materiale in sé, ma perché sono, appunto, simbolo di un progetto più complesso, il riflesso della loro storia. Una storia che secondo noi va pensata al futuro.

Quattro generazioni della famiglia Guzzini si sono impegnate per costruire sviluppo, crescita, lavoro, in questo luogo e in questa azienda. Generazioni: è un termine che parla di nascite e rinascite, che contiene un futuro sempre rinnovato e fresco. Di questo vuole parlare il nostro libro. Un libro che abbiamo scelto di realizzare con un importante editore internazionale e che abbiamo voluto far coordinare da Moreno Gentili, *concept designer*, studioso di strategie per la comunicazione d'impresa, artista contemporaneo ma soprattutto narratore di grande energia.

Una pubblicazione che si avvale degli scritti di tanti amici che hanno attraversato la nostra storia,

the elaboration of positions on the sense and the meaning of gastronomic, convivial and furnishing rituals.

However, while the technologies, the forms, the functions of the products, the motivations for which certain materials are developed and certain objects are produced all change, the same cannot be said of values. It's the values, the starting ones, that point to the road of the next one hundred years: not only sensitivity and skills, but above all networks, training, projects applied to production processes and uses: the processes are a surge of emotions that cut across time starting from deep-seated stories. An object in itself is rather little: it is the emotion, the situations that it succeeds in creating that make it eternal. When a product moves us, it's not because of the form or the material itself, but because it is the symbol of a more complex project, the reflection of its history. A history that, in our opinion, should be thought about in terms of the future.

• Cestino pane bicolore *Vintage*, design Guzzini Lab, 2005
• Bicchieri *Aqua*, design Guzzini Lab, 2011
• Burriera *Feeling*, design Robin Levien, 2001
• Centrotavola *Aqua*, design Guzzini Lab, 2011

• *Vintage* two-tone bread basket, designed by Guzzini Lab, 2005
• *Aqua* glasses, designed by Guzzini Lab, 2011
• *Feeling* butter dish, designed by Robin Levien, 2001
• *Aqua* centerpiece, designed by Guzzini Lab, 2011

- **Flavio Manzoni**, *designer.* Emozione e regola, estetica ed etica, sogno e realtà; il design è sensibilità artistica e cultura del progetto, un insieme intriso di intuizione, fantasia e capacità di astrazione dal presente al servizio del futuro: l'abilità di connettere elementi che a prima vista non si appartengono!

I Guzzini per me rappresentano questo: ho ancora un vivido ricordo di quando, da ragazzino e poi da studente di design, pieno di sogni come lo sono tutti i giovani che desiderano essere artefici del futuro, disegnavo i loro oggetti e ne inventavo di nuovi per esercitarmi a diventare designer.

Un'emozione che ancora oggi mi riempie di gioia nel mio lavoro di ogni giorno.

Nella progettazione di una nuova Ferrari sono indispensabili l'audacia, la sensibilità e la capacità visionaria di anticipare la naturale evoluzione delle cose.

Accanto alle "forme dell'espressione" non vanno mai dimenticate le "forme del contenuto", cioè bisogna sempre essere attenti al senso della progettazione.

È questo il senso profondo che accomuna i mille progetti della produzione Guzzini, è questo il paradigma sempre applicato in Guzzini con costanza e passione.

- *Designer.* Emotions and rules, aesthetics and ethics, dreams and reality; design is artistic sensibility and project culture, a whole imbued with intuition, imagination and ability to abstract the present to serve the future: the ability to connect elements that, at first sight, seem unrelated!

This is what Guzzini represents for me: I still have a clear recollection of when, as a young boy and then as a design student, full of dreams like all young people who want to take hold of their future, I designed their objects and invented others while practicing to be a designer.

An emotion that fills me even today with joy in my daily work.

Indispensable in designing a new Ferrari are boldness, sensibility and vision to anticipate the natural evolution of things.

Alongside the "forms of expression" we must never forget the "forms of content," that is, we must always be attentive to the sense of the designing.

And this is the profound sense that likens the numerous Guzzini projects; this is the paradigm that is always applied in Guzzini with consistency and passion.

• Cestello metallico con sei bicchieri cilindrici per bibita, design Studio Interno, anni sessanta

• Metal basket with six cylindrical tumblers, design by Studio Interno, 1960s

testimoni e protagonisti del futuro e delle origini che questa contiene. Per coinvolgere il lettore nella nostra interpretazione di ciò che sarà, anzi, di ciò che domani è già.

"Formula Uomo"
Luca Cordero di Montezemolo

Se dovessi pensare che oggi l'impresa sia esclusivamente competitività e tecnologia forse la Ferrari non sarebbe dove è ora. Senza il valore fondante dell'Uomo – intendendo in questa accezione anche la più che necessaria compresenza emozionale e razionale della donna – non solo imprese come la nostra, ma anche altre, come la stessa Guzzini, non conoscerebbero la confortante possibilità di un futuro, ivi comprese le maestranze e i valori stessi rappresentati da questo fondamento insieme scientifico ed emozionale. È in noi stessi che possiamo arrivare a raccogliere esperienze di conoscenza, ricerca e sviluppo, grazie alle quali possiamo restituire alla società civile una *governance* funzionale agli stessi bisogni del Paese di oggi e di domani. Chiedersi ora perché un'azienda possa avere successo in termini di gusto e stile è più che mai necessario per avviare una mappa da cui i nostri figli potranno trarre insegnamento e competenza. Capire perché per noi, imprenditori del nostro tempo, questioni come "valori di team", "spirito di squadra", "chiarezza degli obiettivi", "innovazione" e "memoria" siano le regole del nostro vivere quotidianamente il lavoro, è compito delle generazioni che verranno, che potranno così aspirare a dare continuità a un bene indissolubile e fondamentale per l'immagine del nostro Paese: quel made in Italy che regala al mondo con umiltà e costanza, giorno per giorno, la forza del nostro pensiero.

Ecco perché crediamo nel principio – applicato da noi stessi per primi – di una "Formula Uomo", vale a dire qualcosa che diviene poi patrimonio per tutti sotto forma di motivazione interiore, partecipazione e, soprattutto, lavoro vero, reale. È questo lo specchio di un sistema di merito cui si dà vita giorno per giorno nelle imprese italiane, specchio non di altro, soprattutto non di superficialità o divagazione dell'eccesso, ma sano principio del concreto, della forma di una solidità che non viene mai meno grazie a tutti coloro che credono in un sogno orizzontale del prodotto e del benessere. È vero, sono

Four generations of the Guzzini family have been committed to constructing development, growth, work in this place and in this company. Generations: this is a term that speaks of births and rebirths, which contains a future that is constantly being renewed and that is always fresh. This is what our book wants to talk about. A book we have chosen to realize with an important international publisher and that we asked Moreno Gentili to coordinate. Moreno Gentili is a concept designer, an expert on corporate communication strategies, a contemporary artist, but above all he is a highly energetic narrator. A publication that avails itself of the writings of many friends who have been a part of our history: witnesses and protagonists of the future and the origins that this contains. We want to involve the reader in our interpretation of what is to come—actually, of what is already tomorrow.

"Formula Man"
Luca Cordero di Montezemolo

If I thought that today a business were exclusively competitiveness and technology, then perhaps Ferrari wouldn't be where it is now. Without the fundamental value of man—a word that includes the indispensable emotional and rational joint presence of women—not just companies like this one, but others too, like Guzzini itself, would not be aware of the reassuring possibility of a future, including the skilled workers and the values represented by this scientific, emotional fundament. We hold within the ability to go so far as to gather knowledge and experiences, research and development, thanks to which we can give back to civil society a "governance" that is functional to the very needs of the country, today and tomorrow. Wondering why a company can be successful in terms of taste and style is more than ever necessary in order to draft a map from which our children can learn and draw skills. Understanding why for us, entrepreneurs of our times, issues like "team values," "team spirit," "clear objectives," "innovation" and "memory" are the rules for how we experience work on a daily basis, is the task of the generations to come, which can thus aspire to give continuity to an indissoluble, fundamental asset for our country's image: that "Made in Italy"

- Sedia *My Chair*, design Carlo Colombo, 2010
- *My Chair* chair, designed by Carlo Colombo, 2010

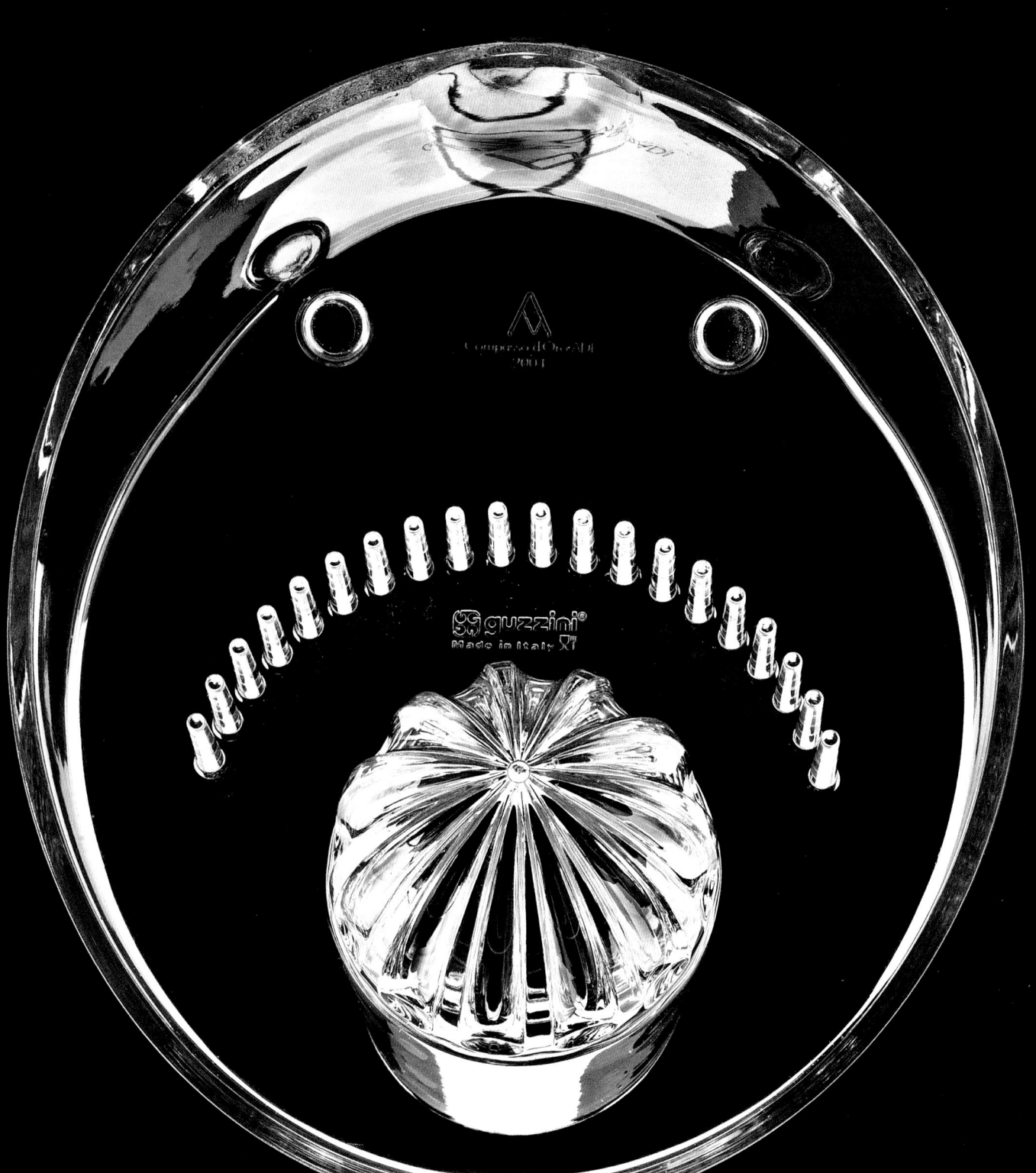

• Spremiagrumi *Latina*, design
Lorenzo Gecchelin, 2002, premio
Compasso d'Oro 2004
• Caraffa *Aqua*, design Guzzini Lab, 2011

• *Latina* juicer, designed
by Lorenzo Gecchelin, 2002,
2004 *Compasso d'Oro* Award
• *Aqua* jug, designed by Guzzini Lab, 2011

questi tempi di crisi, momenti in cui viene meno la fiducia collettiva tanto nell'imprenditore che nel consumatore, ma sono anche questi momenti della storia in cui tutti – ognuno con le proprie responsabilità – siamo chiamati a dare il meglio di noi stessi una volta di più, mai di troppo. Aziende come la Guzzini, a forte tradizione famigliare, rappresentano un traguardo da raggiungere dove continuità e innovazione possono testimoniare la bontà della "Formula Uomo" a cui noi stessi ci ispiriamo da vent'anni e più a questa parte. E se a questo si aggiunge l'orgoglio di dare vita a un brand globale quale è Ferrari, appare più semplice per me definire evoluzione e passione come stilemi di vita indissolubili uno dall'altro, in grado di restituire un contributo costruttivo a un sistema-paese che può rispondere anche a questi momenti di crisi. È questo un principio di fiducia a cui le imprese dotate di "trazione innovativa" si sono sempre ispirate – noi con loro – ma è anche un valore emozionale che spinge tutti noi verso un futuro meglio visibile, forse addirittura garante di una solidità economica a tutti gli effetti. Questo almeno finché potremo dire, per quanto ci riguarda, che "nessuno mai oserà imitare la Ferrari perché è un sogno, non un prodotto". Auguro dunque alla famiglia Guzzini, come è scritto nel principio di questi suoi cento anni di vita, "cento anni di futuro".

**Tradizione e innovazione
nello sviluppo di un Paese**
Diego Della Valle

Le Marche hanno sempre prodotto cultura d'impresa a carattere famigliare. E a tradizione famigliare sono imprese come la Tod's, la Guzzini e molte altre. In questa terra hanno lasciato un segno di cultura imprenditoriale figure come Enrico Mattei, capaci di creare un legame fondamentale con il territorio. Qui, cultura civile, imprenditoriale e paesaggistica si sono fuse nel tempo in un valore creativo capace di valicare i confini nazionali e arrivare nel mondo. Una terra di migrazione, tra Ottocento e Novecento, che ha ormai raggiunto una consapevolezza umana e tecnologica evoluta al punto da rappresentare la qualità di un artigianato all'avanguardia diviso equamente tra tradizione e innovazione. Qui le imprese esportano e fanno cultura, ma non solo: vivono un profondo rispetto di relazione con le proprie maestranze anche in tempi which offers the world the strength of our thinking, with humility and perseverance, every day.

This is why we believe in the principle—our principle—of a "Formula Man," that is to say, something that later becomes everybody's heritage in the shape of inner motivation, participation and, above all, real, genuine work. This is the mirror of a system we breathe life into each day in the most deserving Italian companies; most importantly, companies where there is no superficiality or excess, but rather healthy principles concerning the form of a solidity that is never lacking thanks to everyone who believes in a horizontal dream of the product and well-being. These are times of crisis, when the collective confidence of both the entrepreneur and the consumer is at a low ebb, but these are also times in history when everyone— each one of us bearing his or her own responsibilities—is called upon to give our best once more, which is never too much. Companies like Guzzini, steeped in a family tradition, represent a goal to be reached where "Tradition and Innovation" can testify to the goodness of "Formula Man" which has been inspiring us for the past two decades. And if we add to this the pride of giving life to a global brand like Ferrari, it seems even easier for me to state that evolution and passion are aspects of life that cannot be separated, capable of giving back a constructive contribution to a country as system that can also respond to these moments of crisis. This is a principle of confidence that countries endowed with "innovative drive" have always been inspired by—both us and them together—but it is also an emotional value that shifts us all towards a more visible future, perhaps even guaranteeing an all-round economic solidity. This is true at least until we can say, as far as we are concerned, that "no one will ever dare imitate Ferrari, because it's a dream, not a product." So I wish the Guzzini family what was written at the start of these one hundred years of life, "100 years of future."

**Tradition and Innovation
in a Country's Development**
Diego Della Valle

The Marches have always produced business culture characterized by a familiar nature.

come questi, quando la crisi insegna a essere, oltre che necessariamente parsimoniosi, anche lungimiranti nei termini di un prodotto di qualità che deve continuare a crescere in visibilità e diffusione.

È questa l'impresa marchigiana, un brand di origine che ha una connotazione territoriale e insieme internazionale, ma soprattutto poetica. Indossare calzature curate con tanta passione professionale e ricerca in termini di design, vivere la cultura di prodotti creati nell'idea di un'abitabilità ancora possibile del pianeta, introdurre all'interno delle nostre case oggetti di qualità come quelli disegnati nel tempo dai Guzzini e altro ancora, sono piaceri a cui non possiamo e non dobbiamo rinunciare. Ne andrebbe del nostro orgoglio di imprenditori ma sopratutto ne andrebbe del "sistema marchigiano", che oggi si caratterizza come un fattore fondamentale per lo sviluppo del made in Italy. E questo insegna una volta di più che la qualità di un valore imprenditoriale può dare un valore aggiunto all'evoluzione di un Paese e di chi lo abita. Una questione insomma di "responsabilità trasversale" a cui gli imprenditori, quelli veri e seri, si sono sempre dedicati con impegno e cura del proprio lavoro. E tra questi i Guzzini, da cento anni a questa parte, e noi con loro, marchigiani capaci di rappresentare nel mondo, con i nostri prodotti, una nazione quale l'Italia. Il piacere di essere qui, a manifestare la nostra amicizia nei confronti dei Guzzini e della loro storia, nasce dalla certezza che oggi sia sempre più determinante il capitale umano, chi cioè giorno dopo giorno lavora per lo sviluppo di un'Europa unita. È importante infatti ricordare che questa Europa non esisterebbe senza luoghi come le Marche, territori dove lo sviluppo delle risorse economiche è cresciuto di pari passo con la maturità di imprenditori e maestranze pronte a fare la propria parte fino in fondo.

Senza risorse umane, soprattutto oggi, non si va da nessuna parte, purché queste siano dotate di capacità professionali e di cultura, di tradizione e passione per il futuro. E i Guzzini lo sono sempre stati, come famiglia e come imprenditori, ed è per questo che i loro prodotti sono entrati nelle nostre case cambiando gradualmente il gusto e la percezione dell'abitare. A questo poi andrebbe aggiunto che la loro relazione con il territorio, l'orgoglio di essere marchigiani, è stata un modello per generazioni di imprenditori. Noi, cresciuti in questo stesso paesaggio, sappiamo bene cosa vuole dire rispettare il senso delle tradizioni con l'ambizione però

Such companies include Tod's as well as companies like Guzzini and many others. In this land figures like Enrico Mattei have left their mark of entrepreneurial culture, men capable of forging a fundamental bond with the territory. Here, in this land, civil, entrepreneurial and landscape culture have merged over time into a creative value capable of transcending national borders and reaching the world. A land of migration between the nineteenth and twentieth centuries that has by now achieved a human and technological awareness, evolved to the point of representing the quality of a state of the art craftsmanship equally divided between "tradition and innovation." Here, the companies export and make culture, but that's not all: they also experience a profound respect for the relationship with their own skilled workers even in times such as these, where the crisis teaches not only to be necessarily parsimonious but also long-sighted vis-à-vis a quality product that must continue to grow in terms of visibility and distribution.

This is what a company located in the Marches is like; it is a native brand that has both a territorial and an international connotation, but above all a poetic one. Wearing footwear manufactured with so much professional skill and research in terms of design, experiencing the culture of objects dedicated to the still possible "inhabitability" of the planet, introducing inside our homes quality objects like those designed over time by Guzzini and others still, is a pleasure that we cannot and must not do without. Our pride as entrepreneurs would suffer as a result, but above all so would the "Marches system," which is characterized today as a fundamental factor for the development of the "Made in Italy" brand. And this teaches us once more that the quality of an entrepreneurial value can give added value to the very evolution of a country and those who live there. In short, it is a question of "transversal responsibility," which true and serious entrepreneurs have always dedicated themselves to with commitment and great care. And among these for the past one hundred years Guzzini, and we with them, people from the Marches capable of being in the world with our products to represent a nation like Italy.

The pleasure of being here to show our friendship towards Guzzini and their history is born from

• **Lavinia Borromeo**, *designer.* Festeggiare i cento anni di attività di Guzzini non significa solo ricordare i successi commerciali di una storia imprenditoriale esemplare. Vuol dire soprattutto celebrare uno stile e una visione originale che si ritrovano in ogni nuovo oggetto che viene disegnato e creato.
Di questa visione sono stata testimone diretta quando è iniziata la mia collaborazione con Guzzini. Conoscevo la storia della famiglia Guzzini che, con orgoglio, ha sempre mantenuto vivo e forte il suo rapporto con Recanati e con le Marche. Ma sono rimasta molto colpita dal coraggio e dal gusto per la sfida che, a distanza di ormai cento anni dalla sua fondazione, continuano ad animare tutti i nuovi progetti. Creare oggetti partendo dagli usi quotidiani, esplorare le potenzialità dei nuovi materiali, reinventare le forme della tradizione con l'intelligenza del design e il buon gusto dello stile italiano: tutto questo fa parte del patrimonio di Guzzini.
È un patrimonio prezioso di saperi che arriva da lontano e che l'accompagnerà ancora negli anni a venire. Tanti auguri Guzzini!

• *Designer.* Celebrating Guzzini's 100 years of activity does not just mean remembering the business successes of an exemplary entrepreneurial story. It above all means celebrating both a style and original vision that can be seen in every new object that's designed and created.
I was a direct witness of this vision, when my collaboration began with Guzzini. I knew the story of the Guzzini family which, with great pride, has always kept its relationship with Recanati and the Marches alive and well. But I was very impressed by their courage and their taste for the challenge, which even now that a whole century has gone by since it was founded, still fills all its new projects with life.
To create objects starting from everyday habits, to explore the potentials of new materials, to reinvent the forms of tradition with the intelligence of design and the good taste inherent to Italian style: all this is part of the Guzzini heritage.
It is a heritage brimming with know-how that comes from afar and will accompany it in the years to come.
Happy Birthday, Guzzini!

• Culla *BLav*, ideata da Lavinia Borromeo, design Angeletti Ruzza, 2010

• *BLav* cradle, conceived by Lavinia Borromeo, designed by Angeletti Ruzza, 2010

di un'innovazione che tenga il passo con il mondo. Non si nasce imprenditori, ma semmai lo si diventa investendo nei termini di una responsabilità verso i propri collaboratori, il proprio marchio e la terra dove si è arrivati al successo. E se la competitività è un fine, la competenza è il mezzo attraverso cui costruire un clima sereno tra chi lavora e chi governa, cosa che in questo Paese è venuta a volte a mancare. L'importante è però credere che il rigore di un esercizio imprenditoriale possa prima o poi dare buoni frutti, soprattutto quando la ricerca della qualità è una costante e coerente prova di maturità umana e imprenditoriale. Non sempre occorre separare il sapere dall'azione – sia quest'ultima di *policy* o economica – ma certo è importante agire seguendo un flusso di comportamento coerente in cui impresa e Paese possano crescere insieme. Cultura d'impresa a carattere famigliare, si diceva all'inizio del discorso: il futuro è qui, nelle ragioni di un destino a cui nessuno di noi si è mai sottratto.

the certainty that today "human capital" is evermore crucial, meaning by this people who work day after day for the development of a united Europe. What we need to remember, however, is that this "Europe" would not exist without places like the Marches, territories where the development of economic resources has grown on a par with the maturity of entrepreneurs and skilled workers ready to play their own part down to the very end.

Without human resources, especially nowadays, we go nowhere, as long as these are endowed with professional capacities and culture, tradition and passion for the future. And the Guzzini have always been this way, as a family and as entrepreneurs. And it is for this reason that their products have entered our homes and gradually changed our taste and perception of living. We should then add to this the fact that their relationship with the territory, their pride at being from the Marches, has been a model for generations of entrepreneurs. Those of us who have grown up in this same landscape well know what it means to respect the meaning of traditions, while yearning, nonetheless, for innovation that can keep up with the changing world. We are not born entrepreneurs by chance, but if anything we become entrepreneurs by investing in terms of a responsibility towards our own collaborators and our own brand, and towards the land on which we have achieved success. And if competitiveness is the goal, skill is the means by which to build a peaceful climate among those who work and those who govern, something that in this country has at times been lacking. The important thing is, however, to believe that the rigor of an entrepreneurial practice sooner or later can yield good fruits, especially when the search for quality is constant and coherent proof of human and entrepreneurial maturity. It is not always necessary to separate knowledge from action—whether the latter is political or economic—but it is certainly important to act by following a consistent flow of behavior in which the *business company* and the *country* can grow together. We started out by speaking of a *business culture characterized by a familiar nature*. This is where the future lies, in the reasons behind a destiny that none of us has ever shunned.

Innovazione: design & mercato
Innovation: Market & Design

• Movimentazione di uno stampo
• Mold being transported

Innovare: dovere e passione

Gianfranco Zaccai

Il panorama che regala la casa di Domenico e Paola Guzzini è quello che tutti noi tra i banchi di scuola abbiamo fatto nostro, intima percezione descritta dal conterraneo Leopardi come la relazione filosofica tra tempo e spazio, il colle dell'*Infinito*. In questo componimento il poeta recanatese racchiude tutta la sua idea di Umanesimo che vede l'uomo accettare il proprio limite davanti all'infinito, non senza sofferenza ma con il desiderio di dare sfogo alla forza della sua immaginazione e alla ricerca del nuovo e della felicità.

Un secolo più tardi, Pierino Guzzini intuisce il modo per poter superare il limite del momento e quasi ventenne entra nel laboratorio del padre applicando, per la prima volta, l'utilizzo del corno non solo ai pettini ma anche alle posate da insalata. Enrico Guzzini comprende la portata dell'innovazione del figlio e impiega i suoi risparmi per l'acquisto delle prime

To Innovate: Duty and Passion

Gianfranco Zaccai

The view from Domenico and Paola Guzzini's home is the same as the one that all of us from our school desks have made our own; it is the intimate perception described by fellow-citizen Leopardi as the philosophical relationship between time and space, that is, the hill of the poet's *Infinity*. Encapsulated within these lines are the Recanati poet's ideas about humanism, which sees man as accepting his own limits while standing before the infinite, with some suffering, of course, but also with the yearning to free the force of his imagination and search for something new as well as happiness.

One century later, Pierino Guzzini understood how to overcome the limits of that period and at the age of twenty he entered his father's workshop and for the first time used ox-horn not just to make combs but salad servers as well. Enrico Guzzini

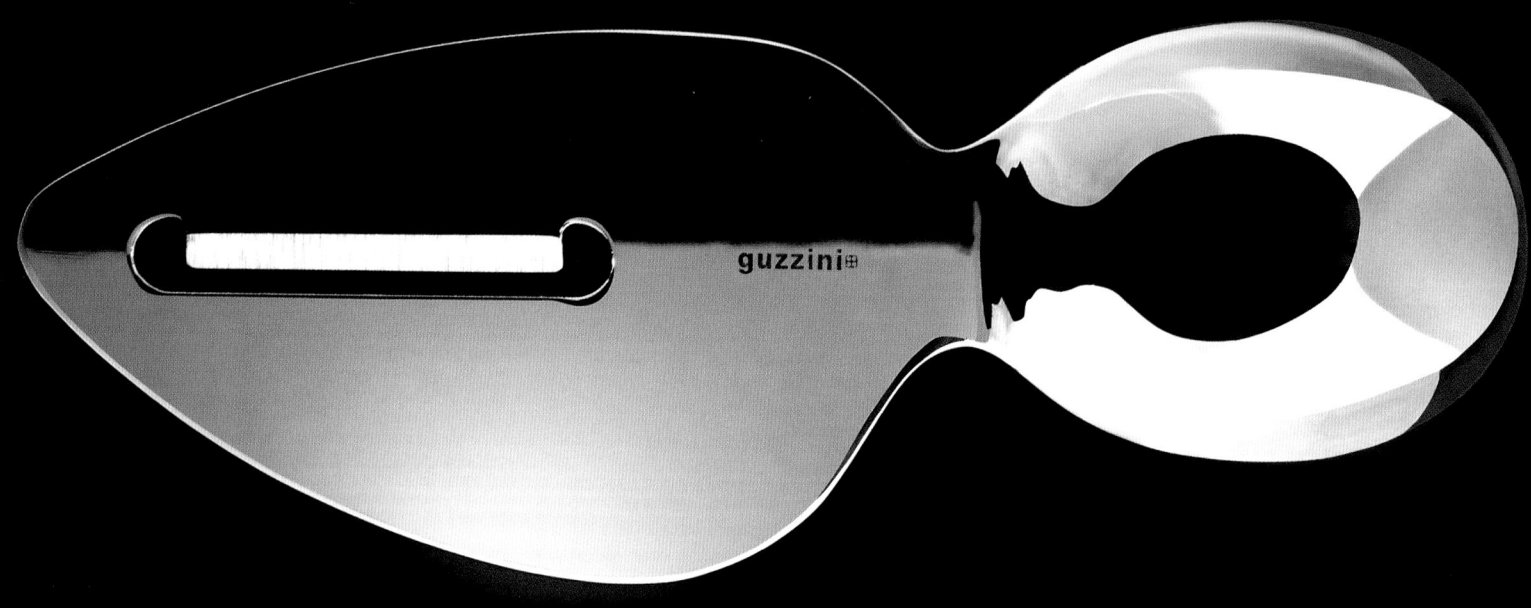

• Coltello *Forma* per formaggi a pasta dura, design Denis Santachiara, 2005

• *Forma* hard cheese knife, designed by Denis Santachiara, 2005

macchine, riducendo la giornata di lavoro da dodici a otto ore con una conseguente riduzione dei costi e una crescita sostanziale dei volumi di produzione, gettando le basi per quella che sarà una delle aziende più innovative d'Italia, la Fratelli Guzzini. Il passaggio di consegne da Enrico a Pierino ha segnato non solo l'iniziale e felice momento dell'avventura imprenditoriale della famiglia Guzzini, ma un necessario cambiamento che ha portato con sé il seme di un'innovazione, non certo dirompente ma equilibrata e implementabile, in quella realtà fatta di bisogno ma anche di condivisione.

Troppo spesso si confonde l'esigenza di innovare con il desiderio di rompere gli schemi, rischiando di compromettere la propria cultura aziendale, di non riuscire a implementare i processi e di mettere sul mercato prodotti di cui nessuno ha bisogno. E allora, quali sono le regole di una sana innovazione? Dopo trent'anni di esperienza e grazie al lavoro che ogni giorno facciamo a Continuum con clienti globali e consumatori in varie aree del mondo, sono convinto che il segreto sta nella profonda comprensione del problema da tutti i punti di vista, umano, tecnologico ed economico, e nell'empatia necessaria a proporre tutte le fasi utili a visualizzare la risoluzione utilizzando grandi competenze nel rispetto di un'economia di mercato sempre più democratizzata.

Quando Procter&Gamble ci ha chiesto di progettare un nuovo prodotto in ambito pulizia casa, non abbiamo iniziato facendo *focus groups* o *brainstorming* ma abbiamo guardato lo sporco al microscopio e siamo entrati nelle case delle persone osservando come pulivano il pavimento interpretando anche il non detto. Il sogno di tutti era di avere una casa pulita e un pavimento che quasi si pulisse da sé. Abbiamo scoperto che lo sporco è prevalentemente polvere e che l'acqua trasforma la polvere in fango, anche se solo al livello microscopico, e che spesso le persone impiegavano più tempo a pulire lo straccio che usavano per pulire il pavimento che a pulire il pavimento! Con questo siamo riusciti a vedere quello che altri non vedevano e che il consumatore non poteva richiedere. Con questo siamo riusciti a creare un nuovo prodotto attento alle esigenze di milioni di persone nel mondo, incrementando il fatturato del produttore e migliorando l'impatto ambientale: è nato Swiffer.

A monte, ogni piano industriale dovrebbe considerare l'azienda come un'entità viva e in trasformazione all'interno di un tessuto sociale

grasped his son's insight and used all his savings to purchase the first machines that would reduce the day's schedule from 12 to 8 hours, which also meant a cut in costs and substantial growth in output, laying the foundations for what would become one of the most innovative companies in Italy: Fratelli Guzzini. The hand over from Enrico to Pierino did not just mark the first felicitous moment in the entrepreneurial adventure of the Guzzini family; it was also a necessary change that brought with it the seed of a kind of innovation that may not have been earth-shattering, but was all the same balanced and capable of being put into practice in a reality made up of needs but also of sharing.

All too often we confuse the need for renewal with the yearning to break away from our consolidated patterns, at the risk of compromising our own business culture, not managing to implement the processes and instead placing on the market products that no one needs. So what are the rules behind healthy innovation? After thirty years' experience and thanks to the work that we do day in and day out at Continuum with global customers and consumers from every corner of the world, I am sure the secret lies in knowing how to deal withthe problem from every angle: human, technological, and economic, as well as in the empathy needed to propose all the phases required to be able to visualize an idea using skills with respect for a market economy that is increasingly democratized.

When Procter & Gamble asked us to plan a new product to clean houses with, we didn't start with focus groups or brainstorming; rather, we analyzed the "dirt" under a microscope and we went into the consumers' homes to watch them as they cleaned the floor, and to interpret all the things that weren't being said. Everyone's dream was to have a clean house and a floor that almost cleaned itself. We discovered that "dirt" is mostly made of dust and that water turns dust into mud, even if you can only see this under a microscope, and that often people spend more time cleaning the cloth they use to mop floors than the floor itself! So we were able to see what others don't see and what the consumer couldn't ask for. We were able to create a new product responding to the needs of millions of people in the world, increasing the producer's business turnover and improving the environmental impact: Swiffer was born.

• **Angelo Cortesi**, *architetto.* Guzzini Design Memorandum: la più bella avventura della mia vita culturale supportata dall'entusiasmo di Giuseppe Guzzini con il preciso scopo di segnare un'esigenza della storia.

In pieno edonismo consumistico, con Design Memorandum abbiamo voluto mettere in evidenza i problemi che stavano emergendo e che nessuno voleva vedere né sentire, tant'è che un giornalista del prestigioso "Express", dopo avermi intervistato sull'argomento, scrisse che a Milano aveva incontrato un nuovo Robespierre che voleva rovinare la bella vita che ci eravamo costruiti.

Questo naturalmente fu e rimane per me un grande onore. Ovviamente Design Memorandum non è mai finito così come non finiscono le aspirazioni dell'uomo.

A tutta la famiglia Guzzini devo i miei ringraziamenti per avermi sostenuto con l'intelligenza e l'affetto che li contraddistingue da sempre.

• *Architect. Guzzini Design Memorandum*: the most beautiful adventure of my cultural life supported by the enthusiasm of Giuseppe Guzzini with the precise aim of reflecting a need of history.

In the midst of total consumer hedonism, with *Design Memorandum* we tried to highlight the problems that were emerging and that no one wanted to see or listen to, so much so that a journalist from the prestigious *Express*, after interviewing me on the subject, wrote that in Milan he had met a new Robespierre whose plan was to spoil the beautiful life that we had built for ourselves.

Of course this was and still is a great honor for me. Of course *Design Memorandum* never ended up this way, just as mankind's aspirations never end.

I am indebted to the whole Guzzini family for having supported me with the intelligence and affection that has always made them special.

• Pagina-invito al SAIE di Bologna, anni ottanta

• Page-invitation to the SAIE in Bologna, 1980s

Ogni promessa è debito.

Guzzini ha il piacere d'invitarla alla presentazione del nuovo programma bagno

SAIE Bologna
Padiglione N Stand 270/275

Fratelli Guzzini S.p.A. - Recanati (MC) - Tel. 071/981017 - Telex 56298

e con le varie *business units* inserite in un meccanismo virtuoso che contribuisce a creare le basi per un'innovazione completa e un'"economia del noi". Troppo spesso nelle imprenditorialità italiane, e sopratutto in realtà più complesse e strutturate, l'azienda è divisa in silos con strategie diverse e non necessariamente volte a completarsi, per cui spesso l'implementazione dell'innovazione risulta difficile perché non condivisa. A questo si aggiunge la mancata attenzione verso i consumatori, che devono far parte di questa economia virtuosa non solo in quanto consumatori dei nostri prodotti – per cui spesso visti come partecipanti a *focus groups* che si reggono su operazioni di marketing che seguono altre logiche – ma sopratutto in quanto influenzatori primari delle nostre scelte imprenditoriali. Parlo di influenzatori e non di "esperti consapevoli" perché spesso, durante le nostre ricerche, non ci troviamo davanti a consumatori che chiedono nuovi prodotti o servizi, o a maestranze che evidenziano cambiamenti di processi, ma vediamo tutti gli interessati come "persone" che manifestano il bisogno di nuovi prodotti o processi aziendali in maniera inconsapevole. Continuum, grazie

Upstream, every industrial plan should consider the company as a body that is alive and undergoing transformation within a social fabric, and with the various business units all fitted inside a virtuous mechanism that contributes to laying the foundations for complete innovation and an "economy based on us." All too often in Italian businesses, especially in the more complex, structured situations, the company is divided into departments with different strategies that are not necessarily aimed at completing one another, so that often it's hard to put innovation into practice because it isn't shared. Added to this is the lack of attention towards the consumers themselves who need to be a part of this virtuous economy and not just the consumers of our products—as such often seen as the participants in focus groups that have to justify marketing operations which pursue other rationales—but above all as the main influencers of our choices as entrepreneurs. I'm talking about influencers and not "conscious experts" because often, during our research, we are neither faced with consumers who ask for new products or services, nor skilled workers that reveal

- Dalla rivista "Forme", anni settanta
- Campagna pubblicitaria, anni settanta
- Sistema di utensili per la cucina disegnati da Continuum

- From *Forme* magazine, 1970s
- Press campaign, 1970s
- Kitchen utensils system designed by Continuum

alla sua metodologia applicata dai propri esperti, identifica le opportunità di innovazione entrando profondamente nella realtà aziendale prima e nel mondo del consumatore poi, con gli occhi attenti di chi a ogni azione, espressione e commento fa coincidere degli *insights* indispensabili per realizzare quello che noi chiamiamo *human-centered design*. Questo concetto è alla base della nascita di Continuum come azienda di senso (*human*), di legame (*collaboration*) e di valore (*multidisciplinary*). Il nostro modo di fare design è necessariamente il risultato di analisi diverse che coinvolgono creatività, estetica ed ergonomia, ma anche ingegneria, trasmissione di valori, creazione di esperienze e non riguarda solo l'ideazione dell'oggetto ma implica anche il pensare al *service* per il consumatore nel rispetto di un'etica aziendale ed economica. Per poter fare ciò abbiamo sempre bisogno di un "ambasciatore illuminato" all'interno dell'azienda. Nel caso di Fratelli Guzzini abbiamo trovato una famiglia da tempo intenta a creare valore per il proprio mercato e per il territorio in cui opera, facilitando così il nostro compito di innovatori e introducendo prodotti nuovi volti a migliorare l'esperienza della preparazione, presentazione e conservazione del cibo e cura della casa, con oggetti di design completo e propriamente comunicati.

Guzzini riesce ogni giorno a trasformare il proprio gruppo, consapevole del fatto che chi non

changes in the processes; rather, we find ourselves before "people" who unwittingly show the need for new products and company processes. Continuum, thanks to its methodology applied by its own experts, identifies the opportunities for innovation by delving first into the company's reality, and then into the world of the consumers, doing so with watchful eyes, so that each action, expression and comment will overlap with the insights that are essential to be able to make what we call human-centered design. This is what lies at the base of Continuum, a company made up of "sense" (human), "connection" (collaboration), and "value" (a multidisciplinary approach). Our way of doing design is the result of different analyses that involve creativity, aesthetics and ergonomics but also engineering, the transmission of values, the creation of experiences. It doesn't merely concern the conception of the object, but also implies thinking at the service of the consumer while respecting a company and economic ethics. To be able to do this we always need an "enlightened standard-bearer" inside the company. In the case of Fratelli Guzzini we have found a family that has always aimed at creating value for its own market and for the territory in which it operates, thus catalyzing our task as innovators and introducing into the market new products aimed at improving the experience of preparation, presentation,

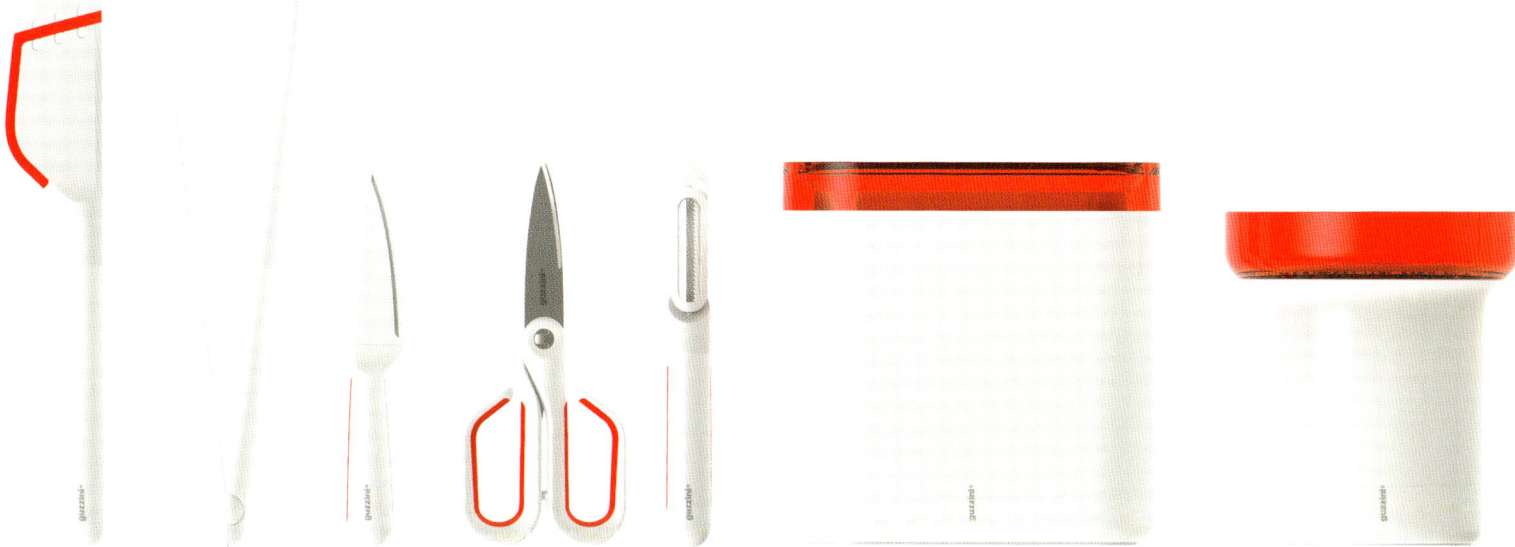

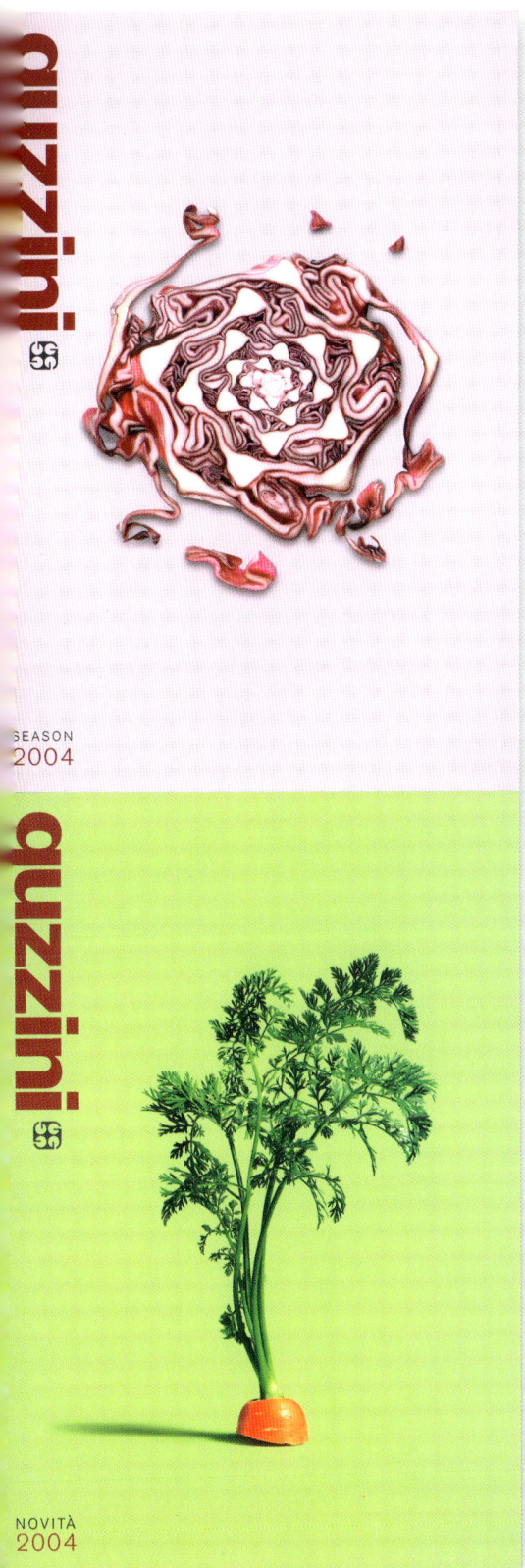

• Copertine di cataloghi e dépliant,
2003, 2004 e 2005
• Soggetto di campagna stampa
per San Valentino, 2011

• Catalogue and brochure covers,
2003, 2004 and 2005
• Subject of the press campaign
for Saint Valentine's Day, 2011

• Progetto RE-NATURE Numeri Zero, oggetti in edizione limitata nati dal riutilizzo e dal diverso uso di prodotti di design e materiali di scarto: prodotto realizzato con residui di materiale di produzione (1); scultura luminosa del professor Ermenegildo Pannocchia (2); formelle decorative realizzate dai ragazzi dell'Istituto d'Arte di Macerata (3, 5); prodotti realizzati con residui di materiale di produzione durante il cambio colore nella fase di stampaggio (4, 6), 2009

• *RE-NATURE Numeri Zero* project, objects produced in a limited edition based on the reuse or unconventional use of design products and waste materials: product made using leftover materials (1); luminous sculpture by Professor Ermenegildo Pannocchia (2); decorative tiles made by the students at the Macerata Art Institute (3, 5); products made using leftover materials and during the molding stage color change step (4, 6), 2009

1

2

3

4

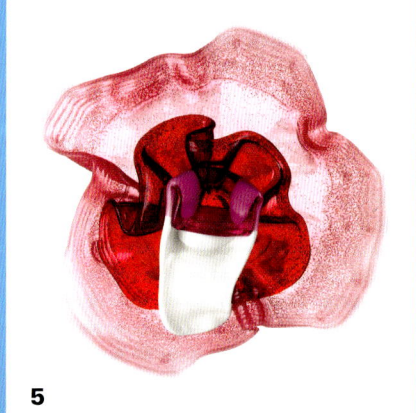

5

6

• Visual di comunicazione relativo a RE-NATURE, primo progetto industriale di Fratelli Guzzini in cui un particolare materiale acrilico, il SAN, proveniente dal materiale in eccesso in fase di produzione, viene riciclato per dar vita a nuovi prodotti, garantendo la qualità estetica e funzionale, 2009
• Soggetto di campagna stampa, 1991

• Advertising board for the *RE-NATURE* project, Fratelli Guzzini's first industrial project in which a special acrylic material, SAN, made from excess production materials is recycled in order to create new products, thus guaranteeing aesthetic and functional quality, 2009
• Subject for a press campaign, 1991

innova è destinato a interrompere il proprio percorso. In un certo senso ritengo che la matrice imprenditoriale del made in Italy dovrebbe innovarsi e avere il coraggio di passare alla più corretta "innovated in Italy for the world"; è necessario mostrare il coraggio di riuscire ad arrivare primi ma anche di poter competere con un mercato che sicuramente non è più locale, è diventato globale ma che, se si vogliono rispettare i valori di sostenibilità, bisognerà cogliere nell'immediato futuro come glocal. La natura umana non richiede naturalmente grandi innovazioni ma si migliora con continui e a volte imprescindibili risposte ai bisogni, in un percorso olistico di gratificazione sensoriale ed economica.

L eopardi, grande scopritore dell'animo umano, così scrive al fratello Carlo durante un suo allontanamento da Recanati, riferendosi a Roma: "L'uomo non può assolutamente vivere in una grande sfera, perché la sua forza o facoltà di rapporto è limitata. In una piccola città ci possiamo annoiare, ma alla fine i rapporti dell'uomo all'uomo e alle cose, esistono, perché la sfera de' medesimi rapporti è ristretta e proporzionata alla natura umana".

preservation of food and care for the home with design objects that are suitably communicated.

E ach day Guzzini manages to transform its own Group aware of the fact that those who refuse to innovate are destined to interrupt their pathway, and, in a certain sense, I believe that the entrepreneurial origin of the "Made in Italy" should innovate itself as well, and dare to move on to a more correct "innovated in Italy for the world." It has to show its courage to succeed in being first but also in competing with a market that is not local, that has become global, but that, out of respect for values of sustainability, we'll have to see in the near future as a "glocal market." The human being does not by naturerequire great innovations, but continuous and at times inexorable answers to our needs can lead to improvement, along a holistic pathway of sensorial and economic gratification.

L eopardi, a great scrutinizer of the human soul, said these words to his brother Carlo, when he was about to leave Recanati, about Rome: "Man absolutely cannot live in a great sphere, because his strength or faculty of relations is limited. One can be bored in a small city, but in the end the relations between man and man and things indeed exist, because the sphere of the same relations is narrow and in proportion to human nature."

GUZZINI AWARDS

 1991
Compasso d'Oro ADI

 2004
Compasso d'Oro ADI

 2011
Menzione d'onore Compasso d'Oro ADI

 16 Segnalazioni Compasso d'Oro ADI
16 Compasso d'Oro ADI Nominations

 7 Segnalazioni ADI Design Index
7 ADI Design Index Nominations

DESIGN PLUS   2002   2009   2010

   2003   2009

   2004   2006   2009

 **Victoria and Albert Museum** - Londra

 **Museum of Contemporary Art Chicago**

MoMA
Museum of Modern Art - Moma New York

   **Stille di Acqua Lurisia** "Miglior bottiglia in vetro dell'anno"
Progetto: Studio Sottsass - Tappo in materiale plastico Guzzini
Acqua Lurisia Stille "Best glass bottle of the year"
Project: Studio Sottsass - Plastic top made by Guzzini

• I maggiori premi e riconoscimenti assegnati alla Fratelli Guzzini

• The most important awards and prizes received by Fratelli Guzzini

Anno di iscrizione all'ADI - **1967**

Il valore degli "oggetti"
Aldo Bonomi

Difficile parlare del valore degli oggetti, in un'epoca come questa. Difficile, se non altro perché la crisi in atto da lungo tempo ha ridisegnato – e minaccia di ridisegnare ulteriormente – la gerarchia dei bisogni delle persone. Agli inizi del secolo scorso fino al secondo dopoguerra, in pieno paradigma taylorista-fordista quindi, i modelli di consumo erano legati al soddisfacimento dei bisogni. Se non di quelli primari, perlomeno di una loro evoluzione legata alla produzione seriale di beni standardizzati. Un'automobile per tutti – quella che si vuole, purché nera, come da aforisma di Henry Ford – una casa per tutti, oggetti per tutti, seguendo il solco dell'impellente e pervasiva necessità di democratizzare il benessere. Il soddisfacimento di tali bisogni, unitamente al diffuso e crescente benessere, ha poi progressivamente e ulteriormente evoluto i modelli di consumo, sempre meno legati ai bisogni e sempre più ai desideri. La Ford T (o la Fiat Seicento) non bastavano più. Da ultimo anello della catena del valore, l'utente-cliente, con la sua domanda eterogenea e diversificata, diventava sempre più il centro di un nuovo ciclo produttivo. I suoi desideri, i suoi bisogni, non necessariamente materiali – dall'affermazione del proprio *status* sociale alla costruzione complessiva di un immaginario in grado di produrre il proprio benessere – generavano attorno a esso una ragnatela del valore che incorporava a sé una molteplicità di nuove funzioni e specializzazioni che scoprissero questi bisogni, li analizzassero, li codificassero. Per, infine, soddisfarli.

Altrove, questa strada è stata percorsa attraverso il progressivo abbandono della manifattura. Sovente si racconta di come la Nike non venda più scarpe, né indumenti sportivi. Ma che, al contrario, produca uno stile di vita e un immaginario, costruiti e promossi attorno a un logo a forma di baffo che viene poi appiccicato su oggetti prodotti nei giganteschi opifici del neofordismo cinesi o del Sud-est asiatico.
La via italiana al postfordismo è un'altra. Che nasce e si sviluppa, cioè, intrecciandosi con la vicenda storica delle produzioni del cosiddetto made in Italy, di quei beni, quindi, le cui caratteristiche dipendono profondamente dalla cultura e dalla storia delle comunità locali. Mangiare bene. Vestirsi con cura. Abitare in case gradevoli. Curare la persona. Elementi

The Value of "Objects"
Aldo Bonomi

It's hard to talk about the value of objects in times such as these. Hard, if for no other reason than because the crisis that has been underway for some time now has redesigned—and threatens to further redesign—the hierarchy of people's needs. From the start of the twentieth century until the post-World War Two years, therefore right in the middle of the Taylorist-Fordist paradigm, consumption patterns were linked to satisfying people's needs. If not their primary needs, then at least their evolution as related to the serial production of standardized goods. A car for everyone—in any color, so long as it's black, as Henry Ford put it—a house for everyone, objects for everyone, following the path of the impelling and pervasive need to democratize well-being.
The fulfillment of such needs, along with widespread and ever-growing well-being, later progressively and further honed the consumption patterns which were less and less tied to needs and more to wants. The Ford Model T (or the Fiat *Seicento*) was no longer enough. As the last link in the chain, the user-customers, with their heterogeneous and diversified demands, increasingly became the core of a new productive cycle. Their desires, their needs which were not necessarily material ones—from the confirmation of one's social status to the overall construction of an imaginary capable of producing one's own well-being—generated a spider's web of values around the customer that incorporated within itself a multiplicity of new functions and specializations meant to discover what these desires were, analyze them, encode them. So as to satisfy them in the end.

Elsewhere, this road has been followed by gradually abandoning manufacturing. It is often said that Nike no longer sells either shoes or sportswear. But that, on the contrary, it does produce a lifestyle and an imaginary, which are both built and promoted around a logo in the shape of a moustache, which is then glued onto the objects produced in huge Chinese or Southeast Asian Neo-Fordist factories.
The Italian path towards Post-Fordism is yet another one. It is a path that is born and unwinds

• **Luisa Bocchietto,** *presidente ADI*. Guzzini è un'azienda del design italiano entrata nella storia e nel nostro immaginario domestico: casa, bagno, luci… un'invasione di prodotti, colori, progetti, invenzioni e una carrellata di personaggi, di racconti e di amici.

Come sempre accade per il design italiano, dietro ai marchi scorgiamo volti di persone, quelle che hanno fatto di un'idea un prodotto e che riconosciamo per la loro convinzione nello sfidare le convenzioni, per andare sempre un poco oltre.

Come sempre accade accanto al prodotto ci sono le passioni e le idee, come quelle esposte nel *Design Memorandum*, scritto venticinque anni fa, così attuale, un documento "planetario" come venne definito allora e, in effetti, senza confini. Per passare dalle idee alle convinzioni diffuse ci vuole però tempo; non a caso sono passati tanti anni prima che quei temi venissero sentiti come un bene comune. Perché ciò avvenga bisogna che qualcuno queste idee le raccolga, le esprima anzitempo e le affidi alla storia. Il progetto, ambizioso e lungimirante, venne promosso da Giuseppe Guzzini in nome dell'azienda e affidato ad Angelo Cortesi, allora presidente dell'ADI, e coinvolse il pensiero di molte persone a livello internazionale. È bello oggi riproporlo, in questa occasione di celebrazione, alla riflessione di tutti per evidenziare come il design sia, nella nostra tradizione, attività creativa e produttiva ma più profondamente attività intellettuale e sociale.

• *Chairman of ADI*. Guzzini is an Italian design company that has entered history and the realm of our domestic imagination: house, bathroom, lights… an invasion of products, colors, projects, inventions and an array of characters, stories and friends.

As always happens for Italian design, behind the brands we catch sight of the faces of people, those who have turned an idea into a product, whom we recognize for their conviction in challenging the conventions, in taking one step a little further ahead.

As always happens, alongside the products there is passion and ideas, such as those displayed in the *Design Memorandum*, written twenty-five years ago, yet so up to date, a "planetary" document as it was called back then, and, indeed, one without boundaries. To move from ideas to widespread beliefs takes time, though; it is no accident that many years go by before those themes are felt as a common asset. For this to happen it is necessary for someone to gather up these ideas and express them ahead of time and then entrust them to history. The ambitious and far-sighted project was promoted by Giuseppe Guzzini on behalf of the company and entrusted to Angelo Cortesi, then Chairman of ADI and it involved the thinking of many people at an international level.

It is wonderful today to be able to put it forward once more, on the occasion of a celebration, to submit it to everyone's analysis to show how design, in our tradition, is a creative and productive activity but more profoundly an intellectual and social activity.

• Posate da tavola *Feeling*, design Robin Levien, 2002

• *Feeling* cutlery, designed by Robin Levien, 2002

che connaturano quello che viene generalmente definito il *lifestyle* all'italiana. O, ancora meglio, quegli ambiti del produrre italiano in grado di generare qualità della vita. Intesa non solo come lusso, bensì in un'accezione molto più ampia del termine, che si pone in alternativa all'idea di benessere agganciata alla mera dimensione del lavoro e del reddito, ma che indaga anche la dimensione del senso. Una ricerca di senso che avviene – attraverso una sorta di lunga deriva dell'Umanesimo – usando la ragione, l'esperienza e i valori umani condivisi, dalla famiglia, ad esempio, alla qualità delle relazioni interpersonali, sino alla capacità di investire, produrre e consumare benessere e stile. È un paradigma, questo, che si intreccia a doppio filo con la storia del territorio marchigiano, punta meridionale di quel grande triangolo produttivo che si dispiega tra Torino, Trieste e Ancona. Simbolo concreto di quella "terza Italia" raccontata da Giacomo Beccattini in cui il capitale sociale non è un semplice dispositivo di difesa ereditato da una tradizione, ma anche e soprattutto un elemento immateriale incorporabile in beni e servizi innovativi che scaturisce dall'unione tra il radicamento a una tradizione culturale e la frontiera dei saperi e della conoscenza globale.

La vicenda dei Guzzini è un caso idealtipico per raccontare questa storia. Una storia cominciata cento anni fa nel 1912 dalla lavorazione del corno per aprirsi ai materiali acrilici per il mercato dei casalinghi, delle lampade e dei sanitari, che poi si evolve in *wellness*. Tre grandi famiglie di produzione che hanno generato filiere incrociate in termini geografici – su una vasta area che si allarga all'Umbria e alla Romagna – e settoriali, poiché attorno a esse si sono sviluppati diversi distretti che hanno originato più produzioni.

Tre storie unite da un filo rosso che le contraddistingue: la cultura del design (e dell'architettura) e il *know-how* tecnologico. Cui si aggiunge una non meno importante lucidità nell'individuare le migliori e più innovative politiche commerciali e di marketing. Mettendo cioè al lavoro le culture del fare e del progettare in un intreccio di *Kultur* e *Zivilisation* non riproducibile altrove. Passando dal corno al plexiglas, al metacrilato, Fratelli Guzzini continua ancora oggi ad arredare le cucine di tutto il mondo, avvalendosi della collaborazione di prestigiosi designer e definendo vere e proprie tendenze globali attraverso un costante lavoro sul senso degli oggetti – siano essi colorati, rotondi, trasparenti, divertenti, gioiosi etc. – e non solo sul loro valore d'uso. Una ricetta che, per parafrasare

while being intertwined with the historical events behind the production of the so-called "Made in Italy," of those goods whose features deeply depend on the culture and on the history of the local community. Good food. Smart dressing. Living in nice houses. Grooming. Elements that fit in naturally with what is generally described as the Italian way of life. Or, better yet, those fields of Italian manufacturing capable of generating a certain quality of life. Viewed not just as a luxury, but rather in a broader sense of the term, an alternative to the idea of well-being as being linked to the mere dimension of work and income, but that also investigates the dimension of meaning. A search for meaning that takes place— via a sort of long drift towards humanism—using reason, experience and shared human values, from family values, for example, to the quality of interpersonal relations. Up to the capacity to invest, produce and consume well-being and styles. A paradigm which is strongly interwoven with the history of the territory of the Marches, the southern tip of that great productive triangle that stretches between Turin, Trieste and Ancona. The concrete symbol of that so-called "Third Italy" recounted by Giacomo Beccattini in which the company stock is not a mere defensive device inherited by tradition, but also and above all an intangible element that can be embodied in innovative goods and services triggered by the union between rootedness in a cultural tradition and a frontier of know-how and global knowledge.

The events surrounding Fratelli Guzzini point to an ideal and typical case, and one that can be used to tell this story. A story that started a hundred years ago in 1912. The company at first used ox-horn to make its products and later opened up to acrylic products for the home goods and bathroom lighting market, and this evolved into well-being. Three large production families that generated crossed supply chains geographically—over a vast area stretching from Umbria to Romagna—as well as sectorially while several districts developed around them to start off further productions.

Three stories linked by a common thread that distinguishes them: the culture of design (and architecture) and technological know-how. To which is added a no less important clear-

- Sedia *My Chair* nata dalla collaborazione con la nota griffe Dondup, 2012

- *My Chair* chair born out of the collaboration with the renowned griffe Dondup, 2012

• e-my, brand acquisito dalla Fratelli Guzzini nel 2011, è il progetto con il quale l'azienda esplora le nuove tendenze del design in chiave ludica e ironica. Attraverso la collaborazione con designer creativi, particolarmente sensibili nella ricerca di concept di oggetti da regalo, capaci di comunicare, emozionare e regalare buon umore, e-my stupisce il mercato con proposte nuove, originali ed esclusive, ricche di ironia, colore e attualità: copertina del catalogo e-my, 2012; *Charlie*, mug con cappello, design Andrea Vecera, 2011; *Gufo*, timer, design What's That, 2011; *Magic Box*, set di cinque coltelli con base, design Mikko Senna, 2011

• e-my, a brand acquired by Fratelli Guzzini in 2011, is the project by means of which the company explores new trends in design in a playful and ironic key. Thanks to the collaboration of creative designers who are particularly sensitive to the investigation of concepts for gift items, capable of communicating, moving the user and creating a good mood, e-my surprises the market with new, original and exclusive proposals that are ironic, colorful and up-to-date: cover of e-my catalogue, 2012; *Charlie*, mug with hat, designed by Andrea Vecera, 2011; *Gufo*, kitchen timer, design by What's That, 2011; *Magic Box*, set of five basic knives, designed by Mikko Senna, 2011

- Tazzina da caffè *Gocce*, design Angeletti Ruzza, 2011
- *Gocce* coffee cup, designed by Angeletti Ruzza, 2011

le ben note categorie di Alvin Toffler, contrappone alla freddezza *high tech* una via *high touch* al vivere e al produrre. Laddove in questa fabbrica a cielo aperto dei Guzzini non si realizzano solo interazioni funzionali tra i soggetti, ma vere e proprie geocomunità. In cui concetti antichi come famiglia, comunità, territorio, identità vengono stressati in uno stile di vita moderno che rimanda a forme di convivenza e tolleranza, finanche di democrazia. Non è un caso, in questo senso, che il personale di vertice sia tutto locale e risponda, ancorché con un approccio sempre più manageriale, alla famiglia. E non sono nemmeno un caso le iniziative di sostegno e valorizzazione delle comunità marchigiane e la spinta all'accompagnamento di una modernizzazione della regione in chiave non solo imprenditoriale, ma anche culturale. Un *soft power* territoriale, questo, da cui l'Italia non potrà prescindere se vuole continuare a produrre cose e qualità della vita anche nel nuovo, difficile, scenario della metamorfosi nel dopo crisi.

L'uomo dei due mondi produce e distribuisce, fa ristorazione e insegna a cucinare, in Europa e oltreoceano
Oscar Farinetti

Parafrasando il testo della canzone del 1967 *Tre passi avanti* di Adriano Celentano verrebbe da dire: "Caro Beat alias Guzzini / mi piaci tanto / sei forte perché hai portato / oltre al design / oltre alla comodità / oltre alla funzionalità / anche dei bellissimi colori / che danno una nota di allegria / in questo mondo pieno di nebbia". Non può che cominciare così la mia dichiarazione d'amore a Fratelli Guzzini, un'azienda o, meglio, una famiglia davvero pop capace, sin dagli anni sessanta, di rivoluzionare il paesaggio domestico all'insegna del colore. In particolare, nel campo delle arti applicate, la rivoluzione degli anni sessanta di Fratelli Guzzini è equiparabile a quella di Henri Matisse all'inizio del Novecento, quando l'artista francese trasformò il mondo della pittura attraverso l'utilizzo di macchie di colore puro.

Condivido con i Guzzini un'accezione del concetto di design che prescinde da una specifica componente, sia essa la forma o l'ergonomia, e che bensì rimanda alla nozione di progetto *tout court*, come nel caso di Eataly, l'ipermercato enogastronomico specializzato nella vendita di prodotti

sightedness in determining the best and most innovative commercial and marketing policies. That is, putting to work the cultures of doing and planning in an interweaving of *Kultur* and *Zivilisation* that cannot be reproduced elsewhere. Moving from ox-horn to Plexiglas to methacrylate, Fratelli Guzzini are still furnishing the kitchens of the whole world, making use of the collaboration of prestigious designers and forging full-fledged global tendencies by constantly working on the meaning of objects—whether colored, round, transparent, amusing, joyful, etc...—and not just on their purpose.
A recipe that, to paraphrase Alvin Toffler's well-known categories, offsets the coldness of "high tech" with "high touch" trends in living and producing. So that created within this "open-air factory" run by Fratelli Guzzini are not just functional interactions between subjects, but actual geocommunities. In which age-old concepts such as the family, community, territory, identity are stressed in a modern lifestyle that refers to forms of cohabitation and tolerance, and even democracy. It should come as no surprise, then, that the people at the top are all locals and that they answer, albeit with an increasingly managerial approach, to the family. Also unsurprising are the initiatives taken for the support and valorization of the communities in the Marches and the push to accompany a modernization of the region not just in entrepreneurial terms but culturally as well. A territorial soft power which Italy cannot overlook if the objective is to continue to produce objects and life qualities even in the new, difficult scenario of the post-crisis metamorphosis.

The Hero of two Worlds Produces and Distributes, Works in the Restaurant Business and Teaches how to Cook, in Europe and across the Ocean
Oscar Farinetti

If I were to paraphrase the opening lyrics of the 1967 song *Tre passi avanti* (*Three Steps Forward*) by Adriano Celentano, my version would sound something like this: "Dear Beat alias Guzzini / I like you a lot / you're good because you've brought / besides design / besides comfort / besides function / some beautiful colors / offering

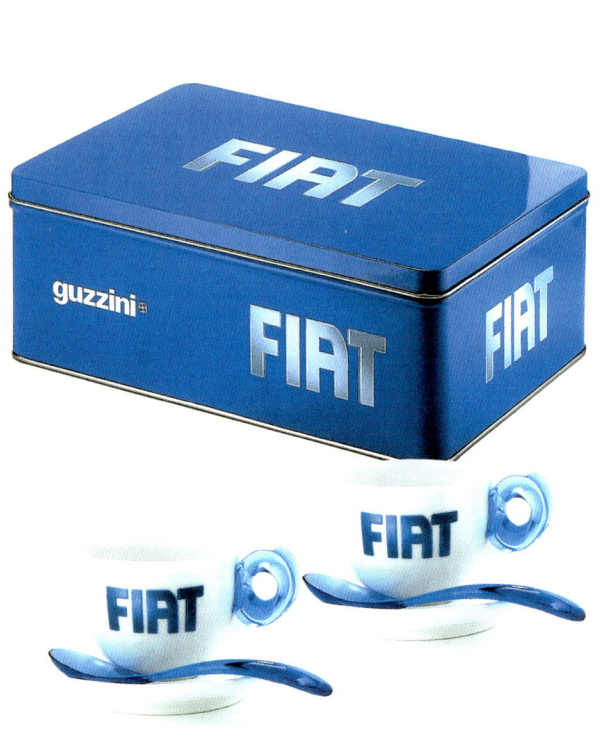

- Set di tazzine da caffè realizzate in collaborazione con Fiat, design Robin Levien – Centro Stile Fiat, 2004
- Borsa *Momaboma* realizzata con cataloghi originali Guzzini, design Momaboma, 2010
- Diffusore di fragranza *Ginger*, Joy Fragrances, design Luca Trazzi

- Set of coffee cups made in collaboration with Fiat, design by Robin Levien – Centro Stile Fiat, 2004
- *Momaboma* bag realized with original Guzzini catalogues, design by Momaboma, 2010
- *Ginger* fragrance diffuser, Joy Fragrances, design by Luca Trazzi

• **Marilena Barilla**. Guzzini ha educato al bello le donne in casa.
• Guzzini has educated women to beauty at home.

• **Leonardo Ferragamo**, *imprenditore*. Cento anni: una tappa illuminante, ma soprattutto un faro proiettato nel futuro di un'altra gran bella azienda di cui l'Italia tutta deve essere orgogliosa.
• *Entrepreneur.* One hundred years, an enlightening landmark, but above all a ray of light projected into the future of another great and beautiful company that the whole of Italy can be proud of.

• **Lapo Elkann**, *presidente e fondatore di Italia Independent, Independent Ideas e La Holding.* Sempre nuova eppure sempre uguale da un secolo. Sì, perché Guzzini ha nel suo DNA la capacità unica di reinventarsi anno dopo anno nei suoi progetti, nelle sue forme, nelle sue tecnologie rimanendo allo stesso tempo fedele alla sua tradizione, alla sua passione, ai suoi valori. Difficile identificarla con un prodotto specifico, con un colore preciso e, soprattutto, con un volto definito forse perché Guzzini è prima di tutto una famiglia. In quanto tale, preserva e tramanda di generazione in generazione l'amore per le cose ben fatte e il coraggio di affrontare le sfide che il progresso ci muove. Sono certo, dunque, che tali sono il piacere per la competizione e l'avversione per la banalità espresse dai Guzzini negli ultimi cento anni che questi marchigiani non smetteranno mai di sorprenderci… anche negli anni a venire. Buon compleanno Guzzini.
• *Chairman and founder of Italia Independent, Independent Ideas and La Holding.* Ever-new and yet always the same for a whole century. Yes, because inherent to Guzzini's very nature is the unique ability to reinvent itself year after year through its projects, its forms, its technologies, while remaining loyal to its traditions, its passion, its values. It's hard to identify it with a particular product, a certain color and, above all, with a specific look perhaps because Guzzini is first and foremost a family. As such, it preserves and hands down from generation to generation its love for well-made objects, and the courage to face the challenges that progress brings with it. I am certain, then, that the pleasure in competitiveness and the aversion for the mundane expressed by Guzzini over this past century means that these "Marchigiani" will never cease to surprise us… even in the years to come. Happy Birthday, Guzzini.

· Immagini della produzione aziendale a Recanati

· Images of the plant and products in Recanati

81

- Svitatappi universale *Water=Life*, design Arik Levy_Ldesign Studio, in collaborazione con Omabia, associazione francese impegnata nella ricerca di un design sociale accessibile a tutti, 2011
- Mini tritaverdure *Gildo*, design Dario Tanfoglio, 1998
- Bilancia *Grammy*, design Marc Sadler, 2001
- Macchina da caffè *Single*, design Hiroshi Ono, 2011

- *Water=Life* universal cap remover, designed by Arik Levy_Ldesign Studio, in collaboration with Omabia, a French association committed to research into social design accessible to everyone, 2011
- *Gildo* mini vegetable chopper, designed by Dario Tanfoglio, 1998
- *Grammy* scale, designed by Marc Sadler, 2001
- *Single* coffeemaker, designed by Hiroshi Ono, 2011

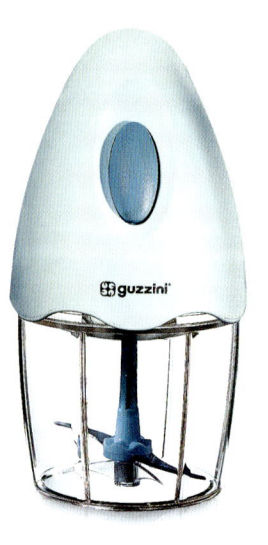

tipici e di qualità, che ho realizzato. Questo progetto, in quanto tale, comporta l'impiego di un insieme ampio ed eterogeneo di risorse organizzate coerentemente per conseguire uno specifico obiettivo. In tal senso, se è vero che si tende erroneamente a dare maggiore importanza a quanto sta fuori di noi rispetto a quanto ci finisce dentro, è altrettanto evidente che nessuna attività umana, alimentare *in primis*, può prescindere dal design, ovvero dall'elaborazione di un progetto ricco e articolato in grado di tener conto del maggior numero possibile di fattori che concorrono alla soddisfazione del consumatore, forma e colore inclusi. Impossibile non andare con il pensiero alla bottiglia per l'acqua minerale Lurisia che, disegnata da Ettore Sottsass insieme a DCM design e, successivamente, industrializzata e prodotta da Saint-Gobain Vetri insieme a Fratelli Guzzini, si è aggiudicata nel 2009 il premio The Best Bottle in Glass a Monaco di Baviera balzando, finalmente, agli onori della critica internazionale. L'esempio più eclatante in campo alimentare resta, tuttavia, quello della pasta di Gragnano che, a dispetto dell'impiego del medesimo impasto di acqua e semola, viene percepita, gustata e, dunque, vissuta in modi completamente diversi a seconda che abbia la forma di un pacchero o di uno spaghetto. La forma di un prodotto alimentare ne determina il gusto sia in senso fisico, condizionandone la percezione sensoriale, sia a livello metafisico, predisponendo in positivo o in negativo il livello di gratificazione che si otterrà dal suo consumo. Ancorché rappresenti di per sé premessa fondamentale al piacere, almeno di quello inteso in senso primordiale, grazie al progresso e alla conoscenza la forma è diventata, di fatto, il fattore chiave per godere appieno della propria vita. Il design è, in tal senso, puro piacere. E chi, come noi italiani, esprime una predisposizione innata per la qualità della vita o, meglio, per la "dolce vita" *tout court*, non può prescindere dal design. Ma c'è di più. Al pari di agroalimentare, turismo, cultura, manifattura di precisione e logistica, la moda e il design rappresentano non solo una vocazione naturale del Bel Paese, bensì una vera e propria eccellenza mondiale: tutti vorrebbero mangiare come noi, vestirsi come noi, cantare come noi e, soprattutto, godere delle nostre meraviglie artistiche e culturali.
A penalizzare il nostro export, oltreché la nostra bilancia commerciale, sono, purtroppo, i nostri endemici limiti organizzativi e strutturali, ambiti nei

a note of happiness / to this world so full of fog." That's how I—*deus ex machina* of *Eataly*, the food and wine hypermarket specialized in the sale of typical and quality products—would begin to declare my love for Fratelli Guzzini—a company, or rather, a really pop family that, since the 1960s, has been capable of revolutionizing the domestic landscape in search of color. Especially in the field of the applied arts, Fratelli Guzzini's 1960s revolution is comparable to that of Henri Matisse at the turn of the twentieth century, when the French artist transformed the world of painting by using patches of pure color.

I share with Fratelli Guzzini an idea of the design concept that overrides a specific component, whether that be the form or ergonomics, and instead harks back to the notion of project *tout court*. As such, it involves the use of a broad and heterogeneous set of resources coherently organized to achieve a specific goal. In that sense, while it may be true that we erroneously have a tendency to attach more importance to what lies outside us than to what ends up inside, it is just as evident that no human activity, nutrition first and foremost, can ignore design, that is to say, the elaboration of a rich and articulate project capable of taking into account the largest possible number of factors that contribute to satisfying the consumer, including form and color. How can we not think back to the *Lurisia* mineral water bottle; designed by Ettore Sottsass together with DCM design and, subsequently, industrialized and produced by Saint-Gobain Vetri together with Fratelli Guzzini, in 2009 it won first prize for *The Best Bottle in Glass* in Munich and at last received the international acclaim it deserves. The most striking example in the food area, however, remains that of *Pasta di Gragnano*: even though the same mixture of water and durum wheat flour is used every time, the pasta is perceived, tasted and thus experienced in completely different ways depending on whether it's shaped like a *pacchero* or a *spaghetto*. It's the shape of a food product that determines its taste both physically, thereby influencing how it is perceived by the senses, and metaphysically, predisposing in a positive or a negative way the level of gratification that will be achieved when it is eaten. Although it represents a fundamental premise to pleasure of a primordial kind, thanks

• **Giacomo Santucci**, *ingegnere*. Di questa grande lezione e incredibile risorsa che è l'artigianato italiano, il Paese ne ha fatto tesoro e sviluppato un grande patrimonio di eccellenza oltre che esportato prodotti di grande immagine. Non è quindi un caso se valori di artigianato, ricerca formale, innovazione di processo e di prodotto e un fine sociale di accessibilità del design trovano nell'azienda Guzzini un preciso riferimento agli inizi del Novecento, periodo di grande fermento industriale e creativo.

Aggiungerei a questo sistema la grande umiltà, il grande patrimonio di valori familiari e umani che il prodotto contiene e comunica e che insieme definiscono la matrice fondante dell'azienda Guzzini, la quale ha cercato sempre con grande determinazione la collaborazione tra arte, architettura e artigianato nelle Marche e nel mondo.

• *Engineer*. The great lesson and incredible resource of Italian craftsmanship has been taken to heart by the country and developed into a heritage of excellence, exporting impressive products. Therefore, it is not by chance if values like craftsmanship, research of form, process and product innovation and the social aim of design accessibility have found in the Guzzini company a precise reference during the early twentieth century, a period of great industrial and creative ferment.

I would also add to this system the great humility, the great legacy of family and human values the products contain and express and which together define the founding matrix of the Guzzini company, who with great determination has always striven for collaboration between art, architecture and craftsmanship in the Marches and in the world.

• **Daniele Ruzza**, *designer*. La prima volta che siamo entrati in azienda eravamo giovanissimi designer freschi di studi, era il 1994, avevamo appena aperto il nostro studio di progettazione, non avevamo alcuna esperienza lavorativa. Ci hanno accolto persone con le quali siamo cresciuti dal punto di vista umano e professionale. Abbiamo dato tanto, tutta la nostra energia, il nostro entusiasmo e la nostra "fame" ma quello che abbiamo avuto indietro è di più!

Oggi ci troviamo a festeggiare i cento anni di questa azienda che noi consideriamo come la nostra mamma del design… Provate a immaginare cosa proviamo.

• *Designer*. The first time we entered the company we were very young designers just out of school; it was 1994, we had just opened our design studio, we had no work experience. We were welcomed by people with whom we grew both as human beings and professionally. We gave a lot, all our energy, our enthusiasm and our "hunger," but we got back much more than that!

We are here today to celebrate the 100th anniversary of a company that has been like a design mother to us. Try to imagine how we're feeling right now.

• **Silvana Angeletti**, *designer*. La grande forza di questa azienda centenaria sono le persone. Dall'operaio al magazziniere, dallo sviluppo prodotto al marketing, dal commerciale alla presidenza c'è sempre un volto e un sorriso dietro a una carica. Capacità e umanità si amalgamano in un saper fare che racconta l'Italia migliore.

• *Designer*. The people are the real strength behind this 100-year-old company. From the worker to the stockman, from product development to marketing, from sales all the way up to the top, there's always a face and a smile behind the role. Great skill and humanity are blended together into a know-how that speaks of the best of Italy.

- Tappo da vino *Cristalli*, design Arik Levy_Ldesign Studio, 2011
- Salvagoccia *Cristalli*, design Arik Levy_Ldesign Studio, 2011

- *Cristalli* wine bottle stopper, designed by Arik Levy_Ldesign Studio, 2011
- *Cristalli* drop saver, designed by Arik Levy_Ldesign Studio, 2011

quali vantiamo la leadership globale, seppure in senso negativo. Finisce così che in materia di *food* l'Italia esporti meno della Germania, che Roma venga visitata annualmente da dieci milioni di turisti contro i trentatré di Londra, che il biglietto d'ingresso agli Uffizi di Firenze costi 6,5 euro contro i 25 euro per Saint Patrick's o che si consumino annualmente in tutta Italia meno di un milione di bottiglie di Barolo contro due milioni di bottiglie di champagne… solo in Piemonte! In quella che considero, non a caso, una crociata contro la bruttezza e il grigiore a favore della bellezza e della qualità, Fratelli Guzzini e Eataly sono impegnati in prima fila. E se il clima generale volge al brutto e al bianco e nero, l'essere umano in tutto il mondo propende fortunatamente al bello, al colore e al buono.

A non assecondare questa naturale vocazione è, purtroppo, il *retail* e, soprattutto, la distribuzione

to progress and knowledge, form has actually become the key factor for enjoying one's life to the full. Hence, design is sheer pleasure. And those who, like us Italians, express an innate predisposition for the quality of life, shall we say for the *dolce vita*, cannot overlook design. But there's more to it than that. On a par with the food and agriculture industry, tourism, culture, precision manufacturing and logistics, fashion and design not only represent a natural vocation of the "Bel Paese" but also a full-fledged world of excellence; everyone would like to eat the way we do, dress as we do, sing as we do, and, above all, enjoy our artistic and cultural marvels. Penalizing our exports, besides our balance of trade, are, regrettably, our endemic organizational and structural limits, fields in which we can boast global leadership—albeit in a negative sense. So that in terms of food, Italy exports less than Germany, whether Rome is visited yearly by ten million tourists as opposed to the thirty-three million who visit London, whether the entrance ticket to the Uffizi in Florence costs 6.5 Euros as opposed to 25 Euros for Saint Patrick's, whether in Italy fewer than one million bottles of *Barolo* are consumed as compared with two million bottles of *Champagne*… in Piedmont alone! In what I see—not accidentally—as a crusade against ugliness and grayness in favor of beauty

italiana. A dispetto della considerazione e dei consensi unanimi di cui gode la dieta mediterranea che, non a caso, ha ricevuto addirittura la tutela dell'Unesco, nessuna insegna tricolore ha mai saputo andare oltreconfine e fare sistema con i nostri produttori di agroalimentare e non, i quali, alla fine, hanno dovuto scendere a patti con Auchan, Carrefour, Leclerc etc. per esportare. Scontiamo, forse, un problema atavico: la mancanza di coraggio. Al di là di splendidi e mirabili esempi individuali, infatti, non possiamo definirci un popolo di impavidi e, dunque, di imprenditori. Si pensi, ad esempio, all'America scoperta da un eroe quale Cristoforo Colombo e colonizzata invece da altri popoli. Dal V secolo d.C. l'Italia vive, dunque, un inesorabile declino economico animato da qualche sussulto di orgoglio nel Rinascimento, nel Risorgimento e dal miracolo economico del dopoguerra frutto, tuttavia, di gesti eroici individuali e non di movimenti virtuosi collettivi. Altra lacuna del nostro modello distributivo è l'eccessivo formalismo che, purtroppo, non fa più rima con autorevolezza. La formalità non è sinonimo di buoni affari e quanto più si tende a precludere l'accessibilità ai beni, maggiore risulterà l'insofferenza verso gli stessi e verso chi li propone

and quality, Fratelli Guzzini and *Eataly* on the front line. And if the general atmosphere moves towards ugliness, towards black-and-white, human beings all over the world are fortunately inclined towards what is beautiful, colorful and good.

What fails to support this natural vocation is, unfortunately, retail and, first of all, Italian distribution. In spite of the unanimous appraisal and consensus the Mediterranean diet enjoys—it has even received UNESCO patronage—no Italian flag has ever managed to cross the borders and form a system with our producers, whether or not of food. So that in the end, to be able to export their products, they have had to come to terms with chains like *Auchan*, *Carrefour*, *Leclerc* and so on. Perhaps we're paying for an atavistic problem: our lack of courage. Notwithstanding the splendid and admirable individual examples, we cannot call ourselves a fearless people and therefore a people of entrepreneurs. America may have been discovered by the heroic Christopher Columbus, but it was then colonized by other peoples. Ever since the fifth century AD, Italy has been experiencing a relentless economic decline animated by

- Caraffa soffiata *Happy Hour*, design Guzzini Lab, 2004
- *Happy Hour* blown jug, designed by Guzzini Lab, 2004

da parte della gente comune. E proprio alla gente comune occorre indirizzarsi per tornare a crescere, sia nel *food* sia in altri campi, magari facendo leva su proposte innovative che privilegino la convivialità e l'armonia. Proprio in quanto desiderio di felicità insieme agli altri, l'armonia è il valore supremo del terzo millennio.

Il valore di un bene è direttamente proporzionale alla coerenza degli elementi di base costituenti il bene stesso: marchio, messaggio, contenuto intrinseco e design. In virtù della sua enorme capacità di attrarre l'attenzione del pubblico ovvero di fermare l'occhio dell'osservatore, il design è, comunque, un fattore critico di successo oltre che uno degli elementi di segmentazione del mercato più efficaci. Si pensi, ad esempio, a chinotto e gazzosa Lurisia. Ogni componente del progetto – dalla bevanda alla bottiglia fino all'etichetta – è stata definita per prendere le distanze dagli stereotipi imposti dalle multinazionali d'oltreoceano per rimandare, sin dal primo assaggio, ai preparati semplici e ben fatti dei farmacisti e dei droghieri di una volta. L'ideale per chi è predisposto a gustare una bella e autentica storia italiana, oltre che per chi, dall'altra parte del bancone, rifugge dal banale e dal *déjà vu*. La ricchezza

a few bursts of pride in the Renaissance, in the Risorgimento, while the economic boom of the postwar years was the fruit of heroic individual gestures rather than of virtuous collective movements. Another hole in our distribution model is the excessive formalism that, unfortunately, no longer rhymes with authoritativeness. Formality does not mean good business, and the more one tends to preclude accessibility to goods, the greater will the disliking for both them and the producers be on the part of the people at large. And it is indeed to the people at large that we must turn in order to grow again, both in the food and the non-food sectors, perhaps drawing upon innovative proposals that stress conviviality and harmony. Precisely because it is a longing for happiness together with others, harmony is the supreme value of the third millennium.

The value of a good is directly proportional to the coherence of the basic elements that make up the good itself: brand, message, intrinsic contents and design. By virtue of its huge capacity to attract the public's attention, that is, to capture the observer's eye, design is, in any case, a critical

della cultura e, perché no, della cucina italiana risiede, del resto, nel concetto di biodiversità che accomuna noi italiani: entrambi piacciono perché attingono da un substrato vario e variegato, diretta conseguenza della cosiddetta Italia dei cento campanili e dei cento comuni.

Proprio in virtù della sua ricchezza, il design italiano di successo richiede e impone la conoscenza approfondita dell'ambito specifico nel quale trova applicazione. Tale pregiudiziale rende, di fatto, poco credibili le proposte delle archistar generaliste e massimizza, invece, la coerenza tra contenuto e contenitore, tra offerta e domanda, tra soddisfazione e aspettativa, tra fornitore e fruitore etc. La magia o, meglio, l'alchimia scoperta e custodita da Fratelli Guzzini risiede proprio nella sua capacità di conciliare la funzionalità con la bellezza, l'essenzialità con il colore, il dovere con il piacere. Con buona pace di chi ritiene di poter fare davvero design disinteressandosi della sua destinazione d'uso.

Peccato che la grandezza dei prodotti del Bel Paese, siano essi agroalimentari o manifatturieri, strida di fronte all'impreparazione degli italiani, ovvero all'incapacità endemica del nostro popolo di apprezzarne le caratteristiche e, soprattutto, la qualità. Attento, informato, preparato, esigente, razionale, il cliente americano e financo quello giapponese vuole conoscere e, alla fine, sa cogliere le differenze tra le varie proposte meglio di quanto sappia e possa fare un italiano. Consapevole del ruolo pedagogico ricoperto da sempre da parte delle aziende guida, siano esse della produzione o della distribuzione, Eataly promuove non a caso tanto la comunicazione, semplice e intuitiva, quanto la formazione, accessibile e completa, e, nel nuovo punto di vendita di Roma, anche l'esperienza, emozionante e coinvolgente, ottenuta grazie ai laboratori a vista specializzati nella torrefazione del caffè, nella preparazione della pasta ripiena, nella filatura della mozzarella, nella lavorazione della birra artigianale etc. Un inno alla trasparenza e la consacrazione definitiva del cliente come attore protagonista del processo di creazione oltre che di fruizione del bene a lui destinato.

La memoria degli anni d'oro della cosiddetta *information technology*, quando la crescita delle prestazioni dei microprocessori che si avvicendavano l'uno dopo l'altro senza soluzione di continuità surclassava nettamente la predisposizione dei clienti a tenere il passo dell'evoluzione scriteriata di applicazioni, induce alla riflessione e alla pacatezza,

success factor besides being one of the most effective elements of market segmentation. Suffice it to consider, for instance, *Chinotto* and *Gazzosa Lurisia*. Each component of the project—from the drink to the bottle all the way down to the label—was designed to take its distance from the stereotypes imposed by the multinationals overseas and to remind you, from the very first sip, of the simple, carefully prepared concoctions of the pharmacists and the druggists from way back. Ideal for those who are willing to savor a beautiful and authentic Italian story. As well as for those who, on the other side of the counter, seek refuge from the banal and the *déjà vu*. The wealth of culture and, why not, of Italian cuisine lies, moreover, in the concept of biodiversity that brings together us Italians: both are liked because they draw upon a varied and a variegated substratum that is the direct consequence of the so-called Italy of the one hundred steeples and the one hundred municipalities.

Precisely by virtue of its richness, successful Italian design calls for and imposes a deep knowledge of the specific field in which it is applied. That prerequisite actually makes the proposals of the generalist "archistars" barely credible, and instead maximizes the coherence between contents and container, between supply and demand, between satisfaction and expectation, between provider and beneficiary, etc… The magic or, rather, the alchemy discovered and guarded over by Fratelli Guzzini lies in its capacity to reconcile function with beauty, essentiality with color, duty with pleasure. Notwithstanding those who think you can really do design irrespectively of its purpose.

It's a pity the greatness of the products of the "Bel Paese," whether food products or manufacturing products, suffers from the Italians' lack of preparation, that is, the endemic inability of our people to appreciate their traits and, above all, their qualities. Careful, well-informed, prepared, demanding, rational, the American customer alongside the Japanese one wants to know and, in the end, does know how to grasp the differences between the various proposals better than an Italian knows or can do. Conscious of the pedagogical role that has always been played by cutting-edge companies, whether they are involved in production or distribution, it is no

• **Claudio Luti**, *presidente di Kartell*. Ho sempre visto Guzzini come una delle eccellenze del made in Italy, un brand con lo sguardo volto all'innovazione tecnologica e alla sperimentazione, uno storico pilastro della creatività italiana.
• *President of Kartell*. I have always seen Guzzini as being one of the greatest representatives of "Made in Italy," a brand that's aimed in the direction of technological innovation and experimentation as well as being a historical pillar of Italian creativity.

• **Ashley Hall**, *vicedirettore del programma Innovation Design Engineering del Royal College of Art di Londra*. Caro Domenico, si festeggia un secolo di design e produzione Guzzini, azienda che ha contribuito così tanto allo sviluppo di prodotti nuovi ed entusiasmanti destinati a un paesaggio domestico in continua evoluzione: congratulazioni! La collaborazione tra noi e Guzzini ha prodotto un contrasto interessante che si spinge anche fuori dal pianeta Terra. Con "bin 2 bin" abbiamo sviluppato idee per produrre oggetti di design con sistemi di riciclo a circuito chiuso e generi di consumo a base di polimeri. Con lo stimolante Space Hotel di Daniele Bedini abbiamo esplorato ambienti futuribili, usando un prototipo a grandezza naturale per studiare il modo in cui illuminazione e sistemi alimentari potrebbero aiutare a regolare e migliorare l'esperienza umana.
La collaborazione tra industria e mondo accademico permette di adottare nuovi metodi di lavoro, di sperimentare scenari avveniristici e sviluppare nuove conoscenze e intuizioni. Il vostro interesse per il nostro approccio interdisciplinare e interculturale alla ricerca e all'insegnamento ha arricchito entrambi. Non vediamo l'ora di festeggiare nel 2112 altri cento anni di Guzzini seduti nelle sale del nostro Space Hotel sorseggiando un espresso da una delle tazze in nano-polimeri della vostra nuova collezione!
Cordiali saluti.
• *Deputy Head of Programme Innovation Design Engineering of the London Royal College of Art*. Dear Domenico, congratulations on a century of Guzzini design and production and for playing such an important part in evolving Italy's cultural contribution to new and exciting products for our ever-changing domestic landscape. Your collaborations with us are an interesting contrast on and off the planet earth. With *bin 2 bin* we developed concepts for closed loop recycled design and production of polymer based consumer products. Space hotel with Daniele Bedini saw us exploring this challenging extreme future environment and how lighting and food systems could help regulate and improve human experiences in a full size prototype.
Collaboration between industry and academia allow us to work in new ways to probe future scenarios developing new knowledge and insights. Your interest in working with our interdisciplinary and cross-cultural teaching and research approach has provided rich contributions for us all. We look forward to celebrating another 100 years of Guzzini in 2112 sitting in our space hotel rooms sipping an espresso from your new range of nano-polymer cups!
Yours Sincerely.

Buon compleanno da Guzzini

Felici di regalarvi emozioni

Vaso d'arredo/Portariviste, design Angeletti Ruzza, nella versione celebrativa del 150° anniversario dell'Unità d'Italia. Vi aspettiamo presso il Guzzini Shop in Via Pontaccio 10 a Milano dal 12 al 17 aprile 2011 e presso La Rinascente Piazza Duomo sesto piano per presentarvi tutti i prodotti realizzati in edizione limitata tricolore.
Guzzini Shop Milano, via Pontaccio 10 - Tel. 02 / 72095122 - www.fratelliguzzini.com

guzzini
designed to be used.

• Pagina pubblicitaria in occasione del 150° anniversario dell'Unità d'Italia con il vaso d'arredo/portariviste *Isola*, realizzato con l'innovativa tecnologia del tricolore, design Angeletti Ruzza, 2011

• Advertising page created on the occasion of the 150th Anniversary of the Italian Unification showing the *Isola* magazine rack/decorative vase made using innovative three-color technology, design by Angeletti Ruzza, 2011

anche e soprattutto in materia di e-commerce. Se le prospettive del commercio via internet erano e restano straordinarie sia per portata sia per rilevanza, il rischio di sbagliare nei tempi di adozione della nuova formula distributiva ovvero di risultare incompresi è uguale se non addirittura maggiore. Un oggetto di design al pari di un prodotto enogastronomico di alta qualità deve essere proposto on line solo nel momento in cui il cliente sarà in grado di coglierne il reale valore. E fino a quando non sarà possibile garantire al navigatore la stessa esperienza, esauriente e gratificante, che gli si riesce a offrire in un punto di vendita *on land* sarà opportuno procrastinare lo sbarco on line!

Consapevole dell'importanza di mantenere sempre i piedi per terra, *on land* appunto, dopo lo sbarco nella capitale Eataly proseguirà la sua missione "evangelica" nel Mezzogiorno sbarcando a Bari per fare poi tappa nuovamente al Nord, a Piacenza. Il tutto in parallelo allo sviluppo perseguito in America e in Giappone. Le Marche dovranno attendere ancora un po' anche se sono un terra magnifica che, non a caso, ha dato i natali ai Guzzini. I suoi abitanti abbinano la predisposizione all'accoglienza dei romagnoli con lo spirito imprenditoriale dei lombardi e con la creatività tipica dei campani. Un capolavoro di biodiveristà. Un'azienda ricca di idee e sentimenti quale è Guzzini poteva nascere solo in un contesto simile!

accident that *Eataly* has chosen to promote communication, simple and intuitive, training, accessible and complete, and, in its new point-of-sale in Rome, experience that is moving and involving as well, accomplished thanks to the open-space laboratories specialized in toasting coffee, in the preparation of stuffed pasta, in the "stretching" of mozzarella cheese, in the processing of artisanal beer, etc. An ode to transparency as well as the definitive consecration of the customer as the leading actor and the protagonist of the creative process, the person who will use the product made for him or her.

The memory of the golden years of so-called information technology, when the growth in the performances of microprocessors that had surpassed one another ceaselessly clearly outclassed the customers' predisposition for keeping up with the frantic evolution of the applications, makes us also and above all think in terms of e-commerce. If the prospects of web commerce were and remain amazing both in terms of scope and importance, the risk of erring in the timing of the adoption of the new distributive formula is equal if not even greater. A design object on a par with a high-quality food and wine product can only be presented online when the customer is capable of understanding its real value. And until we can guarantee the web surfer the same exhaustive and gratifying experience that he or she is offered "on land" at the point-of-sale, maybe it's best if we postpone the online landing!

Conscious of the importance of always keeping one's feet on the ground, on land, as it were, after its arrival in the capital, *Eataly* will continue its "evangelical" mission in the South by setting anchor in Bari, after which it will go back north, to Piacenza. And all this will be done in parallel with the development pursued in the United States and Japan. The Marches region will have to wait a while longer. The Marches are a magnificent land as well as being, unsurprisingly, the birthplace of the Guzzini. Its inhabitants are a combination of the warm and welcoming traits of the Romagnoli people, the entrepreneurial spirit of the Lombards, and the creativity typical of people from Campania. A masterpiece of biodiversity. A company rich in ideas and feelings like Guzzini could only be born from a context such as this one!

Generazioni e territorio
Generations and Territory

- Catalogo Fratelli Guzzini, 1941
- 1941 Catalogue

Territorio, responsabilità, competitività
Guido Corbetta

Celebrare una ricorrenza di un'azienda a controllo familiare può essere una buona occasione per cercare di capire le ragioni del successo raggiunto, oltre che per provare a identificare le nuove sfide da vincere.
Secondo l'Osservatorio AUB promosso dall'Associazione italiana delle aziende familiari, Unicredit, Camera di commercio di Milano e Università Bocconi, che monitora migliaia di aziende, meno dell'otto per cento delle imprese italiane a controllo familiare ha più di cinquant'anni di vita.
Talvolta le aziende riescono a sopravvivere per molti decenni, ma con difficoltà dovute a dissidi non governati tra i familiari, a errori di impostazione strategica o a scelte finanziarie azzardate. Nel caso Guzzini celebriamo invece un'impresa forte che sta traguardando con successo la crisi mondiale più grave degli ultimi cento anni.

Territory, Responsibility, Competitiveness
Guido Corbetta

Celebrating the anniversary of a family-run company can be a good chance to try and understand the reasons for the success achieved, as well as to identify the new challenges to be won. According to the AUB Observatory promoted by the Italian Association of Family Business, Unicredit, Chamber of Commerce of Milan and Bocconi University, which monitors thousands of companies, fewer than 8% of Italian family-run businesses are over fifty years old.
At times the companies manage to survive for many decades, but with difficulties due to uncontrolled divisions between family members, errors in strategic organization or risky financial decisions. In the case of Guzzini we are instead celebrating a strong company that is successfully overcoming the worst global crisis in the past 100 years.

- Recanati e il suo paesaggio
- Recanati and the surrounding landscape

Una delle ragioni di questa continuità poggia, a mio avviso, su una concezione dell'impresa secondo la quale la gestione aziendale non può essere finalizzata al raggiungimento esclusivo degli interessi della proprietà. Senza il contributo di tutti gli *stakeholders* critici, e non solo dei proprietari, le aziende non possono sopravvivere nel tempo. Impostare la gestione dell'impresa avendo come obiettivo solo la soddisfazione degli azionisti, al di là delle intenzioni, prima o poi porta a ridurre il ruolo di altri due obiettivi necessari per creare, nel lungo termine, ricchezza: la dominanza del mercato e la coesione dei collaboratori. Non è in discussione il ruolo decisivo degli esponenti della proprietà e del management dell'impresa, la cui credibilità costituisce la variabile-chiave intorno a cui pulsa la stessa, ma focalizzarsi sulla massimizzazione del valore induce nel concreto a sottovalutare altri interessi, producendo nel lungo termine prima insoddisfazione nei clienti e disagio nei collaboratori e poi processi di abbandono, con un impatto negativo sul valore dell'azienda e, quindi, sul valore per gli azionisti. La famiglia Guzzini è portatrice invece di una concezione grazie alla quale si investe sui clienti e sui collaboratori.

One of the reasons for this continuity rests, in my opinion, on a conception of the company according to which business management cannot be finalized to the sole achievement of the entrepreneurship's interests. Without the contribution of all the critical stakeholders, and not just the owners, companies cannot survive in time. Setting up company management with the sole aim being to satisfy the shareholders, beyond the intentions, sooner or later leads to reducing the role of the other two aims necessary to create, wealth for those same shareholders: market domination and the cohesion of the collaborators. The decisive role of the entrepreneurship and the company management is not the issue here, whose credibility constitutes the key variable around which the company pulsates, but focusing on the maximization of the value for the shareholders in practice leads to underestimating other interests, producing in the long run dissatisfaction among customers and malaise among the collaborators, followed by processes of abandonment by the latter with a negative impact on the value of the company and, therefore, on the value for the shareholders. The Guzzini family is instead

- La prima fabbrica
- Pierino Guzzini nel suo primo ufficio, anni quaranta
1. Premio Leonardo 2001. I vincitori ritratti con il presidente della Repubblica Carlo Azeglio Ciampi e signora, Laura Biagiotti, Ernesto Illy, Adolfo Guzzini, Paolo Bulgari, Umberto Veronesi e Giorgetto Giugiaro
2. Sandro Mazzola in visita alla Fratelli Guzzini con Giuseppe e Giannunzio Guzzini
3. Giannunzio Guzzini riceve da Luca Cordero di Montezemolo, allora presidente nazionale di Confindustria, la targa per il 60° anniversario della fondazione di Confindustria Macerata, 2004
4. Incontro tra Virgilio Guzzini e Sergio Pininfarina, all'epoca presidente nazionale di Confindustria, 1991
5. Dino Boffi, Gio Ponti, Raimondo Guzzini, Rodolfo Bonetto e Cesare Casati, fine anni sessanta
6. Giuseppe Guzzini con il padre Mariano, il fratello Giovanni e i cugini Alberto e Stefano, all'epoca membri del consiglio di amministrazione, 75° anniversario della Fratelli Guzzini, 1987

- The first factory
- Pierino Guzzini in his first office, 1940s
1. Premio Leonardo 2001. The winners pictured with the President of the Republic Carlo Azeglio Ciampi and his wife; Laura Biagiotti, Ernesto Illy, Adolfo Guzzini, Paolo Bulgari, Umberto Veronesi and Giorgetto Giugiaro
2. Sandro Mazzola visiting Fratelli Guzzini with Giuseppe and Giannunzio Guzzini
3. Luca Cordero di Montezemolo, then national president of Confindustria, presents Giannunzio Guzzini with a plaque for the 60th anniversary of Confindustria Macerata, 2004
4. Meeting between Virgilio Guzzini and Sergio Pininfarina, at the time national president of Confindustria, 1991
5. Dino Boffi, Gio Ponti, Raimondo Guzzini, Rodolfo Bonetto, Cesare Casati, late 1960s
6. Giuseppe Guzzini with his father Mariano, his brother Giovanni and cousins Alberto and Stefano, at the time members of the Board of Administration, 75th anniversary of the founding of Fratelli Guzzini, 1987

• **Giovanna Melandri**, *presidente del MAXXI - Museo nazionale delle arti del XXI secolo di Roma.* Ci sono molte cose che si potrebbero dire di voi, in occasione di un compleanno così importante, della vostra meravigliosa avventura industriale, del vostro stare nella cultura e nell'innovazione da sempre, della vostra splendida famiglia che si estende oltre i vostri stessi confini nella comunità produttiva e creativa che in questi cento anni avete costruito.

Ma in particolare vorrei sottolineare l'amore e il gusto che mettete nel vostro lavoro. Quell'amore e quel gusto che ritroviamo in uno spremiagrumi concepito dal miglior designer del momento, o quel gusto che ho visto nei vostri occhi quando sono venuta a visitare le vostre fabbriche e vi ho sentito descrivere le ultime tecnologie usate come un artista farebbe con le sue opere d'arte. Quell'amore per ciò che fate che si respira nei vostri uffici e tra i vostri collaboratori. Quel gusto che è così ben radicato nella vostra terra, nella vostra cultura ma che con un balzo fa il giro del mondo e poi torna a casa.

Dietro la sfida dell'avventura imprenditoriale c'è in voi il gusto e l'amore per la bellezza degli oggetti, per la luce che illumina un monumento, per un momento di benessere.

L'Italia è un grande Paese per questo. Perché a tratti ha saputo unire la conoscenza, la cultura e l'iniziativa imprenditoriale nelle trame della sua creativa storia millenaria. Non dovremmo dimenticarcelo mai.

E oggi che festeggiamo il vostro centesimo compleanno siete voi, Fratelli Guzzini, che ci aiutate a ricordarcelo! Auguri di cuore!

• *Chairman of the MAXXI - Museo nazionale delle arti del XXI secolo of Rome.* There are many things I could say about you on the occasion of such an important birthday as this one is, about your marvelous industrial adventure, the fact that you've always been a part of both culture and innovation, about your wonderful family that stretches far beyond the boundaries of the productive and creative community that you yourselves have built up over the past century. But what I especially want to point out is the love and taste that you put into your work. The love and the taste that we find in a juicer conceived by the best designer at that particular moment, or the taste that I have seen in your eyes when I've come to visit your factories, and heard you describe the latest technologies that are used there the way an artist would his own artworks. The love for what you do that's so real it can be breathed in your offices and among your collaborators. Taste that's so strongly rooted in your land, in your culture, but that in a single leap can take a trip around the world and then come back home again.

Behind the challenge of the entrepreneurial adventure is a taste and a love for the beauty of objects, for the light that brightens a monument, for a moment of moral and physical well-being. Italy is a great country for all these things because it has known how to combine knowledge, culture and entrepreneurial initiative within the patterns of its age-old creative history. We must never forget this.

And today as we celebrate your 100th anniversary you're the ones, Fratelli Guzzini, who remind us of it! My sincerest wishes!

- A pagina 98, centrifuga *Latina*, design Dario Tanfoglio, 2009, premio Design Plus 2010
- Domenico Guzzini, presidente della Fratelli Guzzini

- On page 98, *Latina* salad spinner, designed by Dario Tanfoglio, 2009, Design Plus Award 2010
- Domenico Guzzini, Chairman of Fratelli Guzzini

Uno degli *stakeholder* più importanti per le aziende familiari è la comunità locale che vive nel territorio nel quale sono nate e si sono sviluppate. Tale legame si fonda spesso su alcuni fatti che riguardano la famiglia proprietaria: in quel territorio sono nati o vivono molti dei membri della stessa e in quel territorio molti membri hanno forti legami con un gran numero di persone. Tutto ciò produce un radicamento territoriale che si attenua ma non scompare anche quando l'azienda diventa un grande gruppo e comincia a operare in varie aree del mondo. In quel territorio rimane radicata una presenza importante, sia essa la sede della direzione o lo stabilimento storico. Questo radicamento, nei casi migliori, è fonte di grande forza per le aziende familiari. I *policy makers* locali e i collaboratori, consapevoli del rilievo che tali aziende hanno per il territorio, dedicano (o dovrebbero dedicare!) all'azienda un'attenzione del tutto particolare, agevolandone lo sviluppo. Nel caso della Guzzini, il radicamento territoriale costituisce per l'impresa un vantaggio perché il valore del brand viene così associato alla creatività italiana e viene a crearsi una rete di fornitori di prodotti e servizi di prim'ordine che, proprio per la particolare localizzazione, può diventare anche una risorsa non facilmente imitabile da parte dei concorrenti.

Tuttavia, il radicamento territoriale può rivelarsi anche un problema consistente per le aziende familiari. Ciò accade quando il territorio non viene

the standard-bearer of a conception where there is investment in the customers and the collaborators.

One of the most important stakeholders for family-run companies is the local community that lives in the territory where they were born and developed. That bond is often based on factors that concern the family: many of the members of the family were born or live in that territory and many members of the owning family have strong ties with many people. All of this produces a territorial rooting that is attenuated but does not disappear even when the company becomes a great group and starts to operate in various areas of the world. An important presence of the company remains rooted in that territory, whether it is the company management headquarters or the historical plant. This rooting, in the best cases, is the source of great strength for family-run companies. The local policy makers and the collaborators, conscious of the importance that such companies have for the territory, dedicate (or should dedicate!) very special attention to the company, fostering its development. In the case of Guzzini, territorial rooting constitutes an advantage for the company because the brand value is associated with Italian creativity, and territorial rooting has allowed for the creation of a network of first-rate product and services suppliers which, among other things, indeed for the particular localization, can also become a resource

• **Sergio Loro Piana**, *imprenditore*. Caro Adolfo, desidero complimentarmi con te, la tua famiglia e tutti i tuoi collaboratori per i cento anni dell'azienda. È un bel traguardo di cui essere molto orgogliosi, soprattutto di questi tempi! La qualità e l'innovazione contribuiscono a costruire e a rafforzare il marchio e la tua azienda ne rappresenta un tipico esempio.

• *Entrepreneur.* Dear Adolfo, I wish to congratulate you, your family and all your collaborators on this 100th anniversary of the company. It is a wonderful threshold, one that you should be very proud of, especially in this day and age! Quality and innovation contribute to building and reinforcing the brand, and your company is a typical example of this.

• **Nicola Prudente**, *giornalista, autore e conduttore di* Decanter *per Rai Radio2 e* Fuori di Gusto *per La7.* Per me Guzzini è di famiglia. C'è da sempre, prima ancora di conoscere Mimmo. I ricordi annebbiati di quando ero piccolo mi riportano ad alcuni recipienti di plastica Guzzini dove mia mamma teneva la pasta. Era l'unica cosa colorata con cui potevo giocare mentre lei preparava il sugo, poiché una volta nelle cucine quasi tutto era di ceramica, bianca, e non si poteva toccare.
Ancora oggi dopo più di trent'anni mia mamma tiene gli spaghetti in questi cilindri col tappo giallo. Il colore è un po' sbiadito ma sono sempre nello stesso posto.
Mio figlio si chiama Davide e ha due anni. A luglio ne compie tre. Ieri sera lo osservavo… Anche lui gioca con alcuni recipienti di plastica Guzzini dove io tengo la pasta…

• *Journalist, author and conductor of* Decanter *on Rai Radio 2 and* Fuori di Gusto *La 7.* For me Guzzini means family. It has always been there, even before I met Mimmo. Those hazy memories from when I was young lead me back to certain plastic containers made by Guzzini where my mother kept the pasta. It was the only colorful object I could play with while she made the sauce, because in those days everything in the kitchen was made out of white porcelain and you weren't allowed to touch it.
Even now, thirty years later, my mother keeps the spaghetti in these cylinders with a yellow lid. The color has faded now but they're still in the same place.
My son's name is Davide and he's two years old. In July he'll turn three. I was watching him last night… he was playing with some of the Guzzini containers where I store the pasta…

• 1. I figli di Enrico con le loro famiglie insieme alla mamma Annunziata, fine anni quaranta
2. Pierino con la madre nel 1959
3. I tre fondatori della Fratelli Guzzini, Pierino, Mariano e Silvio, con le maestranze
4. Raimondo Guzzini con Massimo Martini, presidente del Macef, e gli onorevoli Rodolfo Tambroni e Aldo Moro
5. Da destra Vinicio, Igino, Alberto e Cherubino, figli di Pierino Guzzini
6. Giuseppe, Virgilio, Adolfo, Giovanni, Raimondo e Giannunzio in occasione del matrimonio di Adolfo, 1967

• 1. Enrico's children with their families, together with mother Annunziata, late 1940s
2. Pierino with his mother in 1959
3. The three founders of Fratelli Guzzini, Pierino, Mariano and Silvio with the skilled workers
4. Raimondo Guzzini with Massimo Martini, Chairman of Macef, and the MPs Rodolfo Tambroni and Aldo Moro
5. From the right Vinicio, Igino, Alberto, Cherubino, sons of Pierino Guzzini
6. Giuseppe, Virgilio, Adolfo, Giovanni, Raimondo, Giannunzio, at Adolfo's wedding, 1967

utilizzato come base dalla quale partire per ricercare opportunità di crescita in giro per il mondo e alla quale tornare con nuove competenze e relazioni da innestare sul patrimonio esistente. Talvolta i familiari proprietari, anche solo per pigrizia, diventano provinciali, si adagiano su competenze e relazioni che già conoscono, rimangono esclusi da quanto si sviluppa in altre aree geografiche, salvo accorgersene quando è troppo tardi. Il territorio diventa allora un limite,

that isn't easy for the competitors to imitate. However, territorial rooting can also turn out to be a problem for family-run businesses. This happens when the territory is not used as a base from which to start the search for growth opportunities around the world, and which to return to with new skills and relations to graft onto the existing wealth. At times the entrepreneurial family, even if just out of laziness, becomes provincial, it falls back

- Serie di accessori per la tavola realizzati in plexiglas, 1940
- Plexiglas tableware series, 1940

foriero di conseguenze negative per le persone e per le aziende. Per evitare di cadere in questi errori, occorre operare con senso di responsabilità verso la collettività, i suoi problemi, le sue aspettative di sviluppo, senza però dimenticare il dovere prioritario della competitività, perché essa è premessa e condizione di qualsiasi funzione sociale dell'impresa. Ma è proprio la costante ricerca del punto di equilibrio tra la più alta competitività e l'integrazione con il territorio locale e nazionale un'altra delle dimensioni costitutive dell'impresa familiare di successo. Guzzini deve sforzarsi di cercare nel mondo competenze e mercati adeguati alla situazione competitiva del suo settore, ma rimane un'azienda marchigiana, che si avvantaggia delle specificità del suo territorio e che ritorna al territorio sviluppo e ricchezza attraverso investimenti e occupazione.

Ogni storia di successo contiene anche qualche insuccesso. La mia limitata conoscenza della storia del gruppo Guzzini non mi consente di definire in dettaglio passaggi di insuccesso ma certamente ve ne saranno stati. In questi casi le aziende seguono una linea di intervento chiara: riconoscere presto l'errore, ammetterlo, cercare una soluzione e se non la si trova procedere il più rapidamente possibile all'accettazione della perdita maturata, senza aspettare di intervenire nella speranza che le cose si aggiustino. Un detto ebraico dice che "gli elementi necessari per un successo sono tre: leadership, esperienza e cattive esperienze". Queste ultime infatti sono inevitabili in una lunga storia imprenditoriale ma, se ben utilizzate, diventano la fonte per nuovi successi. Certo, occorre anche avere la forza di raccogliere i cocci e di ripartire. L'unità della famiglia Guzzini – pur dentro le normali tensioni che caratterizzano ogni famiglia "viva" – e l'impegno imprenditoriale di molti familiari mi paiono ottime premesse per affrontare con serenità le sfide future, consapevoli che anche eventuali errori che si dovessero commettere saranno affrontati con tempestività. Buon lavoro!

on the skills and the relations it already knows, it ends up being excluded from what is being developed in other geographical areas, and often notices this when it's already too late.

The territory thus becomes a limit, a hotbed of negative consequences for people and for companies. In order to avoid falling into such temptations, we have to act with a sense of responsibility towards the collectivity, its problems, expectations of development, without however forgetting the priority duty of competitiveness. Because competitiveness is the premise and the condition for any social function of the company. But it is the constant search for the balancing point between the highest competitiveness and the integration with the local and national territory that is another of the constitutive dimensions of the successful family-run business. Guzzini must make the effort to seek skills in the world and markets suited to the competitive situation of its sector, but it remains a Marches company, which draws advantages from the specificity of its territory and gives back development and wealth to the territory through investments and employment.

Every success story also contains some failure. My limited knowledge of the history of the Guzzini Group doesn't allow me to define this phase of failure in detail, but there certainly must have been some. In these cases, successful companies follow a clear-cut line of intervention: recognizing the error fast, admitting it, seeking a solution, and if it isn't found then proceeding as quickly as possible to accept the loss, without waiting to intervene in the hope that things will sort themselves out. There is a Hebrew saying that goes: "There are three ingredients for success: leadership, experience and bad experiences." The bad experiences are impossible to eliminate from a success story and, actually, if they are put to use they can become the source of new successes. Of course, it is necessary to have the strength to pick up the pieces and start off again. The unity of the Guzzini family—albeit within the normal tensions that characterize every "living" family—and the entrepreneurial commitment of many family members seem to me to be excellent foundations for dealing serenely with the future challenges as well, conscious of the fact that any errors that might be made will be dealt with quickly. Keep up the good work!

• Zuccheriera bombata con coperchio, tazza con piatto, teiera con coperchio *Forma 2000*, design Studio Interno, anni sessanta
• Caraffa termica bassa *Papillon*, design Furio Minuti, 1989
• Secchiello da ghiaccio in plexiglas colorato, design Studio Interno, anni sessanta
• Serie di contenitori in plexiglas colorato, fine anni cinquanta

• *Forma 2000* rounded sugar bowl with lid, straight-edged cup with plate, straight-edged teapot with lid, design by Studio Interno, 1960s
• *Papillon* low thermal jug, designed by Furio Minuti, 1989
• Colored Plexiglas ice bucket, design by Studio Interno, 1960s
• Series of colored Plexiglas containers, late 1950s

• **Carlo Viglino**, *designer.* Ciao Mimmo, questo è un episodio dei miei esordi che penso pochi conoscono o ricordano, ma è esemplificativo di come fosse tuo padre.

La mia prima esperienza di lavoro come designer è stata alla Fratelli Guzzini dove sono arrivato fresco di studi e quindi con tanta voglia di fare e progettare. I miei referenti principali sono stati all'inizio Giovanni e Raimondo, il primo per quanto riguardava la parte tecnica e lo sviluppo dei prodotti e il secondo per tutto ciò che riguardava il design e il marketing. Dopo un certo periodo di apprendistato, ho avuto da parte di Raimondo l'incarico di progettare tutta una serie di oggetti per il reparto lastra, dove si producevano oggetti in metacrilato (plexiglas) di grande pregio, prodotti lavorati meccanicamente e finiti a mano, che avrebbero dovuto essere particolarmente innovativi per poi essere presentati in fiera al Macef. Essendo la prima volta che proponevo in azienda dei miei lavori ho cercato di dare il meglio di me stesso, così alla riunione con gli agenti sono arrivato con numerosi prototipi che pensavo potessero essere all'altezza. Il giorno fatidico Raimondo mi chiama in sala riunione e davanti a tutti gli agenti critica in modo fortemente negativo tutto quello che avevo fatto, appoggiato da tutti i presenti; comprensibile il mio sconforto. Per fortuna non era vero, anzi. Raimondo era così, grande anche negli scherzi.

• *Designer.* Hello Mimmo, this is something that happened to me when I was just starting out, which I think very few people know about or remember, but it says a lot about what your father was like.

My first work experience as a designer was at Fratelli Guzzini where I arrived having just finished school, eager to create and design. My chief referents at the beginning were Giovanni and Raimondo. I was to turn to the former for the technical aspects and product development, to the latter for anything having to do with design and marketing. After a period of apprenticeship Raimondo asked me to design a whole series of objects for the sheet department where fine methacrylate (Plexiglas) objects were made, items that were produced mechanically and then hand-finished. These objects were supposed to be very innovative and would be unveiled at the *Macef* Trade Fair. As it was the first time I was being asked to make something for the company, I tried to do my very best, so I went to the meeting with the sales representatives with lots of prototypes, which I though could be up to the task. On that fateful day Raimondo summoned me to the meeting room and in front of all the representatives he criticized every single thing I'd done, backed by everyone else in the room. I was understandably unhappy. Luckily it wasn't true, actually it was the exact opposite. That's the way Raimondo was, big, even as a practical joker.

I protagonisti

Non esisterebbero "100 anni di futuro" se, prima, non fossero esistiti i personaggi che hanno costruito, giorno dopo giorno, i cento anni di storia di questa azienda.
Nata come un'attività a conduzione famigliare, la Fratelli Guzzini è cresciuta, si è sviluppata, internazionalizzata ed è quella che oggi conosciamo, grazie a questa famiglia che, occupandone sempre ruoli chiave, l'ha portata a essere una realtà industriale conosciuta in tutto il mondo.
Di seguito una breve biografia di ogni componente della famiglia Guzzini che si è dedicato all'azienda mettendo a disposizione le sue competenze, le sue visioni sul futuro e la sua inesauribile passione.

Enrico Guzzini (1862-1948). Capostipite della famiglia, è il fondatore della prima attività artigianale per la lavorazione del corno di bue che avvia nel 1912 al ritorno da un viaggio in Argentina. Inizia quindi a realizzare piccoli oggetti preziosi: pettini, tabacchiere, spille, manici per posate. Accettando la proposta di Pierino, acquista con il frutto delle prime vendite nuove attrezzature, come piccoli torni e seghette circolari, per poter produrre anche altre tipologie d'oggetti in corno: scatolette portagioie, posate da insalata, manici per oggetti d'argento, spatole e calzascarpe, che daranno nuovo impulso alla piccola attività artigianale. Tre dei suoi sei figli, Pierino, Mariano e Silvio, proseguiranno il suo lavoro.

Seconda generazione
(I tre pionieri)

Pierino Guzzini (1899-1981). Dotato di buona cultura umanistica, spirito di iniziativa e capacità di gestione d'impresa, è anche ingegnoso e in grado di cogliere
le novità tecnologiche: è il 1925 quando introduce la prima meccanizzazione per la lavorazione del corno. In seguito, mentre in azienda si comincia a lavorare il plexiglas, utilizzando la tecnologia elementare dello stampo e controstampo, è Pierino che si rende conto che il metacrilato si può modellare anche ad aria compressa. Realizza così un sistema di stampaggio che elimina alcune lavorazioni meccaniche, con risparmio di tempo e denaro.
Mariano Guzzini (1904-1986). Ha sempre guidato e gestito la lavorazione in fabbrica, prima del corno, poi del metacrilato, di cui era esperto e raffinato

The Leading Figures

There would be no "100 years of future" if first there hadn't been people who, day after day, built the 100 years of this company's history.
Born as a family business Fratelli Guzzini grew and developed, becoming international and evolving into the company we are familiar with today, all thanks to the family. By always playing a pivotal role, this family led to the company becoming an industrial brand known the world over.
Here is a short biography for each member of the Guzzini family who has dedicated his life to the company by offering his skills, his future vision and his endless passion.

Enrico Guzzini (1862–1948). The forefather of the family: upon returning from Argentina in 1912 he founded the family's first business which involved working with ox-horn. At first, small, precious items were made: combs, snuff-boxes, brooches, cutlery handles. Accepting Pierino's suggestion, the first sales helped him to purchase new equipment in France, small lathes and circular saws so that he could produce other typologies of ox-horn objects: jewelry boxes, salad servers, handles for silver objects, spatulas and shoehorns, all items that would bring new life to his small artisanal business. Three of his sons, Pierino, Mariano and Silvio, would carry on with the same work.

The Second Generation
(The three Pioneers)

Pierino Guzzini (1899–1981). Gifted with a spirit of initiative and management skills he was also a brilliant man who understood the importance of new technologies. It was 1925 when he first began to use machinery to work the ox-horn. Later, the company moved on to using Plexiglas to make its products, based on a technique that involved molding and transfer molding, Pierino was the one to also realize that compressed air could be used to shape methacrylate. He developed a molding system that eliminated a whole series of mechanical steps, thus saving time and money.
Mariano Guzzini (1904–1986). He always guided and managed factory production, at first when ox-horn was used, then methacrylate, of which he was an expert and connoisseur. He set an example for the other family members through

• Veduta aerea dell'azienda
• Bird's eye view of the company

conoscitore. Attraverso il suo lavoro è un esempio per gli altri componenti della famiglia. Mariano riusciva a coniugare una profonda sensibilità estetica a una grande abilità manuale, cosa che gli ha sempre permesso di realizzare oggetti di grande qualità e bellezza e di trasferire il concetto di "pensare con le mani" ai suoi collaboratori e al figlio Giovanni.
Silvio Guzzini (1913-1984). È un grande conoscitore del corno di bue, materiale naturale relativamente inerte che, per le sue caratteristiche meccaniche, richiede un processo di lavorazione estremamente rigoroso e tecnicamente qualificato. Di mentalità pratica ama il lavoro fino a diventare uno dei più raffinati artigiani del corno, eppure, a testimonianza della sua apertura mentale e pensiero innovativo, è al tempo stesso, insieme ai fratelli, uno dei protagonisti dello storico passaggio nel 1938 al materiale acrilico.

Terza generazione

I figli di Pierino
Vinicio Guzzini (1926-1993). Si occupa di gestione del magazzino-prodotti e degli ordini in stretto collegamento con i comparti produttivi dell'azienda. Dopo un lungo periodo di esperienza aziendale fonda l'Acrilux in collaborazione con i suoi fratelli.
Alberto Guzzini (1930). Segue lo sviluppo della tecnologia dello stampaggio a iniezione fino a divenire responsabile del reparto produttivo; le implementazioni delle tecniche iniettive realizzate durante gli anni della

his work. Mariano knew how to combine his deep personal sensitivity with great manual skill, something that always helped him to make objects of great beauty and to transfer the concept of "thinking with your hands" to his collaborators, as well as to his son Giovanni.
Silvio Guzzini (1913–1984). He was an expert in the characteristics of ox-horn, a relatively inert material, which owing to its nature calls for an extremely rigorous and highly technological working process. Thanks to his practical outlook he loved his work so much that he himself became one of the most refined ox-horn craftsmen ever, yet at the same time he was one of the leading figures, together with his brother, in the company's historical transition towards the use of plastic materials in 1938, a sign of his open-mindedness and innovative thinking.

Third Generation

Pierino's Sons
Vinicio Guzzini (1926–1993). He managed the products warehouse and the orders, liaising closely with the company's production departments. After a lengthy experience with the company he founded Arcilux in collaboration with his brothers.
Alberto Guzzini (1930). He led the development of injection molding and eventually took over the production department. The use of injection molding technology was a remarkable innovation

sua attività costituiscono un'importante innovazione che permette alla Fratelli Guzzini di rappresentare un'avanguardia tecnologica. Ha contribuito in maniera sostanziale allo sviluppo dell'azienda.

Cherubino Guzzini (1935). Opera per un lungo periodo contribuendo allo sviluppo commerciale dell'azienda. Successivamente, per dedicarsi appieno all'espansione della nuova impresa Acrilux fondata insieme agli altri componenti della sua famiglia, lascia la Fratelli Guzzini, nella quale ha ricoperto anche la carica di amministratore delegato, pur rimanendone consigliere di amministrazione.

Igino Guzzini (1938-2012). Affianca, insieme ai cugini coetanei, i fratelli più anziani nell'area tecnologica dedicandosi alla realizzazione degli stampi e del processo produttivo, acquisendo competenze tecniche e affinando ulteriormente la sua naturale sensibilità estetica. Lascia l'azienda per unirsi ai fratelli maggiori nella fondazione della Acrilux.

I figli di Mariano

Giovanni Guzzini (1927). Dotato della stessa sensibilità e creatività di Mariano, ne assimila gli insegnamenti impiegando il suo talento nell'ideazione di nuovi prodotti e nella ricerca di nuove tecnologie come l'inietto soffiaggio, l'iniezione assistita da gas e lo stampaggio a iniezione in bicolore. Insieme a Raimondo, Giuseppe, Virgilio e agli altri fratelli costituisce nel 1959 la Harvey Creazioni, oggi iGuzzini Illuminazione. Il suo gusto innovativo ha donato all'azienda una delle direttrici ancora oggi importanti: unire la bellezza estetica alla funzionalità. Ricopre ruoli strategici all'interno dell'azienda diventandone infine presidente fino al 2001.

Raimondo Guzzini (1928-1978). Guidato da un'anima fortemente commerciale, sa intuire quel che avrà successo e quel che non vale la pena continuare a produrre. Il suo straordinario intuito gli permette di indovinare e anticipare i gusti del consumatore e di cogliere le opportunità di mercato che di volta in volta si presentano; come nel 1959 quando, insieme a Giovanni e gli altri fratelli, avvia la Harvey Creazioni. Con la stessa lungimiranza sarà lui, alla fine degli anni cinquanta, a individuare il design come fattore strategico e qualificante del prodotto e ad avviare le collaborazioni con designer esterni all'azienda. Prematuramente scomparso all'età di cinquant'anni, è ricordato da tutti come un innovatore geniale e illuminato, un vero talento imprenditoriale.

Virgilio Guzzini (1929-2003). Grande conoscitore delle materie plastiche, dotato di notevoli competenze

that made Fratelli Guzzini into a cutting-edge company in terms of technology. Under Alberto's leadership the company underwent substantial development.

Cherubino Guzzini (1935). For a long time he contributed to the company's commercial growth. Later on, he left Fratelli Guzzini, where he had also been appointed CEO, although he continued to be a member of the Board, so as to devote himself to the expansion of a new company, Acrilux, which had been founded together with the other members of the family.

Igino Guzzini (1938-2012). Along with his cousins of the same age, he worked with his older brothers in the technology department, involved in the realization of molds and the productive process, acquiring technical skills and further honing his natural aesthetic sensitivity. He left the company to join his brothers in the founding of Acrilux.

Mariano's Sons

Giovanni Guzzini (1927). Gifted with the same sensitivity and creativity as Mariano, he learned his father's teachings and exploited his talent in researching and developing new products and new technologies such as blow molding, gas-assisted molding, and two-tone injection molding. Together with Raimondo, Giuseppe, Virgilio and other brothers, in 1959 he founded Harvey Creazioni, currently iGuzzini Illuminazione. His innovative taste gave the company one of the directions that are still important today: i.e. combining beauty with practical function. He has filled strategic roles within the company and became Chairman until 2001.

Raimondo Guzzini (1928-1978). Driven by the soul of a true businessman he had a knack for seeing what would be successful and what was no longer worth producing. This remarkable insight allowed him to predict and envisage consumer tastes and take the opportunities presented by the market time after time. For example, in 1959 when he and Giovanni, together with their other brothers, started up Harvey Creazioni. With this same far-sightedness he would be the one to understand, in the late 1950s, that design was the strategic and qualifying factor of the company's products, and so he pushed to bring outside designers to the company. He died prematurely at the age of fifty and is remembered as a brilliant and enlightened innovator, a true business talent.

tecniche, avvia insieme a Pierino il primo impianto per la produzione di lastre in acrilico dove si realizza la lastra in acrilico bicolore che nel 1958 diventerà brevetto internazionale e rappresenterà per la Fratelli Guzzini un importante primato aziendale. Convinto delle potenzialità dei materiali plastici, Virgilio sperimenta nuove possibilità; di ritorno da un viaggio in Giappone con il fratello Adolfo, intuisce le opportunità del settore bagno e nel 1972 fonda con i fratelli la Teuco, azienda specializzata nella produzione di sanitari in acrilico ad alto contenuto di design. Per le sue competenze tecnologiche, testimoniate dai numerosi brevetti industriali ottenuti, è stato incaricato del ruolo di presidente della Fratelli Guzzini dal 2001 al 2003.

Giuseppe Guzzini (1935). Inizia la sua carriera nell'amministrazione affiancando lo zio Pierino. Intuendo che, anche in questo campo, l'innovazione sarebbe stata una componente strategica persegue con tenacia l'obiettivo di una gestione moderna e sempre più evoluta dell'azienda. Per oltre trent'anni ha svolto funzioni di coordinamento non solo di tipo gestionale, ma anche di rapporti attivi con le famiglie Guzzini, per favorirne la coesione e partecipazione alle attività comuni. Giuseppe si è anche occupato, con i fratelli, della gestione e del futuro sviluppo della Harvey Creazioni. Nella Fratelli Guzzini ha ricoperto numerosi ruoli strategici tra cui quello di presidente. Dal 1967 al 2001è stato amministratore delegato della società.

Giannunzio Guzzini (1938-2006). Entra in Fratelli Guzzini nel 1953 a soli quattordici anni occupandosi da subito della lavorazione degli stampi. Attratto dalle numerose innovazioni tecnologiche e produttive ha modo di esprimere in azienda la sua naturale indole per la ricerca e la conoscenza di materiali: un vero sperimentatore dedito all'innovazione. Nel 1967 si trasferisce alla Harvey per occuparsi dello sviluppo di processo e di prodotto. Grazie alle sue competenze

Virgilio Guzzini (1929-2003). He was a great connoisseur of plastic materials, gifted with technical skills, and along with Pierino he set up the industrial plant that made acrylic sheets. The two-tone acrylic sheet would become an international patent in 1958 and represent an important company "first" for Fratelli Guzzini. Convinced of the potential of plastic material, Virgilio experimented with new possibilities. Upon returning from Japan with his brother Adolfo, he intuited the opportunities for a bath accessories sector, and in 1972, together with his brothers, he founded Teuco, a company specializing in the production of acrylic sanitaryware and featuring a very high design content. Thanks to his technical skills, proven by the numerous industrial patents he obtained, he was appointed Chairman of Fratelli Guzzini from 2001 to 2003.

Giuseppe Guzzini (1935). He began his career in the administration alongside his uncle Pierino. Giuseppe understood that innovation was going to be a strategic component in this field as well, and he tenaciously pursued the goal of a modern and evermore progressive management of the company. For more than thirty years he not only acted as a managerial coordinator, but he also coordinated the relations between the company and all the Guzzini families, thus fostering cohesion and participation in joint activities. Together with his brothers, Giuseppe also dealt with the management and future development of Harvey Creazioni. At Fratelli Guzzini he held many strategic roles; he held the position of Chairman among other things and of CEO from 1967 to 2001.

Giannunzio Guzzini (1938-2006). He entered Fratelli Guzzini in 1953 when he was just fourteen, dealing with mold making from the outset. Drawn to the many technological and productive innovations, within the company he was able to express his natural talent for research and

• Bicchieri in vetro bicolore *Mirage*, design Guzzini Lab, 2011

• *Mirage* two-tone drinking glasses, design by Guzzini Lab, 2011

Contenitori *Look*, design Guzzini Lab, 2008

Look containers, designed by Guzzini Lab, 2008

tecniche realizza numerosi brevetti che contribuiscono allo sviluppo aziendale in maniera significativa. Date le esperienze maturate nella gestione dei processi e delle tecnologie viene in seguito chiamato alla Fratelli Guzzini, dove ricopre la carica di presidente dal 2003 al 2006.

Adolfo Guzzini (1941). Entra in azienda a vent'anni e, dopo un'esperienza amministrativa e commerciale, nel 1963 passa alla Harvey della quale gradualmente assume la responsabilità gestionale. Il suo istinto imprenditoriale e le sue competenze professionali favoriscono il processo di trasformazione da Harvey in iGuzzini Illuminazione, oggi azienda leader nel settore illuminotecnico di cui è presidente. Chiamato nel 2001 in Fratelli Guzzini alla guida della nuova *governance* aziendale dapprima insieme al fratello Virgilio, poi con Giannunzio e in seguito con il nipote Domenico, affiancati da un autorevole comitato scientifico, ha promosso e sostenuto l'ampio progetto strategico di sviluppo aziendale e culturale ridefinendone la missione, determinandone le linee guida e contribuendo fortemente al processo di globalizzazione dell'azienda. È stato inoltre promotore della delega al management esterno come leva di sviluppo aziendale. È amministratore delegato della Fratelli Guzzini dal 2001.

Il figlio di Silvio

Stefano Guzzini (1952). Entra in azienda iniziando il suo iter come assistente al direttore di produzione, che è lo zio Giovanni, proseguendo poi come coordinatore dei Servizi organizzativi fino al successivo

a knowledge of the materials. He was a true experimenter dedicated to innovation. In 1967 he moved over to Harvey in order to deal with the development of processes and products. Thanks to his technical skills he realized numerous patents that significantly contributed to the company's growth. Given his experience in the management of processes and technology he was later called to Fratelli Guzzini, where he was Chairman from 2003 to 2006.

Adolfo Guzzini (1941). He joined the company when he was twenty and after an administrative and commercial experience in 1963 he moved over to Harvey, where he gradually took over management responsibility. His entrepreneurial instinct and professional skills fostered the process of transformation from Harvey to iGuzzini Illuminazione, at present a leading company in the lighting sector, of which he is Chairman. Called by Fratelli Guzzini in 2001 to take over the helm for the new company governance, at first together with his brother Virgilio, later on with Giannunzio and afterwards with his nephew Domenico, sustained by an authoritative scientific committee, he promoted and supported a vast strategic project for company and cultural development, redefining its mission, determining the guidelines and strongly contributing to the company's process of globalization. He was the first to choose managers from outside the family to help the company grow. He has been CEO at Fratelli Guzzini since 2001.

• **Bruno Gecchelin**, *designer.* Cento anni sono molti, ma anche trenta anni di proficua collaborazione con la Fratelli Guzzini sono stati una lunga e irripetibile esperienza.
• *Designer.* 100 years are a lot, but 30 years of close collaboration with Fratelli Guzzini have also been a long and unique experience.

• **Ross Lovegrove**, *designer.* Sono tante le ragioni per cui una persona può vivere cent'anni: la felicità, la longevità, un ottimo DNA, uno stile di vita sano (o meno), vivere all'aperto, tenersi in forma tutti i giorni o forse avere una fantastica vita sessuale!
Sono sicuro che per un'azienda sia lo stesso. Se si pensa al benessere di chi ci lavora e all'impatto culturale ed economico sul territorio, festeggiare cent'anni di attività è un traguardo straordinario.
È così che il nome di una famiglia diventa sinonimo di orgoglio, visione, determinazione, sostenibilità e collettività… E pensando a queste qualità mi viene subito in mente la famiglia Guzzini a cui sono legato da una bella amicizia da molti anni.
È vero, i Guzzini sono grandi ingegneri, innovatori e visionari, ma principalmente sono brave persone dotate di un gran cuore e questo, in fondo, è ciò che conta di più.
Lovely, come direbbe Domenico.
• *Designer.* There's a reason why people live to be 100 years old… happiness, genetic longevity, great DNA, healthy living (or not), an outdoor life, daily fitness or maybe a great sex life!
I'm sure it's the same with companies… and to reach 100 years in business is a massive achievement when you think about the health of its employees and the commercial and cultural impact on a region.
It means that the name of a family becomes synonymous with pride, vision, determination, sustainability and community… and when I think of these qualities I think about the Guzzini family with whom I have felt an enduring friendship over all these years.
They might be great engineers, innovators and business visionaries but above all they are really good people with big hearts and that's what's important at the end of the day.
"Lovely" as Domenico would always say.

• **Matteo Ragni**, *designer*. Cento anni, non di solitudine come la celebre opera di García Márquez, ma di esperienze condivise, di crescita, sviluppo industriale e culturale.
Io ho avuto la fortuna di aver vissuto un piccolo pezzo di storia di questa azienda, orgoglio del design italiano, ma soprattutto una grande famiglia che abbraccia un capitale umano di eccellente qualità.
• *Designer*. One hundred years, not of solitude like García Márquez's famous novel, but of shared experienced, growth, industrial and cultural development.
I was lucky to experience a small segment of the history of this company, the pride of Italian design, but above all a great family that embraces a human capital of excellent quality.

• **Francesco Castiglione Morelli**, *designer*. Erano gli inizi degli anni novanta quando conobbi Fratelli Guzzini e con l'occasione anche le bellezze del paesaggio marchigiano. Al tempo abitavo a Roma e dunque mi sono trovato più volte a passare da Colfiorito sia con la neve che sotto il caldo sole dell'estate.
Ricordo che dopo il viaggio mi sembrava però di arrivare a casa di amici e non in un'azienda come tutte le altre. Si parlava e si sognava di design, si lavorava sodo ma con entusiasmo, poi alla fine si scendeva tutti in mensa per gustare i vincisgrassi preparati dalla cuoca. E così le idee procedevano fluide con il piacere di lavorare per chi sapeva apprezzare il tuo lavoro e rispettare la creatività. Ero giovane allora, forse promettente, ma in Guzzini non sembravano essere molto interessati al pedigree del designer o sapere se ero famoso oppure no. Piuttosto erano interessati a ciò che avrei potuto fare per loro, sempre curiosi delle mie visioni e ansiosi di condividere e sperimentare nuovi progetti.
In particolare ricordo con affetto Giovanni Guzzini, maestro e padre di un'imprenditoria a misura d'uomo, pulita e illuminata.
• *Designer*. It was the early 1990s when I met Fratelli Guzzini and on that occasion the beauty of the Marchigiano landscape as well. At the time I was living in Rome and I often traveled through Colfiorito when it was either snowing or in the hot summer sun.
I remember that after the trip it was more like arriving at the home of friends and not a company like all the others. We'd talk and dream about design, we worked hard but with enthusiasm, and then we'd go down to the cafeteria to taste all the cook's specialties. So the ideas flowed along with the pleasure of working with people who knew how to appreciate your work and respect your creativity. I was young then, perhaps promising, but at Guzzini they didn't seem to be very interested in the designer's pedigree or knowing whether or not they were famous. They were instead interested in what you could do for them, always curious about my visions, and anxious to share and experiment with new projects.
I especially and affectionately remember Giovanni Guzzini, master and father of a business that was designed for people, clean and well-lit.

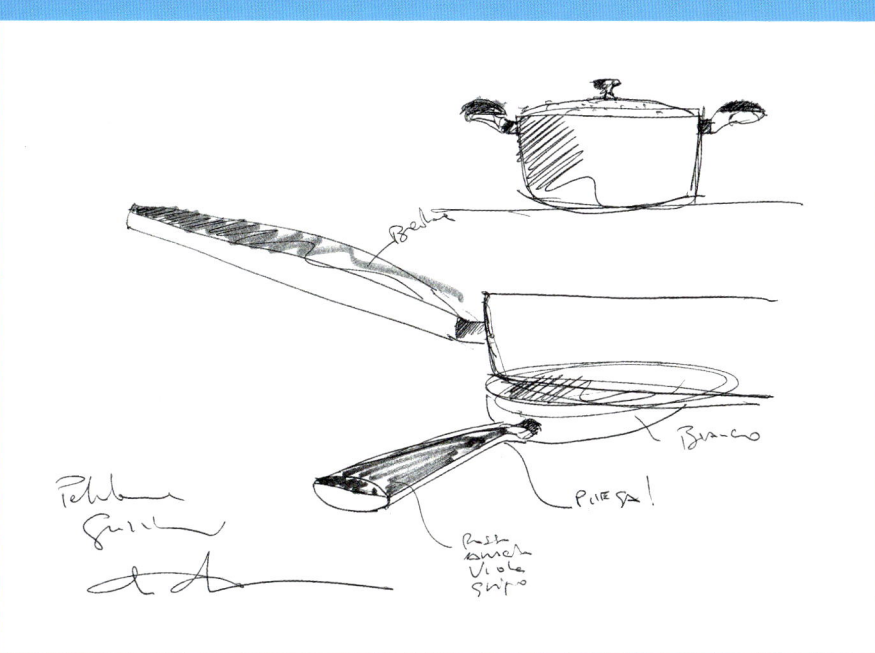

• Pentolame *Latina*, design Carlo Colombo, 2010
• Schizzo di progetto di Carlo Colombo per la collezione pentole *Latina*, 2009

• *Latina* pots and pans, designed by Carlo Colombo, 2010
• Sketch by Carlo Colombo for the *Latina* pots and pans collection

inserimento nell'area commerciale con funzioni di direttore commerciale e marketing. Ha contribuito in maniera significativa alla crescita dell'azienda anche attraverso lo sviluppo di nuovi canali di vendita. Ha ricoperto il ruolo di vicepresidente e amministratore delegato dal 1998 fino al 2001, quando lascia l'azienda.

Quarta generazione

Il figlio di Raimondo
Domenico Guzzini (1959). Dopo il conseguimento della laurea in Economia e Commercio e del master in Strategia e Management presso l'ISTAO (Istituto Adriano Olivetti), entra alla Fratelli Guzzini a ventisette anni facendo esperienza nell'area commerciale, marketing e prodotto. Visione, creatività e abilità relazionali gli consentono di capitalizzare e sviluppare la rete di rapporti con importanti designer nazionali e internazionali e di implementare lo sviluppo dell'innovativo concetto di multimaterialità sui prodotti. Assume il ruolo di direttore marketing nel 2002 quando l'azienda è guidata dagli zii Adolfo e Virgilio, rispettivamente in qualità di amministratore delegato e presidente. Coerentemente con gli obiettivi stabiliti dalla *governance* aziendale, ne implementa e sviluppa le strategie che prevedono l'avvio di importanti partnership e nuove acquisizioni e partecipazioni in aziende operanti in settori complementari a quelli dell'impresa di famiglia. Nella Fratelli Guzzini ricopre dal 2006 la carica di presidente.

Molti altri componenti della famiglia sono passati per periodi più o meno lunghi e importanti attraverso la Fratelli Guzzini, imprescindibile esperienza di apprendistato e formazione. Un prezioso contributo è stato quello di tutte le donne delle tre famiglie che hanno partecipato allo sviluppo dell'azienda famigliare con grande dedizione, coinvolgimento e passione, in particolare:
- Maria, Ines, Armida, Ada, Elsa e Lucia, figlie di Pierino;
- Marcella, figlia di Mariano;
- Marzia Sabbatini, moglie di Silvio, per tutti "zia Marzia" e le loro figlie Paola e Serenella.

Silvio's Son
Stefano Guzzini (1952). When he joined the company he started out as an assistant to his uncle Giovanni, who was Production Manager, and then went on to become Coordinator of Organizational Services, later joining the business area as Director of Sales and Marketing. He has significantly contributed to the company's growth, also through the development of new sales channels.
He was Vice-Chairman and CEO from 1998 to 2001, the year he left the company.

Fourth Generation

Raimondo's Son
Domenico Guzzini (1959). After being awarded a degree in Business and Economics and a Master's degree in Strategy and Management at ISTAO (Istituto Adriano Olivetti), he joined Fratelli Guzzini at the age of twenty-seven, gaining experience in the business, marketing and product area. Vision, creativity and relational skills allowed him to capitalize on and develop the network of relations with important national and international designers and to implement the development of the innovative concept of product multimateriality. He took over as Marketing Director in 2002 when the company was being managed by his uncles Adolfo and Virgilio, CEO and Chairman, respectively. He envisioned the start-up of important partnerships and new acquisitions and stakeholdings in companies working in sectors related to those of the family business. He has been Chairman of Fratelli Guzzini since 2006.

Many other family members have spent varying lengths of time at Fratelli Guzzini, for them an essential experience of apprenticeship and training. A precious contribution has been that of all the women of the three families who have played a role in the development of the family business with dedication, involvement and passion, especially:
- Maria, Ines, Armida, Ada, Elsa and Lucia, Pierino's daughters;
- Marcella, Mariano's daughter;
- Marzia Sabbatini, Silvio's wife, and affectionately known by all as "Zia Marzia", and their daughters Paola and Serenella.

• **Virginio Briatore**, *filosofo del design e studioso dei linguaggi contemporanei*. Di Guzzini quel che più mi piace è la vita. La vita, quel fenomeno misterioso che si manifesta a partire da un luogo, una geografia precisa e determinata, in cui nel tempo si insediano gli umani e ci vivono nel corso delle generazioni. Ci vivono a lungo e a tratti sembra che i loro corpi e il loro carattere assomiglino alla terra, ai fiumi, al mare, alle montagne dei territori in cui scorre la loro esistenza. E al tempo stesso il territorio sembra prendere il colore, il carattere, il genio e la follia dei suoi abitanti. Ed è attorno alla tavola, nel rito veloce o pacato del nutrimento, che l'umano e la sua terra diventano una cosa sola. Lo sforzo dell'uomo sul territorio produce il cibo che allieta la tavola, mentre attrezzi, stoviglie, colori e sapori parlano della terra circostante. [...]

È bello mangiare nel ristorante aziendale, con operai, impiegati, dirigenti e scoprire che vi si gusta la cucina marchigiana, con qualche puntata nella *fusion* internazionale, ma sempre col sorriso accogliente di vivandiere che del loro cibo vanno fiere e si accertano che sia gradito e di quantità soddisfacente. E la pausa pranzo, forse senza volerlo, è lo showroom perfetto del lavoro Guzzini perché in essa piatti e posate, insalatiere e formaggiere, oliere e glacette, brocche per l'acqua e tazzine da caffè vanno in scena in maniera naturale, servendo tutti e ognuno, senza distinzione, riaffermando il design democratico Guzzini, legato alla sapienza antica degli oggetti quotidiani ravvivata dai designer della contemporaneità.

Sono certo quindi che per celebrare i cento anni della Fratelli Guzzini ci saranno delle belle feste, perché dove si vive bene e si lavora con soddisfazione, giorno dopo giorno, anno dopo anno, per cento inverni e cento primavere, vi è motivo di essere contenti e di festeggiare.

• *An expert in the philosophy of design and contemporary languages.* What I like the most about Guzzini is its life. Life, that mysterious phenomenon that is manifested starting from a place, a specific and determined geography, in which human beings settle in time and live over the course of the generations. They live there for a long time and sometimes it seems as though their body and their nature resembles the earth, the rivers, the sea, the mountains of the land where their lives pass by. And at the same time the territory seems to take on the hue, the character, the genius and the folly of its inhabitants. And around the table, in the quick or relaxed ritual of eating, the human being and his land become a single thing. Man's efforts in the territory produce the food that decorates the table, while utensils, pots and pans, colors and flavors speak volumes about the surrounding land. [...]

It's a great feeling to eat in the company cafeteria, with the workers, the employees, the managers, and to discover that they serve Marchigiana cuisine, with some international "combinations" here and there, but always with the welcoming smile of cooks who are proud of their food and always want to be sure you like it and have enough. And the lunch break, perhaps without wanting to, is the perfect showroom for Guzzini, because that's when plates and cutlery, salad bowls and cheese caddies, cruets and coolers, pitchers for water and coffee cups come onto the scene in a very natural way, serving everyone, without distinction, reasserting Guzzini's democratic design, linked to the ancient know-how of the everyday objects enlivened by designers of the contemporary. I am therefore certain that there will be wonderful parties to celebrate 100 years of Fratelli Guzzini, because in places where you live well and work with satisfaction, day after day, year after year, for 100 winters and 100 springs, there's a reason to be happy and to celebrate.

• **Noris Morano**, *consulente per la comunicazione*. Colore, cultura, calore

Qual è il colore di una cena apparecchiata per gli amici a giugno, in giardino? Un giallo brillante che riflette il tramonto? Il rosso acceso? Il verde ancora tenero ma già ricco, intenso, del prato? E quale magia sprigiona una notte di Natale vista attraverso il blu di una brocca colma di tè speziato? Caro Adolfo, ho sempre avuto l'impressione che voi lo sappiate. Credo che l'avesse intuito già Enrico Guzzini un secolo fa, quando realizzò le prime, raffinatissime scatoline in corno, quei piccoli custodi di passioni, segreti e affetti. Voi avete affinato l'ascolto, avete aperto il cuore ai desideri di una socialità più allargata, di momenti condivisi, di allegria. L'hanno certamente compreso tutti i designer, giovani di talento o nomi affermati, che ti hanno affiancato in questi anni. Guzzini ha dato vita a migliaia – credo sia impossibile calcolare quanti – complementi di arredo e accessori per le nostre case; ma all'origine di tutti riconosco un unico segno di elegante, riconoscibile semplicità. Lo si vede e lo si sente, letteralmente, quando si tocca uno dei tanti oggetti Guzzini che accompagnano le nostre giornate: è la linea curva, un cerchio dilatato o allungato in forme infinite, che offre un'aura magica, protetta, attorno a ogni gesto. Un cerchio di colore. Ma soprattutto di calore.

• *Marketing and communication consultant*. Color, Culture, Warmth

What is the color of a dinner table set for friends in the garden in the month of June? A bright yellow that reflects the sunset? The color green of the lawn, that's still gentle but already rich and intense? And what about the magic that's released on Christmas Eve when you look through a blue jug filled with spicy tea? Dear Adolfo, I've always had the feeling that you at Guzzini know. I think that Enrico Guzzini had understood it a century ago when he made his first very elegant ox-horn boxes, those tiny treasure troves of passion, secrets and affection. You at Guzzini have perfected your ability to listen, you have opened your hearts to the desires of a broader sociability, to shared moments and happiness. All the young, talented designers and the famous names that have worked at your side all these years have undoubtedly understood this. Guzzini has breathed life into thousands of objects and accessories for our homes—it's impossible to know just how many. But all of them are born from a single sign of elegant, recognizable simplicity. You can see it and you can feel it, literally, when you touch one of the countless Guzzini objects that accompany our days. It's the curved line, a circle dilated or elongated into infinite forms that offers a magical, protected aura around each gesture. A circle of color. But especially of warmth.

- Luigi Massoni, il primo designer di prestigio invitato a collaborare con l'azienda
- Ettore Sottsass, designer tra i più celebri al mondo a collaborare con la Guzzini

- Luigi Massoni, the first world-class designer invited to collaborate with the company
- Ettore Sottsass, one of the greatest designers in the world, has also collaborated with Guzzini

• **I designer che hanno collaborato e collaborano con la Fratelli Guzzini / The Designers who Have Collaborated, and Continue to do so Today, with Fratelli Guzzini**. A+A Cooren, Add (Innocenzo Rifino & Lorenzo Ruggieri), Verena Aimée Oefler, Sezgin Aksu + Silvia Suardi, Volker Albus, Angeletti Ruzza, Ron Arad, Jan Armgardt & Ingo Bönnemann, Dodo Arslan, Mauro Artusio, Takashi Ashitomi, Dana Avrish, François Azambourg, Shin Azumi, Tomoko Azumi, Enrico Azzimonti & Jordi Pigem, Alessandra Baldereschi, Camillo Baldeschi, Gilles Belley, Claudio Bellini, Graziella Bemporad, Ramón Benedito, Sebastian Bergne, Marc Berthier, Alberto Berti, Steven Blaess, Rodolfo Bonetto, Andrea Branzi, Clare Brass & Etien Veeman, Elisabeth Barbara Budde, Matthias Burhenne, Alessandro Busana, Enzo Calabrese, Michele Capuani, Carallo Grandis, Castiglia Associati, Francesco Castiglione Morelli, Sergio Cavicchia, Guillaume Cazaudehore, Pierluigi Cerri, Myoungsook Chang, Michel Charlot, Hyungsuk Cho, Yewon Choi, Keumhwa Choi, Jihyun Chung, Jooyoung Chung, Aldo Cibic, Antonio Citterio, Carlo Colombo, Claudio Colucci, Sebastian Conran, Carlo Contin, Christopher Coombes, Antonio Cos, Matali Crasset, Piero Cruciani, Giovanni D'Ambrosio, Dae-An, Lorenzo Damiani, Giuseppe de Götzen, Odile Decq, Deep Design (Matteo Bazzicalupo + Raffaella Mangiarotti), Defacto.design, Delineo Design, Anna Deplano, Andrea Dichiara, Stefan Diez, Tom Dixon, Masaharu Doi, Nipa Doshi & Jonathan Levien, Noé Duchaufour-Lawrance + Yannick Alléno, Elastico Disegno, Emmanuel Gallina + Robin Rizzini, Fabiano & Panzini, Caterina Fadda, Moreno Ferrari, Prisca Fey, Odoardo Fioravanti, Uwe Fischer, Carlo Forcolini, Franke | Steinert Designstudio, Frog Design, Johannes Fuchs, Massimiliano Fuksas & Doriana O. Mandrelli, Shibata Fumie, Frédéric Gaunet, Jérôme Gauthier, Michele Gay, Bruno Gecchelin, Lorenzo Gecchelin, Raffaele Gerardi, Christian Ghion, Roberto Giacomucci, Alban-Sébastien Gilles, Nilo Gioacchini + Criodesign Associati, Giugiaro Design, Graf, Giorgio Marco Grandi, Diego Grandi, Kostantin Grcic, Sandra Groll, Constance Guisset, Gumdesign, Christian Haas, Yoonjoo Han, Itamar Harari, Makio Hasuike, Stefanie Hering, Isao Hiruma, Judith Höfel, Katia Horst, Martin Hunt, Kapsun Hwang, Giulio Iacchetti, Seonoc Im, Massimo Iosa Ghini, Hosoe Isao, Setsu Ito, Shinobu Ito, Ichiro Iwasaki, Niklas Jacob, Zoran Jedrejcic, Joachim Jirou-Najou, JoeVelluto, Charles F. Joosten, Joan June, Hyerin Jung, Nakanishi Kana, Dongwoo Kang, Jeongtae Kang, Motomi Kawakami, Kazuo Kawasaki, Tomita Kazuhiko, Marion Kern, Hyunjoo Kim, Mijung Kim, Koichiro Kimura, Daisuke Kitagawa, Makoto Koizumi, Kom & Co., Gyeongwan Koo, Soyeun Koo, Masayuki Kurokawa, Kyoka Inoda + Nils Sveje, Cesare Lacca, Sophie Larger + Franck Petit, Giovanni Lauda & Dante Donegani, Heesun Lee, Jinyoung Lee, Jisun Lee, Jiyoun Lee, Jungkyo Lee, Kwangman Lee, Fabio Lenci, Robin Levien, Arik Levy _Ldesign Studio, Ross Lovegrove, Andrea Luft, Xavier Lust, James Luther, ma:design, Youngbeom Mah, Elena Manferdini, Alberto Marangoni, Luca Marcon, Giorgio Marianelli, Luigi Massoni, Sachiko Matsue, Martin Metz, Metz & Kindler, Kyungsik Min, Furio Minuti, Luca Monteduro, Mariano Moroni, MTDO, Cleto Munari, Murken Hansen, Mutlu + Milano Designstudio, Emilio Nanni, Paola Navone, Torsten Neeland, Nendo, Ugo Nespolo, Toan Nguyen, Luca Nichetto, Philippe Nigro, NOCC, Ornella Noorda, Normal Studio, Astrid Ochsenreither, Mai Okamoto, Hiroshi Ono, Masaharu Ono, Ora-ïto, Seojin Park, Yongki Park, Ennio Pasini, Gianni Pasini, Paolo Pedrizzetti, Olivier Peyricot, Roberto Pezzetta, Gabriele Pezzini, Neil Poulton, Tim Power, Ambrogio Pozzi, David Queensberry, Quinine (Alessandro Confalonieri & Ian Johnston), Matteo Ragni, Karim Rashid, Berta Riera Pomés, Gianluigi Roman, Ronen Joseph Design Studio, Ambrogio Rossari, Mario Rossi Scola, Frédéric Ruyant, Marc Sadler, Hiroaki Sakai, Toshihiko Sakai, Lucy Salamanca, Roberto Sambonet, Denis Santachiara, Tomohiko Sasaki, Monica Scanu, Roberto Semprini, Cornelia Sieg, Sieger Design, Sottsass Associati, George Sowden, Speziell, Robert Stadler, Nicola Stattmann, Marie-Aurore Sticker-Métral, Veit Streitenberger, Petra Strickstrock, Studio Vertijet, Youngmin Suh, SYN (Francesco Scansetti & Marina Paul), Tsuyoshi Takizawa, Giovanna Talocci, Sachiko Tanaka, Dario Tanfoglio, Jun Terao, Kay Thoss, Matteo Thun, Paolo Tilche, Vincent Tordjman, Kita Toshiyuki, Luca Trazzi, Shigeru Uchida, Ugolini Design, Maud Vantours + Eve Tribouillet-Rozencweig, Maurizio Varratta, Andrea Vecera, Elisabeth Vidal, Carlo Viglino, Massimo e Lella Vignelli, Oliver Vogt + Hermann August Weizenegger, Theo Williams, Jean-Michel Wilmotte, Petra Wüstling, Mizuki Yamakawa, Sori Yanagi, Atsuhiko Yoneda, Kyeongsik Yoon, Insik You, Kukil Yu, Paolo Zani.

Vision e comunicazione
Communication and Vision

- Soggetto della campagna stampa "Designed to be used", 2002-2004
- Subject for the press campaign *Designed to be used,* 2002–2004

Questa non è una ciotola per l'insalata
Alessandro Cannavò

Questa non è una ciotola per l'insalata. Parafrasando il titolo del celebre quadro di Magritte con la pipa, si può avere idea di cosa possa realmente contenere in termini di valore creativo e affettivo un oggetto di uso quotidiano. Alcuni secoli prima, un genio della vita "vera" come Caravaggio sapeva sublimare una canestra di frutta facendoci interrogare sulla bellezza e il mistero di alcune presenze apparentemente banali.
Nei loro cento anni di vita i Guzzini sono stati esempio di questo investimento passionale che assume un'importanza particolare proprio perché diretto agli oggetti più semplici della nostra vita domestica. Prima di loro, a metà dell'Ottocento nell'Inghilterra in piena era industriale, William Morris con il movimento Arts and Crafts cercò di dare dignità e bellezza a strumenti da produrre in serie, mettendo in pratica la parola design. I Guzzini sono nati

This Is Not a Salad Bowl
Alessandro Cannavò

This is not a salad bowl. By paraphrasing the title of Magritte's famous painting of a pipe we get an idea of what an everyday object can truly contain in terms of creative and sentimental value. Several centuries before, a genius of real-life painting like Caravaggio succeeded in sublimating a basket of fruit and forcing the viewer to wonder over its beauty and the mystery of certain apparently mundane images.
In its one hundred years of existence Fratelli Guzzini has been an example of this passionate investment that takes on special meaning precisely because it is directed towards the most basic objects in our day-to-day lives. Before them, in the mid-nineteenth century, while the industry in England was at its peak, William Morris, through the Arts and Crafts movement, attempted to bestow dignity and beauty to mass-produced

• **Giovanna Talocci**, *designer.* La mia carriera, e gran parte della mia vita, è legata al nome Guzzini.
Il primo prodotto che ho firmato è stato un prodotto della Fratelli Guzzini, la serie *Snodo*, progettata insieme a Fabio Lenci con il quale ho condiviso il lavoro per molti anni. Un progetto innovativo e fortunato che fu tra i segnalati al Compasso d'Oro del 1981.
Non dimenticherò mai l'emozione di entrare per la prima volta in azienda, la magia di quelle macchine che in un attimo trasformavano dei granuli, simili a pietre preziose trasparenti o colorate, in oggetti bellissimi. [...]
Nelle indicazioni strategiche, nella verifica dei progetti, nelle discussioni di marketing era fondamentale la guida di Raimondo Guzzini, imprenditore con un'enorme capacità di intuire quale sarebbe stato lo scenario futuro del panorama domestico, colui che nei suoi frequenti viaggi in Italia e all'estero coglieva segnali di innovazione e li traduceva in *brief* per noi designer, che con la sua competenza arricchita da una carica di simpatia ed entusiasmo trascinava tutta l'azienda e tutti i collaboratori in ogni nuova avventura.
A me guardava con benevola curiosità, una giovane donna designer... All'epoca eravamo una rarità, soprattutto in quel distretto produttivo, ma non mi ha mai fatto mancare la stima, conquistata giorno dopo giorno sul campo. [...]
Questo compleanno mi è quindi particolarmente caro, so che le nuove generazioni di questa bellissima "dinastia" portano e porteranno avanti con lo stesso spirito la ricerca e l'innovazione per migliorare ancora la qualità della vita di tutti noi e auguro quindi tanti altri importanti compleanni. Cento di questi giorni!

• *Designer.* My career, and most of my life, has been linked to the Guzzini name.
The first product I signed was one I designed for Fratelli Guzzini. It was the *Snodo* series, designed jointly with Fabio Lenci, with whom I shared my work for many years. An innovative and successful project that received a special mention at the *Compasso d'Oro* Awards in 1981.
I will never forget how excited I was the first time I entered the company, the magic of the machinery that in a split second could transform granules resembling transparent or colorful precious stones into beautiful objects. [...]
In the strategic guidelines, in the examination of the projects, in the discussions about marketing Raimondo Guzzini's leadership was of key importance; he was an entrepreneur with a huge ability to grasp what the future of the domestic scene would be like, the person who during his frequent trips to other parts of Italy as well as abroad picked up the signs of innovation and translated them into briefs for us designers. It was thanks to his skill, to which was added a very pleasant personality and great enthusiasm, that he managed to drag the whole company with all its collaborators into each new adventure.
He would consider me with benevolent curiosity, a young woman designer... at the time it was a rarity, especially in that production area, but he always respected me for my work, respect that I earned day after day on the field. [...]
This anniversary is particularly dear to me, I know that the new generations of this beautiful "dynasty" bear—and will continue to do so—the research and innovation with the same spirit to further improve the quality of all our lives, and so I wish them many other important birthdays... a hundred more!

TEAM GUZZINI

- "Rivista dell'arredamento", n. 104, dedicata al terzo Salone del Mobile italiano, settembre 1963
- Copertina del catalogo Team Guzzini, selezione di prodotti in metacrilato realizzati da un team di designer guidato da Luigi Massoni, 1970

- *Rivista dell'arredamento*, no. 104, dedicated to the Italian Furniture Fair, September 1963
- Cover of Team Guzzini catalogue with a selection of methacrylate products made by a team of designers led by Luigi Massoni, 1970

su questo solco, aggiungendovi però caratteristiche che sono il paradigma dell'essere italiani.
C'è innanzitutto il valore che si dà alla casa, da sempre ai vertici del nostro vivere e sentire. Un legame che naturalmente è fatto di gesti rituali e che trova nella cucina il suo regno preferito, il luogo che per tante generazioni (anche quando si trattava di un semplice e povero focolare) è stato lo scenario della coesione familiare e che oggi è l'ambiente di nuove forme di socializzazione.
C'è il senso del bello che certo ci ritroviamo nel nostro DNA, unito a un'esigenza di armonia ben presente negli occhi e nella mente di chi ha sempre creato e prodotto in uno scenario paesaggistico e antropologico come quello delle Marche, cuore di un certo humus italico.

Ma c'è soprattutto una capacità che, al pari delle altre, è sempre appartenuta alla nostra nazione e che oggi più che mai dobbiamo difendere e incoraggiare: la capacità d'innovazione. Nella storia dei Guzzini, così come in quella di tante altre aziende italiane, questo gusto della ricerca dei materiali, al punto da risultare talvolta una magnifica ossessione, è sempre stata centrale e determinante per il successo dell'azienda. Tutto ciò permette di affrontare

utensils by putting into practice the word *design*. Fratelli Guzzini arose from this same breeding-ground, adding, however, the features which are the essence of what it means to be Italian.
First, there's the value one attaches to the home, which has always been a high point of our way of living and feeling. It's a connection that's naturally made up of everyday practices, where the kitchen is the favorite place, where for generations (even in the days when it was no more than a hearth) it was the stage of family union. And today it is the place where new forms of socialization come about.
There's that sense of beauty that we rediscover in our very nature, together with a need for harmony that's well present in the eyes and the minds of those who have always created and produced in a natural and anthropological scenario such as that of the Marches, the heart of a very special Italian whenceness.

But above all there's a capacity that, on a par with the others, has always belonged to Italy and that today more than ever we need to defend and encourage: the capacity for innovation. In the history of Guzzini, just like for many other Italian companies, this taste for the search for materials,

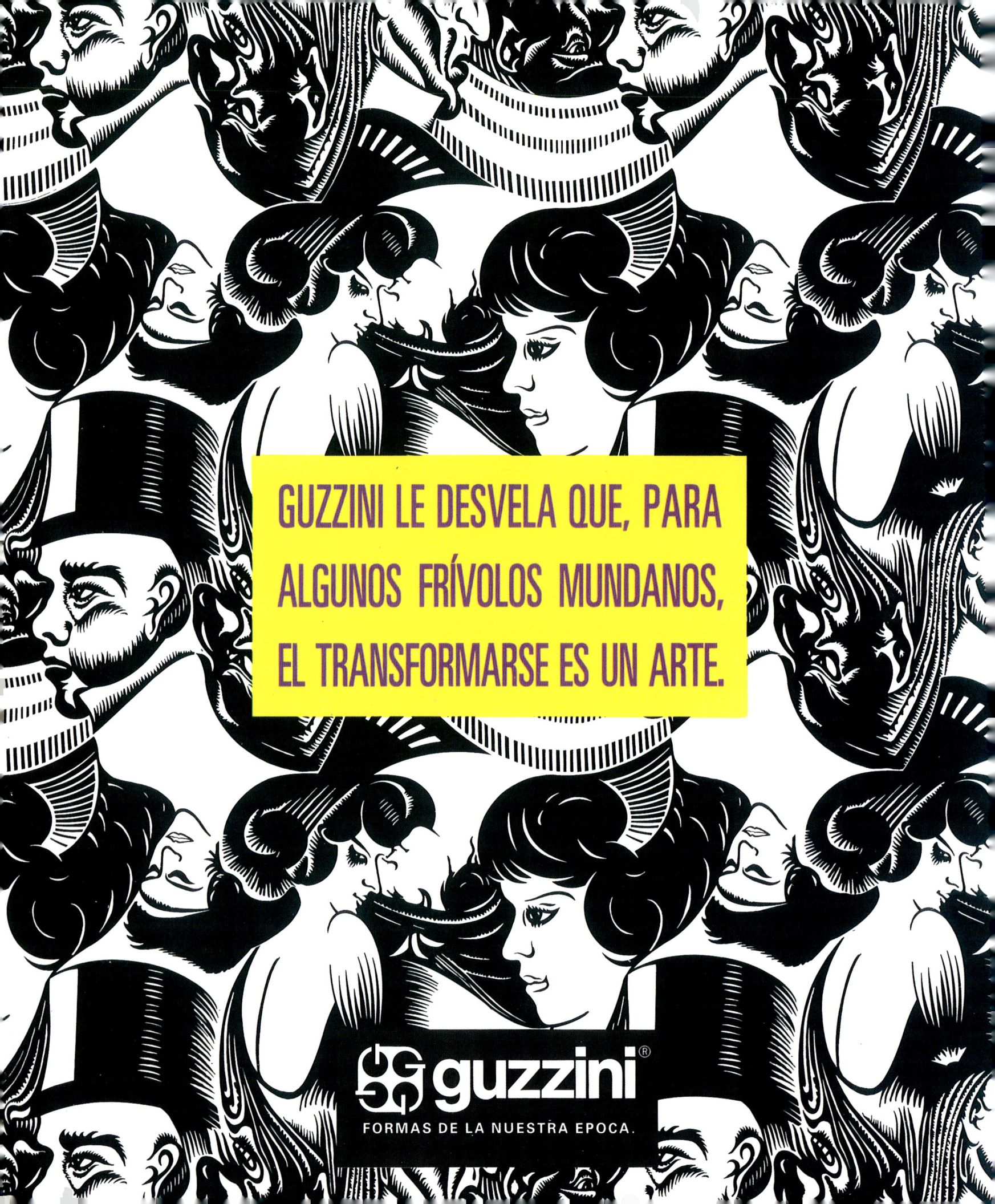

nuove sfide, di guardare sempre al futuro e dunque di essere permeati di ottimismo, a dispetto del periodo drammaticamente complicato che stiamo vivendo. Nel caso dei Guzzini l'incontro tra sperimentazione chimica (le nuove possibilità dei polimeri acrilici), estetica ed ecologia, un valore ormai radicato nella nostra contemporaneità che non può essere ignorato, apre scenari di esplorazione entusiasmanti.

Il tema dell'innovazione è più che mai attuale nel determinare il destino del nostro Paese, e comincia a entrare anche nella sensibilità degli operatori dell'informazione. A cercarle, l'Italia è un serbatoio di storie di giovani innovatori che possono avere come modello esempi antichi che si sono mossi con lo stesso spirito: idee chiare e voglia di rischiare. Una fotografia ben diversa da quella del Paese immobile che spesso viene fuori dai dati macroeconomici e dalle inchieste sociologiche. A questo spirito l'Italia può aggiungere un gusto e una sensibilità umana e passionale particolari, qualità che nessuna concorrenza globale può rubarci. Ecco perché questa non è (solo) una ciotola per l'insalata.

sometimes verging on a magnificent obsession, has always been crucial to the company's success. And it allows us to grapple with new challenges, to always look towards the future. And to be filled with optimism, in spite of the dramatically difficult times we are experiencing now. In Guzzini's case the fusion between chemistry (acrylic polymers), aesthetics and ecology—a value that is rooted in our contemporariness which none of us can ignore—opens up to scenes of exciting exploration.

The theme of innovation is more than ever topical in determining our country's fate. And it is also beginning to enter the sensibility of the media. If we look closely we can see that Italy is a container filled to the brim with stories about young innovators who can emulate examples from the past that moved with the same spirit: clear ideas and an urge to take risks. A very different picture compared to the one of a static country that often emerges from macroeconomic data and sociological surveys. To this very spirit Italy can add taste and a special sensitivity that is so human and passionate, qualities that global competition cannot take away from us. And that's why *this is not* (just) *a salad bowl*.

• Dépliant realizzato per il mercato spagnolo, 1991
• Foto ambientata di articoli per bambini, Catalogo generale, 1968

• Brochure made for the Spanish market, 1991
• Staged photograph advertising children's items, General Catalogue, 1968

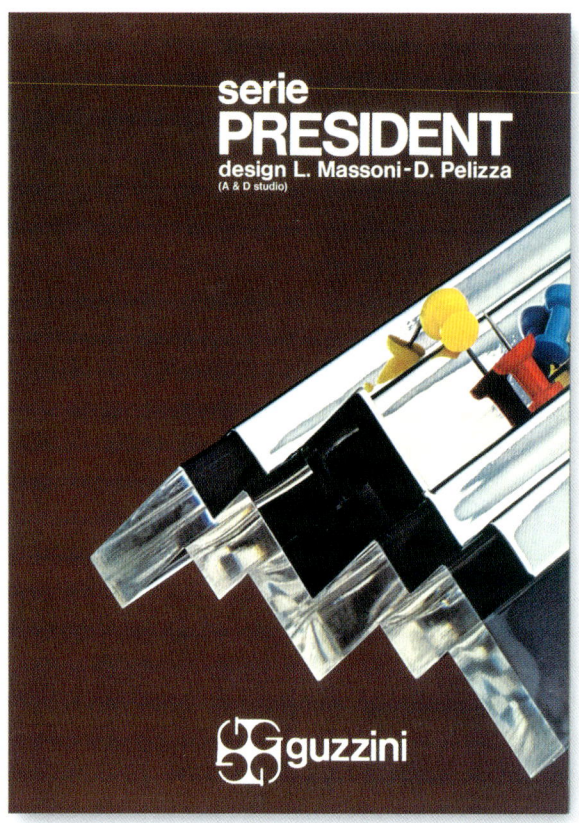
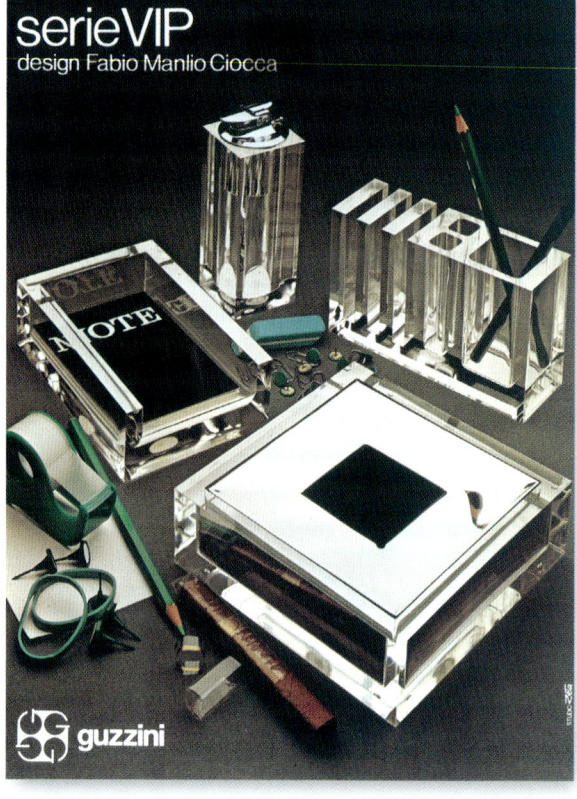

Dieci domande a Moreno Cedroni

1. Cos'è la cultura del cibo per lei?
La cultura del cibo è fondamentale. Spesso si pensa che il cibo sia nutrimento e basta – questo è stato vero sicuramente in periodi storici di povertà – ma per la nostra generazione, che non ha conosciuto la fame, la cultura del cibo è diventata importantissima anche perché incarna uno stile di vita.

2. Che cosa rappresentano per lei gli oggetti per cucinare e nutrirsi
Per me sono soprattutto strumenti di lavoro, più sono funzionali più aiutano chi li usa a lavorare bene, che si tratti di professionisti, come nel mio caso, o di casalinghe e casalinghi.

3. Territorio e nutrimento: la sua evoluzione professionale ieri e oggi.
Senza il mio territorio e senza le ricette materne di cui mi sono cibato da piccolo, penso che non sarei arrivato a questi livelli. Territorio e nutrimento sono state le solide basi che mi hanno poi permesso di poter osare in cucina.

4. I Guzzini e le Marche, cosa ne pensa?
Un nome famoso in tutto il mondo che ha le mie stesse

Ten Questions for Moreno Cedroni

1. What does food culture mean to you?
Food culture is essential. People have often thought that food is just something you need for nourishment; this was definitely so in times of poverty in the past. But for our generation, which has never known hunger, food culture has become extremely important, also because it represents a lifestyle.

2. What do the objects we use to cook and feed ourselves with represent for you?
For me they're work tools. The more functional they are the more they are of help to those who use them, whether they're professionals like me, housewives or househusbands.

3. Territory and Nutrition: your professional evolution past and present.
Without my territory and without my mother's recipes that nourished me when I was a child, I don't think I would ever have come so far. Territory and nourishment have been my solid foundations, they are what gave me the courage to take chances in the kitchen.

- Dépliant della serie *President*, design Massoni e Pelizza, 1980
- Pagina dal catalogo della serie *Vip*, design Fabio Manlio Ciocca, 1973
- Dépliant della serie *Pagoda*, design Paolo Tilche, 1975
- Dépliant e soggetto di campagna relativo alla serie *Pomona*, design Ambrogio Pozzi, 1977

- Brochure for the *President* series, designed by Massoni and Pelizza, 1980
- Page from the catalogue for the *Vip* series, designed by Fabio Manlio Ciocca, 1973
- Brochure for the *Pagoda* series, designed by Paolo Tilche, 1975
- Brochure and advertising page for the *Pomona* series, designed by Ambrogio Pozzi, 1977

origini, fantastico! Questo ci fa senz'altro sognare, oltre che farci sentire orgogliosi di essere marchigiani.

5. Come valuta il design nella cucina internazionale?
Piuttosto direi il design funzionale nella cucina internazionale, perché altrimenti il design serve a poco se poi non è pratico. In generale, lo considero un grande miglioramento di tutto il comparto, sia estetico che funzionale, e Guzzini più di ogni altro è sempre stata attenta affinché le sue creazioni fossero anche e soprattutto funzionali.

6. Come interpreta la casa e la tavola?
Interpreto la casa come un piccolo ristorante. Infatti, i clienti vogliono portare a casa qualsiasi cosa vedono al ristorante: un oggetto curioso o un gesto particolare e diverso. Credo che noi ristoratori, cuochi o come ci si voglia chiamare, siamo i maggiori interpreti dello stile a tavola.

7. Cucinare tra passione e professione: è tanto diverso?
Sicuramente sì. La sola passione può determinare una predisposizione verso qualcosa, in questo caso la cucina, ma la professione è come uno sport agonistico per il quale la sola passione non basta

4. How do you see Guzzini and the Marches?
A name that's famous across the world and that comes from where I do: fantastic! This makes us dream and feel proud to be from the Marches.

5. How do you evaluate design in international cuisine?
I'd sayfunctional design in international cuisine instead; because if it isn't practical, design is of little use. I consider it to be a great improvement to the whole sector, both aesthetic and functional. Guzzini more than anyone else has always made sure its creations were also and above all functional.

6. How do you interpret the house and the table?
I see the house as being a small restaurant. As a matter of fact, any restaurant's customers would love to have at home anything they see when they eat out: any curious object or any particular and different gesture. I think that we restaurateurs, chefs or whatever name you prefer to use are the best interpreters of table style.

7. Cooking between passion and profession: is it so different?
Yes, it definitely is. Passion alone can determine a predisposition for something, in this case

più a raggiungere certi risultati, ci vogliono talento, studio e allenamento.

8. Perché è tanto importante la cucina mediterranea?

Perché riunisce una serie di ingredienti ben accetti dal nostro apparato digerente, poi certo anche per la bontà della sua tradizione gastronomica. Olio extravergine di oliva, pomodoro, pasta, pesce, carne, verdure: la natura ci ha regalato tutto questo, sta a noi non rovinarlo abusandone, acquistando alimenti scadenti, mangiando troppo o troppo in fretta, comprando il cibo e non cucinandolo. Capisco che ormai si ha sempre meno tempo, ma cucinare significa anche farsi un regalo.

9. Segno e disegno di un grande chef: che cosa la attrae nel fare ricerca?

Mi attraggono il gusto nuovo, l'ingrediente mai usato, il gioco, come nel caso dell'ultimo menu del Clandestino di Portonovo intitolato *Susci & Fiabe*, dove le ricette di pesce crudo traggono ispirazione dalle storie per bambini.

10. Cosa farebbe di nuovo oggi per rappresentare la cucina italiana nel mondo?

La ricerca in cucina non finisce mai, è una scienza a cui mi applico con curiosità ogni giorno.

for cooking, but the profession is like a competitive sport, for which passion alone is not enough to achieve good results. You need talent, study, exercise.

8. Why is Mediterranean cuisine so important?

Because it brings together ingredients that our digestive system accepts. Also because of the goodness of its gastronomic traditions. Extra-virgin olive oil, tomato, pasta, fish, meat, vegetables, nature has given us all this, it's up to us not to ruin it by abusing it, by buying poor-quality food, by eating too much or too quickly, by buying food and then throwing it out. I know all of us have less time nowadays, but cooking means giving ourselves a gift.

9. The sign and design of a great chef: what draws you to your research?

A new taste, a new ingredient, playfulness, like in the latest menu at the *Clandestino* in Portonovo that I've called *Susci & Fiabe*, where the recipes for raw fish are inspired by children's stories.

10. What would do that's new today to represent Italian cuisine in the world?

Research in the kitchen is never-ending, it's a science which I apply myself to with curiosity every day.

• Immagini di apertura delle sezioni del catalogo del 1991
• Sculture della serie *Numeri* dal dépliant Team Guzzini, 1970

• Opening images for the catalogue sections of 1991
• Sculptures from the *Numeri* series from the Team Guzzini brochure, 1970

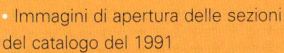

Dieci domande a Luigi Massoni

1. Come ha iniziato a lavorare con la Fratelli Guzzini?

Tra gli anni cinquanta e sessanta collaboravo con Maurizio Adreani, loro fornitore di materie prime quali il perspex, e curavo la rivista "Pec". A casa di Adreani sono stato presentato poi a Giovanni e Raimondo Guzzini. La prima impressione che ho avuto è stata immediatamente positiva perché erano persone che si presentavano in un modo gradevolissimo, piacevole, erano simpatici e con loro si poteva parlare.

2. Raimondo come lo ricorda?

Raimondo era una personalità luminosa, vorrei che fosse ancora qui, mi dispiace doverlo solo ricordare. Lo stesso giorno in cui lo incontrai nacque una scintilla, per cui sembravamo, come poi saremmo sempre sembrati più tardi, degli amanti: sempre insieme. Dopo poco tempo andai con lui a conoscere la sua Recanati. Era una bella estate del 1962 e mi portarono a casa dei "vecchi" straordinari genitori [...] e fu subito una festa! Parlammo di un contratto professionale tra noi. Ne fui colpito e sinceramente grato. Non mi lasciarono andare via finché non dissi di sì.

Ten Questions for Luigi Massoni

1. How did you first start working for Fratelli Guzzini?

Between the 1950s and 1960s I was collaborating with Maurizio Andreani, the company's supplier of raw materials such as "Perspex," and I was editing the magazine *Pec*. While I was at Maurizio's home I was introduced to Giovanni and Raimondo Guzzini. My first impression could only be positive because they were extremely pleasant and endearing people, they were friendly and easy to talk to.

2. And what do you remember about Raimondo?

Raimondo was such a good-natured person, I wish he were here, I'm sorry that I can only remember him. The same day I met him a spark was ignited that made us seem—which is how we would have seemed later—like two people in love: we were always together. After a very short time Raimondo took me to see his Recanati. It was that beautiful summer of '62. They took me to the home of their "two old" and remarkable parents [...] and right away there was a great celebration! We discussed a professional contract between us. I was very struck by it and sincerely grateful. They wouldn't let me leave until I agreed to it.

- Copertina del dépliant della linea bimbi con decori Walt Disney, 1978
- Dépliant di presentazione della campagna pubblicitaria "Forma&Funzione", 1986
- Campagna stampa "Non è facile. Ma Guzzini", 1982
- Pagina pubblicitaria del secchiello da ghiaccio *Stella*, anni ottanta

- Cover of brochure for children's line with Walt Disney decorations, 1978
- Brochure introducing the advertising campaign *Forma&Funzione*, 1986
- Press campaign *Non è facile. Ma Guzzini*, 1982
- Advertising page for the *Stella* ice bucket, 1980s

3. Le sue impressioni sull'azienda?

Al di là di quello che si vedeva guardando, cioè la bottega, la fabbrica, lo stabilimento artigianale dove si produceva, si sentiva che volevano crescere. Avevano un background che gli dava la possibilità di sognare e credere di poter dare vita a qualche cosa di eccezionale: la voglia di fare. Erano persone bellissime.

4. Il design di allora?

Parlare di design in quegli anni era un'utopia venuta dalla Germania e dall'America dal significato letterale: progetto. Si pensava che ci fossero dietro cose straordinarie al concetto espresso dalla parola design. La professione di designer non esisteva ancora, ma c'erano persone di buona volontà, architetti che avevano voglia di allargare il loro campo d'azione, che in quegli anni era piuttosto circoscritto. Ci guidava l'idea di prendere il meglio dalle persone per dare alla società oggetti belli, funzionali e di poco costo.

5. L'atmosfera in azienda?

Dopo un anno lavoravamo già tutti insieme per costruire quella che sarebbe stata la Fratelli Guzzini. Tutti i Guzzini, i fratelli, dal più grande al più piccolo, operavano come se fossero una sola persona, e io avevo sempre di fianco uno di loro che si faceva

3. What did you think about the company?

Besides what you could see by looking at the workshop, the factory, the artisanal plant where everything was produced, you could sense that they wanted to grow bigger. Their background allowed them to nurture dreams and believe they could breathe life into something that was truly outstanding: that longing to create something. They were "beautiful" people.

4. What was design like back then?

In those years design was a utopia that came from Germany and America. From the literal meaning: project. We all believed that lying behind the concept expressed by the word design were remarkable things. The profession of the designer as such didn't exist yet, but there were people who were willing to work, architects who wanted to broaden their field of action, which at the time was circumscribed. We were driven by the idea of getting the best from people in order to offer society beautiful, functional and inexpensive objects.

5. What was the atmosphere at the company like?

After a year we were all working together to build what would become Fratelli Guzzini. All the

a pezzi per accomodare, aiutare, insegnare tutto ciò che mi poteva servire per realizzare più in fretta questo grande progetto di cui poi si parlava la sera, a casa.

6. E fuori dall'azienda?
D'estate verso le 17 ci fermavamo, prendevamo l'automobile e andavamo a Porto Recanati, al mare. Ci buttavamo in acqua e da lì urlavamo verso il ristorante, che si affacciava su quel pezzo di mare, di buttare la pasta: e così iniziava e finiva l'altra parte della giornata. Si finiva in casa dei "vecchi" e si ricominciava a lavorare.
La sera si stava tutti insieme nella casa dei genitori, Mariano e Irene, e tutti i nodi venivano al pettine, tutti i problemi dovevano essere esposti da tutti i fratelli, e il giudice era il papà che sapeva trovare le parole più adatte.

Guzzinis, the brothers, from the oldest to the youngest, worked as though they were just one person, and I always had one of them at my side who would do everything he could to accommodate, help, teach me all I needed to know so that I could more quickly bring to life the project that had been discussed at home in the evening.

6. And what about outside the company?
In the summer we'd stop at 5 p.m., go get the car and leave for Porto Recanati, for the beach. We'd dive into the water and shout towards the restaurant overlooking that stretch of sea to start preparing the pasta for our dinner. This is how the remaining part of the day would start and end. We would end up in their parents' home and start working again.

- Catalogo Fratelli Guzzini, 1968
- Dépliant Novità, 1972
- Dépliant Novità, 1973

- Fratelli Guzzini catalogue, 1968
- Brochure of new products, 1972
- Brochure of new products, 1973

Catalogo di prodotti per il bagno, anni settanta

Catalogue for bathroom products, 1970s

serie euro

design S.T.G.

Die Serie EURO umfaßt moderne Einzelteile in bester Ausführung und Qualität und ist auch preislich sehr interessant. Diese aparten Modelle werden mit Halterungen aus gegossenem, verchromtem Messing befestigt. Schrauben und Dübel sind beigelegt. Lieferbar in 6 Farben, die es ermöglichen, jedes Badezimmer nach persönlichem Geschmack einzurichten.

• **Furio Minuti**, *designer*. Meravigliosi quegli anni ottanta… quando si disegnava con la matita.

Io ero laureato da un paio d'anni ma già frustrato per dover fare i conti con una professione troppo politicizzata, dove il merito era esclusivamente quello di appartenere allo schieramento giusto e non produrre qualità nel proprio lavoro. Fu la mia tesi sperimentale in Plastica ornamentale, conseguenza naturale degli ultimi due anni di università occupati a studiare più il design che l'architettura, che mi aiutò a propormi a quella che consideravo una delle poche realtà, nel mio territorio, in grado di poter fare esprimere tutta la mia voglia creativa.

Credo di essere uno dei pochissimi che ha avuto l'onere e l'onore di vivere l'esperienza alla Fratelli Guzzini sia dal "di dentro" che dal "di fuori" (quando una volta deciso di intraprendere la libera professione ho seguitato da collaboratore esterno).

Meravigliosi quegli anni ottanta… quando si disegnava con la matita.

E quando la Fratelli Guzzini decise di entrare nel mondo della cucina tralasciando per un po' quello degli articoli da regalo, nei quattro anni passati lì ho vissuto il tempo della *Chef Line*, l'incontro con l'architetto Gecchelin, tra i tanti, o con il sociologo Alberoni, i primi esperimenti degli abbinamenti della materia plastica con altri materiali, ma soprattutto ho potuto constatare quella voglia di fare, respirando un'aria piena di sperimentazione che, secondo me, è stata determinante per ciò che poi è diventata l'azienda.

Meravigliosi quegli anni ottanta… quando si disegnava con la matita.

E che difficoltà quell'esecutivo dello scolapasta con tutti quei fori e quel "beccuccio" strano! E che gran scuola il contatto con designer, ingegneri, prototipisti, stampatori e con la figura carismatica di Giovanni Guzzini con il quale dovevo confrontarmi quasi tutti i giorni!

Oggi, nel festeggiare questo importante compleanno, cento anni di età, e per il fatto di averne vissuti, comunque da abbastanza vicino, almeno un quarto, nell'augurare almeno altri cento anni di prosperità e di successo, voglio ringraziare tutte le persone che hanno fatto di me una persona migliore come professionista e come uomo.

Grazie e ancora…. Buon compleanno!

• *Designer*. The Eighties were great years… (a time when we still used a pencil to draw with).

I had finished college just a few years before, but I was already feeling frustrated by the fact that the profession I had chosen was too politicized, where merit exclusively meant belonging to the right political party, and not producing quality objects in one's work. My experimental thesis on Ornamental Plastics, the natural consequence of my last two years at the university spent focusing on Design more than on Architecture, helped me to present myself to what I considered to be one of the few realities in my territory capable of allowing me to express all of my creative verve.

I think I was one of the very few who had both the onus and the honor to experience the "inside" as well as the "outside" at Fratelli Guzzini (after leaving the company to follow a free lance career I continued to work for them as an outside collaborator).

The Eighties were great years… (a time when we still used a pencil to draw with).

Those were the years when Fratelli Guzzini decided to enter the kitchen world momentarily leaving aside the world of gift objects. In the four years I spent there I saw the development of *Chef Line*, the encounter with the architect Gecchelin, among others, and with the sociologist Alberoni, the first experiments in which plastic was combined with other materials, but above all I was able to witness that yearning to accomplish things, to breathe that air filled with experimentation, which, to my mind, was of crucial importance to what the company was to become.

The Eighties were great years… (a time when we still used a pencil to draw with).

And how hard it was to design that pasta colander with all those holes and that peculiar beak! The contact with all the designers, engineers, prototypists, printers was a great school, as was my day-to-day contact with Giovanni Guzzini, a charismatic figure with whom I had to come to terms on a daily basis. Today, as we celebrate this important 100th anniversary, and because we have been able to experience at least a quarter of them, in any case close enough, in wishing the company at least another one hundred years of prosperity and success, I want to thank all those people who have made me into a better man as a professional and a person.

Thanks again... and a very happy birthday!

• **Denis Santachiara**, *designer*. Auguri con piacere, il piacere di un percorso culinario che comincia dal Parmigiano Reggiano per arrivare al Verdicchio e al coltello da formaggio *Forma*, come *forma*ggio e come la "forma" di grana. In questo modo abbiamo unito i nostri territori e le nostre eccellenze per una visione del mondo e di altri mondi. Anche per questo si diventa centenari.

• *Designer*. Happy birthday with great pleasure, the pleasure of a culinary pathway that starts from Parmigiano Reggiano and goes all the way to Verdicchio, and the *Forma* Parmigiano cheese knife, *Forma*, just like the Italian word for cheese and like the "forma" that Parmigiano cheese comes in. We have combined our territories and our finest skills for a vision of this world and other worlds. Another reason why a company can make it up to a hundred.

• **Mariano Moroni**, *designer.*

Ero ragazzo
quando mia madre a tavola
ci mostrava, raggiante, gli ultimi acquisti.
Ciotole, tazzine, insalatiere, mestoli,
una festa di colori scintillanti.
In un attimo il mondo degli oggetti
conosciuti era surclassato dal nuovo.
Resta chiaro il ruolo formativo che
l'industria assolve,
ne siamo pienamente consci.
L'industria Fratelli Guzzini ha contribuito
costantemente a educare
più generazioni al "bello", al gusto del design.
All'azienda di Recanati il primato
di aver regalato la gioia del colore
e la felicità delle forme, ma anche l'aver
reso più leggera e fantasiosa
la quotidianità.
Che questo patrimonio di arte, cultura e lavoro,
già entrato nel futuro, regali per sempre
nuove forme, colori, emozioni.

• *Designer.*

I was just a boy
when my mother at the table
would show us, beaming, her most recent
purchases.
Bowls, cups, salad bowls, spatulas,
for a feast of sparkling colors.
Very quickly a world of familiar objects
had been outclassed by what was new.
Clearly we understand the educational role
played by the industry,
we are fully aware of it.
Fratelli Guzzini has constantly
contributed to educating countless
generations in "beauty," in a taste for
design.
This company in Recanati is number one
for having offered the joy of color
and the cheerfulness of forms, but also for
having made everyday life
lighter and more fanciful.
Let this heritage of art, culture and work
which has already entered the future, forever
offer new forms, colors, emotions.

- Soggetto di campagna pubblicitaria, 1990
- Subject for press campaign, 1990

Avant Garde.

Ogni forma è una perfezione naturale.

Ogni forma, in natura, non è casuale. E raggiunge sempre una delicata perfezione. Proprio come Avant Garde di Guzzini, una serie coordinata estremamente funzionale. Linee ergonomiche e duttili, come i barattoli ovali, vi accompagnano nel vostro quotidiano vivere, e riempiono, grazie allo stile elegante, anche gli angoli più anonimi della vostra cucina. Colorata, raffinata Avant Garde. Per chi ricerca forme perfette di natura.

guzzini
FORME DEL NOSTRO TEMPO

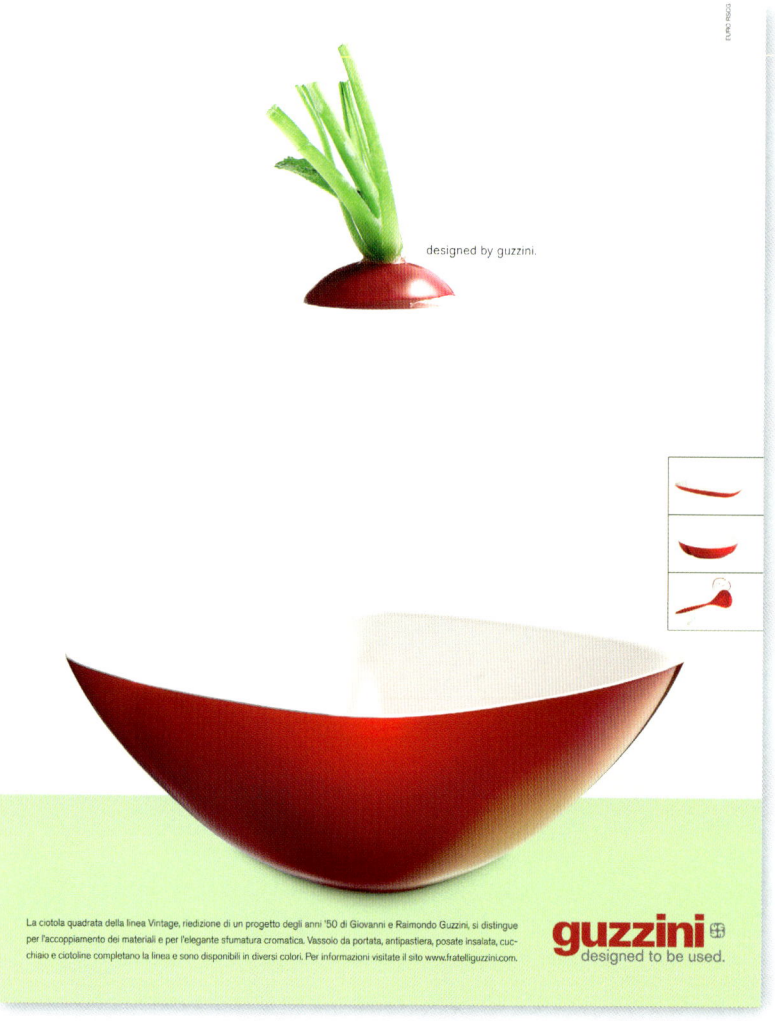

7. Come è nato il suo celebre marchio?
Negli anni sessanta i fratelli Guzzini decisero di fare un marchio nuovo, un logotipo che rappresentasse in sintesi le caratteristiche e il nome dell'azienda, quattro "G" che si rincorrono. E siccome allora si produceva "in casa" l'ho disegnato direttamente io.

8. Le sue esperienze e i suoi prodotti più celebri?
Abbiamo cominciato con dei bicchieri, impilabili e questa era già una novità. All'epoca si cominciava a sentire la necessità di oggetti meno ingombranti, che occupassero meno spazio e questi nascevano dalla mia esperienza con le cucine Boffi. Il materiale era satinato e traslucido, con colori gradevoli.
In seguito feci dei boli quadrati raccordati sulle punte. I boli sono una serie di contenitori che, diminuendo di dimensione gradualmente, potevano essere posti uno dentro l'altro seguendo la stessa logica dei bicchieri.
Per la presentazione degli oggetti si partecipava al Salone del Mobile di Milano, appena nato.

We'd spend every evening in their parents', Mariano and Irene's, home, and all the issues would be tabled. The brothers were expected to present all the problems and their father was like the judge who always knew how to find just the right words.

7. How was the famous trademark born?
In the 1960s the Guzzini brothers decided to make a new trademark, a logotype that would represent the characteristics and the company name. Four Gs chasing after each other. And since this was "in-house" manufacturing I was the one to design it.

8. What can you tell me about your experience and your most famous products?
I started out with glasses: these were stackable and this was already something new. There was a general desire for less cumbersome objects, ones that would take up less space. These were

Era un evento di tutto rispetto, anche se ancora modesto come dimensione. Cercavamo di creare un gruppo di eccellenza invitando le migliori ditte italiane che, secondo noi, potevano associarsi al nostro prodotto. Il nostro stand era interamente smontabile e componibile e scegliemmo un fondo nero per far risaltare gli oggetti.

9. Gli anni settanta?

Serve un carrello portavivande che potesse vivere sia in cucina che in sala da pranzo. Trovammo una forma componibile che si ripeteva a modulo e vincemmo il premio Macef. Il carrello era fatto per avere un imballaggio contenuto e che fosse semplice da montare, ma con una sua dignità estetica. La Rinascente ci riempì tutti gli scaffali e fu un successo. È a questo punto che su decisione del gruppo Guzzini aprimmo un centro di promozione per la stampa e vendita dei prodotti attirando altre ditte, come Frau e Nazareno Gabrielli, in via Durini 11. Nel 1971 poi mi viene richiesto un piatto party per fonduta e un vassoio TV. Quest'ultimo, di estrema semplicità, rappresentò una novità assoluta ed è tutt'ora in catalogo; il piatto per la fonduta rispondeva invece a una moda di allora. Colori, materiali e forme ancora una volta per innovare.

born out of my experience working with Boffi kitchens. The material was satin-finished and see-through, the colors were pleasant. Soon after that I added square *boli* whose tips matched. These were a series of containers that gradually decrease in size and could be placed one inside the other just like the glasses.

To present the objects we signed up for the Milan Furniture Fair which had just opened. The event was worthy of respect even though it was still small. We tried to create a group of excellence by inviting the best Italian companies that we believed could be associated with our product. Our stand could completely be assembled and dismantled. We chose a black background so that the products would stand out.

9. And what do you remember about the 1970s?

A food trolley was needed that could stay in both the kitchen and the dining room. We found a kit form that repeated a module. We won the *Macef* Award. The trolley was designed to feature compact packaging and be easy to assemble and aesthetically dignified. The department store *Rinascente* filled all its shelves with the product and it was an overnight success. That was when the Guzzini group

• Soggetti della campagna stampa "Designed to be used", 2002-2004

• Subjects for the press campaign *Designed to be used*, 2002–2004

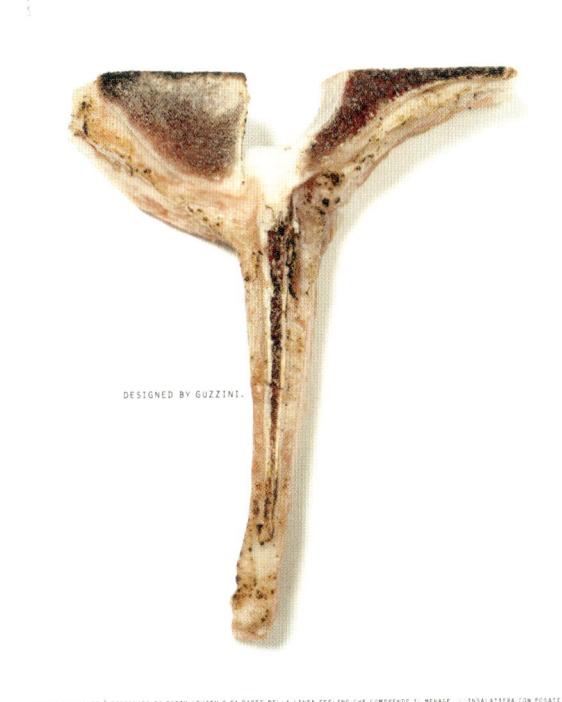

• Immagini tratte dal progetto di comunicazione Arca, disegnato da Moreno Gentili per il centenario della Fratelli Guzzini:
1. Immagine istituzionale per il centenario e cover del catalogo prodotti 2012
2. Studio per lo stand per il Salone del Mobile
3. Rendering del progetto di allestimento del nuovo museo storico della Fratelli Guzzini a Recanati
4. Studio per il negozio in via Pontaccio a Milano
(Al progetto Arca hanno collaborato Stefano Frattini, Aimara Garlaschelli e lo staff Guzzini)

• Images of the *Arca* communication project designed by Moreno Gentili for Fratelli Guzzini's one hundredth anniversary:
1. Institutional image for the Centennial and cover for the 2012 Product Catalogue
2. Project for the stand for the Furniture Fair
3. Rendering of the project of the installation of the new Fratelli Guzzini historical museum in Recanati
4. Project for for the shop on Via Pontaccio, Milan
(*Arca* project collaborators Stefano Frattini, Aimara Garlaschelli, and the staff at Guzzini)

4

Si rende necessario fabbricare dei prodotti realizzati interamente in metacrilato. Era un compito particolare perché questi materiali avevano tra le loro qualità quelle di essere molto leggeri, scalfibili, ma non infrangibili e bisognava quindi far superare l'idea della plastica come materiale povero, rendendola preziosissima. Pensammo quindi a un portaghiaccio come una scultura trasparente, magica, così come a grandi ciotoloni di un centimetro e mezzo di spessore che erano esteticamente accattivanti quanto e più di quelli in cristallo.
Nel 1972 mi divertii pensando alla zona letto. Accanto al letto tondo progettai un vassoio interamente in plastica, molto ben costruito, con le gambe richiudibili nello spessore dell'oggetto stesso.

10. Un suo pensiero sulla famiglia Guzzini.
Oggi posso raccontare che lavoravo dai Guzzini, a Recanati, dall'alba alla notte perché ero felice di farlo. Mi piace lavorare sui banchi. Non basta disegnare cose belle, bisogna poi che le persone le sappiano fare, che vogliano bene a queste cose, ci credano. Dai Guzzini tutti concorrevano al raggiungimento dello scopo, tanto che facevo fatica a distinguere l'apporto di ognuno: l'intera famiglia, ciascuno con le proprie capacità, "condivideva" il progetto e ne seguiva le fasi di realizzazione. La preparazione teorica di Giovanni, la conoscenza del mercato di Raimondo, le capacità amministrative di Giuseppe erano certo determinanti per risolvere

decided to open a promotional center for the press and sales bringing other companies such as Frau and Nazareno Gabrielli to Via Durini 11. In 1971 I was asked to make a fondue party platter and a TV tray. The latter object was extremely simple and represented an absolute novelty. It's still in the catalogue today. The fondue platter was instead the answer to a fad. Colors, materials and form once again aimed at renewal. And the products had to be made out of methacrylate. It was a special task because all these products were light and could be scratched even though they weren't unbreakable. Our task was to transcend the concept of plastic as a poor material and make it very precious instead. We conceived the ice bucket as a see-through, magical object. Just like the large 1.5-cm-thick bowls that were as, if not more, aesthetically captivating than crystal glass. In 1972 I amused myself pondering over the bedroom area. Next to the round bed I planned a tray that was completely made out of plastic, very carefully built, with legs that could be closed within the object itself.

10. What do you remember about the Guzzini family?
[...] Today I can say that I worked with the Guzzini brothers in Recanati from dawn to dusk because I was happy to. I like to work on the bench. It's not enough to design beautiful things, you also have to have the people who know how to make them, people who love them, who believe in them.

• **Setsu e Shinobu Ito**, *designer.* Italia e Giappone sono i paesi con la più alta percentuale di aziende longeve. Perché un'azienda possa crescere prospera in cento anni di attività, deve raggiungere un perfetto equilibrio tra attenzione al profitto e cultura aziendale. La chiave di questo equilibrio è il lavoro del designer.

La Fratelli Guzzini è una delle poche aziende in tutto il mondo che ha subito intuito l'importanza del disegno sviluppando prodotti orientati al design e curando i rapporti con i migliori realizzatori.

Dei cento anni di storia della Fratelli Guzzini io ho vissuto gli ultimi venti, un rapporto lungo e amichevole.

Ho conosciuto Adolfo Guzzini nel 1993, in occasione di una sua visita di lavoro al mio maestro Angelo Mangiarotti. Conobbi Domenico Guzzini solo successivamente, nell'estate del 1998. Fu però solo nel 2001 che iniziai la mia vera e propria collaborazione con l'azienda. Era l'anno del tragico attentato terroristico alle Torri gemelle a New York, per questo io e mia moglie, dopo aver ricevuto il *briefing* da Domenico, decidemmo di elaborare una linea che si ispirasse a un ideale di pace e amore da contrapporre a un evento così drammatico. Nacque così la collezione *Love*, un best seller dell'azienda che riscuote ancora oggi un grande successo. [...]

Un momento particolarmente emozionante della mia lunga collaborazione con l'azienda di Recanati è stato quando, nel 2008, Adolfo e Domenico mi chiesero di organizzare l'edizione giapponese di Foodesign Guzzini, un importante progetto culturale legato al cibo nato nel 2004 che per otto anni ha raccolto il meglio del design mondiale.

Ettore Sottsass firmò l'inizio del progetto Foodesign nel 2004 disegnando l'oggetto che ancora oggi lo contraddistingue, il "piatto a uovo". Io ebbi l'onore, insieme a mia moglie, di fargli visita nel 2007 e portargli gli auguri di Domenico per il suo novantesimo compleanno. Fu un grande momento e non sapevamo ancora che sarebbe venuto a mancare pochi mesi dopo. Parlando dell'oggi, continua il mio rapporto di collaborazione e amicizia con il gruppo Guzzini. Seguendo le orme dei grandi maestri mi auguro di poter essere un testimonial della prosperità del gruppo ancora a lungo, camminando insieme verso il futuro. [...]

• *Designers.* Italy and Japan are the countries with the highest percentage of companies whose roots go way back. For a company to grow and prosper in a century of activity it has to reach a perfect balance between attention to profit and company culture. The key to this balance is the work of the designer.

Fratelli Guzzini is one of the few companies in the world that grasped the importance of design, developing products oriented towards design and curating the relationships with the finest designers.

I have experienced twenty of these past one hundred years, in a long and friendly relationship.

I met Adolfo Guzzini in 1993 when he came to see my master Angelo Mangiarotti for work. I met Domenico Guzzini only later, in the summer of 1998. But I didn't begin collaborating with the company until 2001. That was the year of the tragic terrorist attack against the Twin Towers in New York, and this is why my wife and I, after receiving the briefing from Domenico, decided to develop a line that would be inspired by an ideal of peace and love to offset such a dramatic event. The *Love* collection was born, one of the company's bestsellers, which is still going strong today. [...]

A particularly moving moment in my long collaboration with the company in Recanati was when, in 2008, Adolfo and Domenico asked me to organize the Japanese edition of *Foodesign Guzzini*. This consisted of an important cultural project linked to food, a project that was born in 2004, and that for eight years pieced together only the best in world design.

Ettore Sottsass eagerly signed the *Foodesign* project, designing, in 2004, the object that even today distinguishes his work, "a plate with a fried egg." I was honored, together with my wife, to visit him in 2007, and to bring him Domenico's wishes for his ninetieth birthday. It was a great moment. Little did we know that he would die just a few months later. But to go back to the present, my collaboration and friendship with the Guzzini group continues today. Following in the footsteps of the great masters I hope I will be able to witness the prosperity of the group for many years, as we walk together towards the future. [...]

i problemi che si presentavano nel corso del nostro lavoro ma, su ogni cosa, prevaleva sempre la volontà di procedere attraverso un "metodo di lavoro comune", un apporto globale che coinvolgesse tutti (anche le maestranze) a vari livelli.
Dunque, cominciai così a conoscere meglio questa famiglia e ciò che la rendeva unita e forte; condividerne le giornate mi sarebbe servito per "tradurre" le loro parole e a darmi ragione del loro comportamento.

At Guzzini everyone worked towards a goal, and sometimes you couldn't distinguish what each person's contribution was. The family members, each with their own skills, "shared" the project and followed all the production phases, Giovanni's theoretical preparation, Raimondo's market knowledge, Giuseppe's administrative skills were of course essential to solving the problems that arose during the work, but for each single thing what prevailed was the longing to proceed by "a common work method," a global approach that involved everyone (even the skilled workers) at various levels.
So that's how I began to know this family better and what kept them together and strong; spending days with them would help me to "translate" their words and understand their behavior.

• Tazza con piatto serie Walt Disney, design Studio Interno, anni cinquanta

• Walt Disney cup and plate series, design by Studio Interno, 1950s

Evoluzione di uno stile
Evolution of a Style

Cento anni Guzzini
Dialogo tra Aldo Colonetti e Gillo Dorfles

Aldo Colonetti: La Fratelli Guzzini compie cento anni nel 2012. È l'azienda più antica del gruppo – le altre, Teuco (1972) e iGuzzini (1973), sono storicamente successive – che da sempre lavora nel design del cibo, partendo dal materiale più antico, il corno, per arrivare alle materie plastiche. La Fratelli Guzzini ha da sempre accompagnato e tuttora accompagna i nostri riti alimentari; dal corno d'animale nei primi anni della sua storia, all'introduzione delle plastiche, da qui il colore come dimensione estetica e comunicativa, fino ad arrivare a oggi, quando il progetto, culturale e strategico, Foodesign ha di nuovo dato un'accelerazione all'identità di un prodotto, mettendo al centro la cultura del cibo, dai riti alle funzioni alimentari più specialistiche. Protagonisti di questa avventura sono i designer, insieme ai diversi processi di innovazione tecnologica e produttiva, senza mai dimenticare la propria realtà,

100 Years of Guzzini
A Conversation between Aldo Colonetti and Gillo Dorfles

Aldo Colonetti: Fratelli Guzzini turns 100 in 2012. It's the oldest company in the Group, the others, Teuco (1972) and iGuzzini (1973), were founded later. It's an historic company that's always worked in the field of food design, starting out with the oldest material of all, ox-horn, eventually replaced by plastic materials. Fratelli Guzzini has always accompanied our food products—and it still does today: from ox-horn in the earliest years of its history to the introduction of plastic, from color as an aesthetic and communicative dimension to what we see today, where the cultural and strategic project *Foodesign* has accelerated the product's identity anew, placing the culture of food at the heart of it all, from rituals to more specialized nutritional functions.
The leading figures in this adventure have been

• Insalatiere *Tinello*, design Giovanni Guzzini, 1941

• *Tinello* salad bowls, design by Giovanni Guzzini, 1941

• **Gabriele Pezzini**, *designer.* Sono ormai più di dieci anni che ho avuto l'onore di conoscere personalmente alcuni membri della famiglia Guzzini, tra i quali Domenico, con il quale si è instaurata una preziosa amicizia.

Nonostante alcuni punti di vista professionali non sempre coincidenti, quello che mi ha subito colpito, e che tutt'ora ammiro molto, è la loro estrema umanità, l'attenzione alle persone che li circondano e con cui lavorano, e in particolare una generosità senza eguali.

Caratteristiche che dovrebbero essere a mio avviso la radice con la quale ogni imprenditore dovrebbe far crescere la propria azienda.

Proprio come da cento anni ha sempre fatto la famiglia Guzzini.

• *Designer.* It's been ten years since I personally had the honor of being acquainted with some of the members of the Guzzini family, including Domenico, with whom I have become close friends.

Despite the fact that we don't always agree professionally, what struck me immediately and something that I still admire, is their extreme sense of humanity, their attention to those around them and with whom they work, and especially their unequalled generosity.

Features I believe should be the roots upon which every entrepreneur must make their company grow.

Just as the Guzzini family has been doing for 100 years.

• **Massimo Franzosi**, *consulente marketing.* Sullo spartito del design internazionale compone da sempre forme e colori in modo così armonico e brioso da rallegrare come una dolce melodia la vita di milioni di famiglie. In Italia e all'estero. Tutti i giorni. Sì, perché le creazioni della Fratelli Guzzini sono pensate per la straordinaria quotidianità, ovvero per accompagnare quei gesti semplici e ripetitivi della nostra esistenza che, talora, diventano unici e speciali. Come noi. Impossibile dimenticarli nel cassetto o, peggio, nasconderli agli ospiti. Gli oggetti editati dai Guzzini racchiudono in sé tutti i valori positivi di un'impresa, di un territorio e, soprattutto, di una famiglia che, in cento anni di attività ininterrotta, è cresciuta rimanendo schietta, generosa ed entusiasta. Naturalmente. Buon compleanno!

• *Marketing consultant.* Upon the musical score of international design it has always composed forms and colors so harmonious and cheerful as to brighten the lives of millions of families like a sweet melody. In both Italy and abroad. Each and every day. Yes, because Fratelli Guzzini creations are conceived for our remarkable everyday lives, to accompany the simple, repetitive gestures of lives that sometimes become unique and special. Just like us. Impossible to forget them in a drawer or, even worse, hide them from the guests. Objects curated by Guzzini encapsulate all the positive values of a company, a territory, and, above all, a family that in over 100 years of continuing activity has grown while staying simple, generous and enthusiastic. Naturally so. Happy Birthday!

- Legumiera con coperchio, design Studio Interno, anni cinquanta
- Alle pagine seguenti, alcuni dei primi oggetti della Fratelli Guzzini, 1912-1937

- Vegetable dish with lid, design by Studio Interno, 1950s
- Following pages, some of the first objects of Fratelli Guzzini, 1912–1937

la propria storia e soprattutto il territorio di appartenenza: le Marche. Ecco, caro Gillo, come interpreti, dal tuo punto di vista di conoscitore e assiduo frequentatore delle aziende Guzzini, questi primi cento anni, alla luce anche di ciò che oggi, ma soprattutto domani, l'azienda dovrà mettere in atto per essere sempre all'avanguardia?

Gillo Dorfles: Ho visitato spesse volte la fabbrica e i vari impianti Guzzini, sia quello della luce, iGuzzini, sia quello delle materie plastiche legate al benessere, Teuco, e soprattutto la Fratelli Guzzini, ovvero tutto ciò che ha a che fare con la cucina e il cibo. Per quanto riguarda la Fratelli Guzzini, devo dire che, in una zona così celebre storicamente che ha un nume tutelare come Giacomo Leopardi ancora "vivo", vedere una fabbrica così d'avanguardia è consolante perché vuol dire che quelle che sono state le atmosfere che il giovane poeta scorgeva dalla finestra sono ancora le stesse colline, lo stesso mare in lontananza. Per questa ragione, visitare e conoscere realtà aziendali del genere non solo costituisce un'esperienza

the designers, together with the different processes of technological and productive innovation, without overlooking one's own circumstances, history and, most importantly, native territory: the Marches. Now then, my dear Gillo, how do you personally as an expert of and friend to the Guzzini company interpret this first century, in light of what today, but above all tomorrow, the company will have to do to remain at the cutting edge?

Gillo Dorfles: Of course, I've often visited the factory and the various Guzzini plants, the lighting factory, IGuzzini, the factory that makes plastic objects for wellness, Teuco, and most of all Fratelli Guzzini, that is, everything that has anything to do with the kitchen and food. As for Fratelli Guzzini, I must say that, among other things, in an area that is so famous historically, and whose "guardian angel" is Giacomo Leopardi, who is still so "alive" there, to see such an avant-garde factory is rather reassuring because it means that the atmosphere that the young poet could see from his window

- Caraffa termica alta *Papillon*, design Furio Minuti, 1986
- Copertina della rivista "Forme" con il modulo quadro di Ornella Noorda, vincitore del premio Macef, 1968
- Copertina della rivista "Forme", 1969

- *Papillon* tall thermal jug, designed by Furio Minuti, 1986
- Cover of the magazine *Forme* featuring Ornella Noorda square module, winner of the *Macef* Award, 1968
- Cover of the magazine *Forme*, 1969

unica, in quanto rappresentativa dell'intero sistema del design italiano, ma è anche un esempio di come, in Italia, molto spesso il design e la cultura del progetto abbiano le proprie radici nella storia e nelle tradizioni del nostro Paese. Credo che da qui sia necessario partire, non solo per comprendere la storia, ma soprattutto per individuare i percorsi futuri.

A.C.: Gillo, è molto importante ciò che hai affermato: da un lato il territorio e dall'altro lato la fabbrica, senza creare separazioni e conflitti tra natura e artificio, tra lavoro in fabbrica e paesaggio circostante, nel rispetto anche delle tradizioni agrarie e contadine. Esistono esempi simili anche in altre regioni, ma le Marche sono un territorio particolare, dove la dolcezza dell'andamento collinare non ha impedito lo sviluppo industriale, lasciando inalterati i suoi piccoli centri storici. Come se il sistema produttivo della regione, nel nostro caso la Fratelli Guzzini, fosse il risultato di un progetto di sviluppo che ha messo al centro il rispetto della storia, intesa dinamicamente. Un grande economista come Giorgio Fuà ha sempre guardato a questo territorio come una sorta di *unicum* nel panorama italiano. Si potrebbe affermare che la

is the same as the one we see today, the same hills and the sea in the distance. This is why visiting and getting to know companies such as this one is not just a unique experience representing the whole system of Italian design, it is also an example of how in Italy design and the project culture are often rooted in the history and the traditions of our country. To my mind, this is where we have to start out, not just to understand history, but above all to map out our future pathways.

A.C.: Gillo, what you just said is very important: on the one hand, the territory, on the other, the factory, without creating divisions and clashes between nature and artifice, between factory work and the surrounding landscape, with respect for agricultural and farming traditions. There are similar examples in other regions too, but the Marches are a very particular territory, where the gently rolling hills have not hampered industrial growth, which has, in turn, left the small historical towns unscathed. As if the region's productive system, and in our case Fratelli Guzzini, were the result of a development project nurturing a respect for the history,

• Catalogo Team Guzzini dedicato agli oggetti in metacrilato, 1975
• Vassoio letto *Jolly*, design Luigi Massoni, decoro duedi, 1972

• Team Guzzini catalogue for methacrylate items, 1975
• *Jolly* bed tray, designed by Luigi Massoni, decoration by duedi, 1972

Fratelli Guzzini, in un certo senso, da questo punto di vista, rappresenti la parte per il tutto.

G.D.: Credo che sia estremamente importante per tutti i paesi, ma soprattutto per l'Italia che ha lasciato dietro di sé una storia millenaria, conservare le particolarità dei vari territori – particolarità che sono agricole, alpine, marine – in modo che anche l'immissione delle tecnologie avanzate non offenda queste pre-esistenze ambientali e, allo stesso tempo, trovi l'ambiente il luogo adatto per sviluppare un'"industria" umanamente accettabile. Da questo punta di vista, cento anni sono tanti per un azienda, ma pochissimi per la storia naturale; importante è tenerne conto senza farsi condizionare. Il design, come l'architettura, che sono anche i tratti qualificanti di tutte le aziende Guzzini, proprio per questa ragione sono le discipline più vicine all'estetica della natura, anche quando

understood in a dynamic sense, and lying at its very core. The great economist Giorgio Fuà has always looked towards this territory as a sort of unicum on the Italian scene. We might say that Fratelli Guzzini, in a certain way, from this viewpoint, represents the part for the whole.

G.D.: I think that it's extremely important for all countries, but especially Italy with its thousands of years of history, to preserve what's typical of the various territories. Agricultural, alpine, marine features, so that even when advanced technology is introduced it doesn't abuse these environmental pre-existences and, at the same time, it finds the most suitable environment in which to develop an "industry" that's humanly acceptable. From this viewpoint, 100 years are

• **Francesco Morace,** *sociologo, Future Concept Lab, Milano.* Il talento familiare di Guzzini

L'Italia delle imprese è uno straordinario laboratorio di ingegno, talento, unicità, che si esprime attraverso la presenza sul territorio di famiglie che di generazione in generazione ereditano la passione per la sperimentazione. La famiglia Guzzini incarna da quattro generazioni il vero sogno dell'*Italian way of life* che, partendo dal talento di un bisnonno nel modellare il corno per realizzare oggetti, si è dimostrata in grado di utilizzare nuovi materiali come il plexiglas per nuove tipologie di prodotto di uso quotidiano. Il ricordo più vivido dell'azienda e del suo modo di lavorare lo conservo proprio in riferimento alla storia che Domenico Guzzini ha raccontato a me e a Linda Gobbi qualche anno fa, in occasione del dialogo sui valori di Guzzini, che è stato poi pubblicato nel libro collettivo *Il talento dell'impresa* (Nomos Edizioni, 2010). Seguire, attraverso i ricordi di Domenico, i cento anni dell'azienda che hanno segnato la storia del nostro meraviglioso e fragile Paese, passando dal mondo contadino delle stalle a quello delle prime macchine industriali, fino a quello del design più avanzato, è stata davvero una grande emozione. Una visita indimenticabile degli spazi aziendali, attraverso il filtro del tempo, della memoria familiare, dell'innovazione dei macchinari (ci ha colpito l'ingegno e il loro carattere artistico), dell'apertura ai talenti delle scuole delle Marche, che nel tempo hanno costantemente rigenerato il pensiero e lo spirito d'impresa. Grazie e buon compleanno.

• *Sociologist, Future Concept Lab, Milan.* The Guzzini Family Talent

Business Italy is a remarkable laboratory of genius, talent, uniqueness, which is expressed through the presence on the territory of families that generation after generation have inherited a passion for experimentation. The Guzzini family, for four generations, has embodied the true dream of the Italian way of life, that all started with the skill of a great-grandfather at shaping ox-horn to make objects, and went on to embrace new materials such as Plexiglas for new everyday product typologies. The most vivid memory of the company and its work method can be found in the story that Domenico Guzzini told Linda Gobbi and me a few years ago, on the occasion of his talk about the values of Guzzini, which was later published in the book *Il talento dell'impresa* (Nomos Edizioni, 2010). To be able to follow, through Domenico's recollections, the first century of a company that has marked the story of our remarkable albeit fragile country, starting from the world of farmers and stables, moving on to the use of industrial machinery, and, lastly, reaching the most advanced design, was truly moving. An unforgettable visit to the company premises, through the filter of time, family memory, the renewal of the machinery (we were amazed by the genius and the artistic skill), the openness to the talent emerging from the schools in the Marches, which have in time rejuvenated the thinking and the spirit of the business. Thank you, and happy birthday.

- *Bolo cubo*, design Luigi Massoni, 1962
- Portatovaglioli *Papillon*, design Furio Minuti, 1985
- Contenitore *Season*, design Studio Interno, 1985
- Contenitore ovale, design Studio Interno, 1963

- *Bolo cubo*, design by Luigi Massoni, 1962
- *Papillon* napkin holder, design by Furio Minuti, 1985
- *Season* container, design by Studio Interno, 1985
- Oval container, design by Studio Interno, 1963

• **Fulvio Marcello Zendrini**, *consulente marketing e comunicazione.*

Buon compleanno azienda dei sogni

Ero piccolo.
Ero all'asilo.
Ero carino.
Nessuna di queste tre caratteristiche si è più riproposta nel prosieguo della mia travagliata vita.
E se penso a quei momenti, mi viene in mente una sola cosa: la ciotola della minestrina, che volevo scoprire tutta fino in fondo per trovare il viso di Paperino che mi guardava da là sotto.
Ma per farlo, dovevo mangiarmi fino all'ultima stellina in brodo, e bere poi tutto il brodo dal bordo della ciotola.
Lo so, non si fa.
Ma a me piaceva tanto bere il brodo dal bordo della ciotola.

La ciotola.
La ciotola era azzurra, di un color cielo.
Ci stavano bene, infatti, le stelline nel cielo.
E il mio cucchiaio non era di metallo, ma di una strana plastica calda, accogliente.
Si potrebbe dire che la mia prima esperienza con i Fratelli Guzzini… è arrivata così: mangiando stelle bianche e luminose, sopra un lago dorato di brodo, dentro un cielo azzurro a forma di vaschetta da bagno.
Una vaschetta dove già allora… riponevo i miei sogni futuri.

Buon compleanno, azienda dei sogni!

• *Marketing and communication consultant.*

Happy Birthday, Company of Dreams

I was little.
I was in kindergarten.
I was cute.
Neither of these three traits have stayed with me throughout this hard life of mine.
And if I think of those moments I remember one thing in particular: the soup bowl, which I wanted to empty right down to the very bottom so that I could see Donald Duck's face peering straight up at me.
But to be able to do that I had to eat every last star-shaped piece of pasta in the soup, and drink all the soup from the rim of the bowl.
I know, it's not good table manners.
But I loved drinking the soup from the rim of the bowl.

The bowl.
The bowl was light blue, the color of the sky.
And the stars looked just right in that sky.
And my spoon wasn't made of metal, but some strange, warm, plastic, with something friendly about it.
You might say that my first experience with Fratelli Guzzini… took place as follows: eating sparkling white starts above a golden lake of soup inside a blue sky shaped like a bathtub.
A bathtub where already at the time… I placed my future dreams!

Happy Birthday, Company of Dreams!

• *Pic Boll*, servizio da picnic per sei persone, STG Studio, 1977

• *Pic Boll*, picnic set for six people, STG Studio, 1977

parlano il linguaggio di materiali e tecnologie innovative, come nel nostro caso. Non dimentichiamo che la Fratelli Guzzini è sempre stata all'avanguardia nel collaborare, anche in tempi non sospetti, con i più importanti designer come Luigi Massoni, Paolo Tilche, Charles F. Joosten, Ornella Noorda, Giuseppe de Goetzen, Rodolfo Bonetto, ma anche studiosi e teorici del progetto come Augusto Morello e Anty Pansera.

A.C.: Partendo da queste considerazioni riguardanti il contesto, proviamo a fare alcune riflessioni sul tema specifico della Fratelli Guzzini che, come sottolineavi poco fa, è stata, in Italia e non solo, una delle prime aziende ad affrontare il tema del design della cucina e del cibo, dialogando con i materiali nuovi, a cominciare dalle materie plastiche. Questa esperienza ha segnato l'identità aziendale e, soprattutto, ha aperto la strada ad altre avventure

a lot for a company, while it's a very short time for natural history. We have to keep this in mind, without letting it influence us. Design on a par with architecture, both of which also represent the qualifying features of all the Guzzini companies, and it is precisely for this reason that these two disciplines are so close to the aesthetics of nature, even when they speak the language of materials and cutting-edge technologies, such as in our case. Let's not forget that Fratelli Guzzini—even before it became customary to do so—has always been way ahead in collaborating with the most important designers, such as Luigi Massoni, Paolo Tilche, Charles F. Joosten, Ornella Noorda, Giuseppe de Goetzen, Rodolfo Bonetto, but with project experts and theoreticians such as Augusto Morello and Anty Pansera as well.

progettuali, rappresentando, in sostanza, una sorta di DNA di tutte le aziende del gruppo.

G.D.: Non dimentichiamo che, solo come esempio, la vecchia maiolica una volta era uno dei materiali per contenere il cibo, sia in casa dell'operaio che del signore; ora dall'antica maiolica arrivare alle plastiche attuali naturalmente il salto è grande, ma uno dei meriti della Fratelli Guzzini è stato quello di non avere introdotto alcuna interruzione, alcun brusco capovolgimento, diciamo di stile, nel passaggio dalla ciotola di tradizione contadina, riconoscibile dovunque, al recipiente di design. Questo accade per la ciotola, ma anche direi per tutti i riti, le funzioni e gli utensili alimentari, anche quando si affrontano nuovi modi di consumare a tavola, per strada, al ristorante. Questo atteggiamento mi sembra molto importante per tutti i diversi vari tipi di materiali, il vetro, la ceramica; tanto più se parliamo di nuovi materiali sintetici, come le materie plastiche. Design come innovazione quindi, ma anche design come interpretazione delle funzioni fondamentali dell'uomo, e, soprattutto quando si parla di cibo, di rapporto con i prodotti naturali e con il nostro corpo. La Fratelli Guzzini, in questi primi cento anni e credo anche nel prossimo futuro, pur interpretando, coerentemente, tutte le novità che provengono dai materiali e dai nuovi processi produttivi, ha sempre messo al centro il rispetto dell'uomo. È come se avesse sempre tenuto presente, ovviamente attualizzandola, la sua origine legata a piccoli oggetti domestici, realizzati con il corno

A.C.: If we start from these considerations in regard to the context, let's try to offer some ideas on the specific theme of Fratelli Guzzini, which, as we said before, was, both in Italy and elsewhere, one of the first companies to grapple with the subject of kitchen and food design, conversing with the new materials, starting from plastic materials. This experience has shaped the company's identity and, above all, it has paved the way to other similar adventures. In short, it represents what we might call the "DNA," the very nature, that is, of all the companies in the group.

G.D.: Let's not forget that at one time, just to give an example, majolica was one of the materials used to preserve food, and this was true in the homes of both the lower and upper classes; now, the leap forward from majolica to today's plastic is, of course, a huge one, but one of the merits of Fratelli Guzzini has been that of avoiding an interruption in style, let's say, when you go from a bowl used in the farming tradition, recognizable anywhere, to a design container, without a brusque change occurring. This is true of the bowl, but I'd say it's also true for all rituals, functions and eating utensils, even when we face a new way of eating at the table, on the street, at the restaurant. I think this attitude is very important for all the different materials, glass, ceramics, and especially if we're talking about synthetic materials, such as plastic. Design as innovation,

- Set di coltelli con base *Handy's*, design Ross Lovegrove, 2000
- Orologio *Number*, design Ugo Nespolo, 2007
- Tostapane *G-Plus*, design George Sowden e Hiroshi Ono, 2003
- Formaggera *Look*, design Guzzini Lab, 2010
- Serie di contenitori *Bellavista*, design Sottsass Associati, 1999
- Caffettiere *Zazà*, design Angeletti Ruzza, 1997

- *Handy's* knives set with base, designed by Ross Lovegrove, 2000
- *Number* wall clock, designed by Ugo Nespolo, 2007
- *G-Plus* toaster, designed by George Sowden and Hiroshi Ono, 2003
- *Look* container for cheese, designed by Guzzini Lab, 2010
- *Bellavista* series of containers, design by Sottsass Associati, 1999
- *Zazà* cafetieres, designed by Angeletti Ruzza, 1997

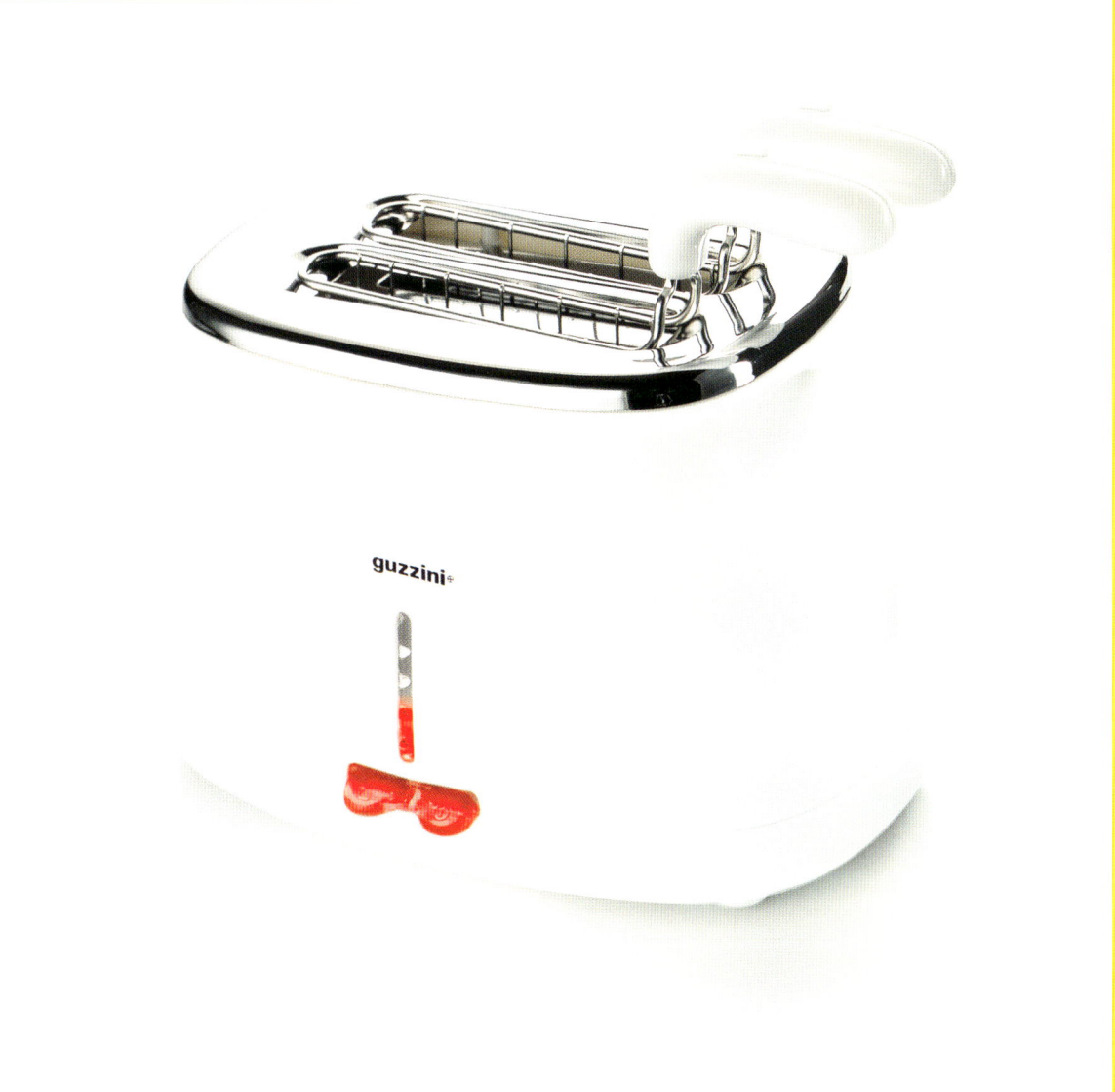

• Bilancia elettronica *Tonda*, design Guzzini Lab, 2011

• *Tonda* electronic scales, designed by Guzzini Lab, 2011

d'animale. Un imprinting che è anche il suo "marchio di fabbrica".

A.C.: Gillo, come vedi la relazione tra design e materie plastiche, rispetto al rapporto tra il legno, e in generale i materiali cosiddetti naturali, e il progetto? Pensi che possieda una propria specificità espressiva, e quindi di conseguenza ci siano materiali più idonei per alcuni oggetti piuttosto che per altri? Oppure la dimensione e l'organizzazione industriale sono in grado di affrontare qualsiasi materiale, indipendentemente dall'uso e dalle relazioni con le funzioni e le finalità? Non dimentichiamo che la Fratelli Guzzini è stata una delle prime aziende italiane a credere nel ruolo strategico del design e del progetto culturale come valore aziendale; ricordiamo, solo come esempio, l'organizzazione e la diffusione del documento *Design Memorandum*, in occasione del settantacinquesimo anniversario, nel 1987, al centro del quale c'è l'affermazione che è "il design ad aver dato il lessico all'industria contemporanea".

G.D.: Credo, effettivamente, che quando si passa alle resine sintetiche e ad altri materiali plastici, si

but design as the interpretation of man's fundamental functions, especially when we're dealing with food, with the relationship with natural products, with our body. Fratelli Guzzini, during these 100 years but I think in the near future as well, although coherently interpreting all the novelties that have come from new materials and productive processes, has always focused on its respect for people. It's as if it has always kept in mind, obviously actualizing it, its origin linked to small domestic objects made out of ox-horn. Imprinting that's also the "factory logo."

A.C.: Gillo, how do you see the relationship between design and plastic materials as compared to the relationship between wood and what are generally referred to as natural materials and the project? Do you think it has its own expressive specificity, so that certain materials are more suited to certain objects than to others? Or are the industrial dimension and organization capable of dealing with any material, regardless of use and its relationship with function and purpose? Let's not forget that Fratelli Guzzini was one

• **Lorenzo Gecchelin**, *designer.* Sono felice di aver potuto contribuire al centenario successo della Fratelli Guzzini con la vittoria dell'unico Compasso d'Oro ADI al prodotto nel 2004.
• *Designer.* I'm happy to have been able to contribute to 100 years of success at Fratelli Guzzini by winning the only ADI *Compasso d'Oro* for product design in 2004.

• **Giovanni Baule**, *ordinario di Disegno industriale, Politecnico di Milano.* La cultura del design ci riporta immediatamente all'idea di progetto come ricerca dell'essenzialità degli oggetti: la ricerca di quella componente minima che nel tempo li ha generati e via via li tiene in vita rinnovandoli di continuo.
È quanto comunicano gli oggetti di Guzzini che sperimentano tutti una sapiente poetica dell'essenziale. E che la traducono nelle infinite, ricchissime variazioni che declinano un oggetto capostipite. Sulle variazioni di un tema, come in musica, come in pittura o nella poesia, si muove per linee sottili l'evoluzione degli oggetti progettati; siamo invitati a viverli in questa chiave, condividendo con essi il ritmo delle mutazioni. Il tutto nella qualità della leggerezza. Una forte sostanza tecnologica si risolve in forme di luminosa leggerezza che sono il volto di ciascuno di questi oggetti; accostandoli, ci suggeriscono di continuo il senso leggero di altre possibili, infinite variazioni.
• *Tenured professor of Industrial Design, Politecnico di Milano.* Design culture immediately leads us to the idea of a project as an investigation of an object's essentiality: the research of that minimum component which over time generated it and gradually keeps it alive, constantly renewing it.
This is what is expressed by Guzzini objects, which experiment with the wise poetics of the essential. And which is then translated into the infinite, very rich variations of an archetype. Regarding the variations of a theme, like in music or painting or poetry, the evolution of the designed objects moves along subtle lines; we are invited to experience them this way, sharing with them the rhythm of transformation.
All in the quality of lightness. Strong technological substance is resolved in forms of luminous lightness which are the face of each of these objects; by drawing them together, they constantly suggest to us the light sense of other possible, infinite variations.

- **Ora-ïto**, *designer.* Dopo aver sviluppato un'ampia gamma di prodotti nel mondo della cucina e degli elettrodomestici, ho voluto accrescere la mia esperienza creando una linea di accessori.

È stato quindi naturale per me rivolgermi all'azienda Guzzini, che incarna ai miei occhi i valori indispensabili per una collaborazione: legittimità, storia e competenza squisitamente italiane.

Conoscendo col tempo i membri della famiglia Guzzini che dirigono le diverse imprese del gruppo, ho avuto la netta sensazione di entrare nei "possedimenti" di una famiglia, con tutte le sue tradizioni.

Domenico, che è a capo dell'impresa, si adopera per perpetuare l'eccellenza della produzione italiana tramandata dai suoi avi da ormai cent'anni a questa parte.

Desidero ringraziare tutta la famiglia e i collaboratori con cui ho lavorato: sono molto orgoglioso della linea che abbiamo sviluppato insieme. Essa abbina alla semplicità un tocco di poesia che si traduce nell'aspetto scultoreo dei pezzi.

Vorrei rivolgere a tutti i componenti della Guzzini i miei migliori auguri per questo primo secolo di eccellenza. Sono intimamente convinto che, grazie allo straordinario spirito che li contraddistingue, il loro successo non potrà che crescere ancora nei secoli a venire.

- *Designer.* After developing a broad range in the universe of the kitchen and electrical appliances, I wished to prolong my experience by creating a line of accessories.

I therefore naturally turned to Guzzini, a company that I regard as possessing the essential values for collaboration in terms of legitimacy, history and extraordinary Italian know-how.

My first surprise came on getting to know the members of the Guzzini family who run the group's various firms and feeling very strongly that I had entered the "domain" of a family with all the traditions that this involves.

Domenico, the director of the company, makes every effort to maintain the excellence of Italian production handed down by his forebears for 100 years now.

I wish to thank all of the family and the co-workers involved in this joint project and am proud of the line that we developed together. It allowed me to express "simplexity" with the addition of a dash of poetry in the sculptural appearance of the items.

I congratulate all the members of the house on their first century of excellence and am firmly convinced that their very special spirit will enable them to become still more renowned in the centuries to come.

• Tagliere con coltello e bilancia della nuova collezione da cucina, design Ora-ïto
• A pagina 165, posate bicolore *Gocce*, design Angeletti Ruzza, 2011

• Chopping board with knife and scale of the new kitchen collection, design by Ora-ïto
• On page 165, *Gocce* two-tone cutlery, designed by Angeletti Ruzza, 2011

esca dal semplice artigianato, questo è indiscutibile. Quindi la progettazione di un oggetto di serie è diversa dalla creazione manuale di un oggetto, per cui non penso che si possa parlare di analogie comportamentali e produttive tra diversi materiali. Esiste, invece, un'analogia formale in relazione all'utilizzo e alle specifiche ritualità di riferimento; nel nostro caso, l'oggetto, lo strumento per mangiare, per preparare il cibo, per la tavola e per la conservazione, deve tenere conto delle tradizioni domestiche come di quelle di carattere collettivo. Tutto questo, al di là del fatto che l'oggetto sia "fatto a mano" o sia seriale, e quindi realizzato all'interno di una fabbrica. Il grande merito della Fratelli Guzzini è quello, operando con il design soprattutto nelle materie plastiche, di non dimenticare da dove veniamo e, in modo particolare, di tenere in considerazione le esigenze, antropologiche e storiche insieme, quando si affronta un tema così "delicato" come il cibo. Tutto questo per dire che non bisogna mai "oltraggiare" l'antico sistema della tavola, per quanto riguarda lo specifico dell'identità produttiva della Fratelli Guzzini, come non bisogna farlo per la camera da letto, il modo di lavarsi, di sedersi e così via, e quindi per le altre tipologie di produzione. Le nuove tecnologie, i nuovi materiali devono permettere alle persone di comportarsi e agire come hanno

of the first Italian companies to believe in the strategic role of design and the cultural project as company value; let's remember, just as an example, the drafting and the dissemination of the document *Design Memorandum* on the occasion of the 75th anniversary in 1987 at the heart of which is the statement that "it was 'design' that gave contemporary industry its language."

G.D.: I think that when you go from synthetic resins to other plastic materials you leave plain craftsmanship behind, there's no question about that. So the planning of an object in a series is different from the manual creation of an object. I don't think you can talk about behavioral and productive analogies between different materials. There does exist, instead, a formal analogy in relation to the use and the specific rituals of reference. In our case, the object, the utensil we use to eat with, to prepare food with, for the table, for preservation, must take into account domestic traditions such as those of a collective nature. All this is true beyond the fact that the object was "made by hand" or in a series, and therefore inside a factory. Fratelli Guzzini deserves credit for having worked with design especially in plastic materials, for not having forgotten where we come from

• **Carlo Colombo**, *architetto.* Oggi Guzzini è una delle aziende più dinamiche e rappresentative nel settore degli oggetti di design per la casa, una realtà industriale solida e in continua espansione. Il mio rapporto con Guzzini nasce molti anni fa, un percorso che mi ha dato la possibilità di conoscere in prima persona il *mood* creativo e lo spirito intraprendente che sta alla base del gruppo marchigiano. Ho percepito fin da subito che sarebbe stato un ambiente ottimale per creare, e la conferma è arrivata puntuale, grazie anche al rapporto di amicizia che mi lega a Domenico Guzzini. Spesso durante i nostri incontri abbiamo disegnato e progettato insieme, quasi per gioco, bozzetti che poi si sono trasformati in oggetti di successo. La sensazione Guzzini è estremamente positiva, un gruppo al passo con i tempi, con il gusto del bello, che crea e porta in alto il valore del made in Italy, reinterpretando gli oggetti di uso quotidiano con ironia, con l'utilizzo del colore, offrendo nuove sensazioni materiche alla plastica. Guzzini è design, colore ed emozione, ed è questa la chiave che da cento anni contraddistingue la mentalità della famiglia custode dello storico marchio. Il mio augurio va a tutto il gruppo Guzzini, di poter festeggiare ancora molti anniversari e di portare avanti la metodologia e lo spirito innovativo che da sempre lo contraddistingue, e, per quanto mi riguarda, di far parte ancora per molto tempo degli splendidi percorsi progettuali che ho vissuto con loro in tutti questi anni.

• *Architect.* Guzzini is one of the most dynamic and representative companies in the designing of household objects today. It is a solid industry that is still growing. My relationship with Guzzini began many years ago when I had the chance to get to know the creative verve and business spirit that underlies this group based in the Marches. I understood right away that it would be an excellent environment in which to create, and this soon came true also thanks to the friendship that ties me to Domenico Guzzini. Often during our meetings we designed and planned things together, almost like a game, made sketches that later developed into successful objects. The feeling you associate with Guzzini is an extremely positive one. It is a group that keeps apace with the times, that has a taste for beauty, that creates and holds high the values of the "Made in Italy," reinterpreting objects for everyday use with irony, using color, bestowing new material sensations on plastic. Guzzini is design, color and emotion, and this is the key that for the past one hundred years has distinguished the mindset of this family, the custodian of the historical brand. I wish the whole Guzzini group the chance to celebrate many more anniversaries and to be able to continue to forge ahead with the methodology and innovative spirit that has always distinguished them. As for me, I hope to continue to be a part of the splendid design ideas that I have been able to share with them over all these years.

• Set di tazzine da caffè *Gocce*, design Angeletti Ruzza, 2011

• *Gocce* set of coffee cups, designed by Angeletti Ruzza, 2011

sempre fatto, certamente dialogando con la modernità e il progresso, ma senza mai dimenticare la dimensione "umanistica" del progetto.

A.C.: Quest'ultima considerazione è molto importante perché, come tu sai meglio di me in quanto hai collaborato con Anty Pansera alla costituzione del museo aziendale della Fratelli Guzzini, a Recanati, le proprie radici, ovvero da dove veniamo, sono fondamentali per capire il futuro e individuare i nuovi percorsi. La memoria transita, nella storia di un'azienda, attraverso le persone, gli oggetti, gli strumenti, le diverse tappe delle innovazioni e tecnologie produttive. Tutto questo non ha impedito alla Guzzini di guardare in avanti: ricordiamo di nuovo, a questo proposito, il progetto culturale Foodesign in collaborazione con Slow Food, realizzato alcuni anni fa, per rimarcare fortemente che in periodi di forte spettacolarizzazione è necessario rimettere al centro i veri contenuti, i saperi condivisi, per evitare di uscire dalla storia ma soprattutto dal mercato.
Come consideri questo rapporto tra memoria e futuro, tra tradizione e innovazione? Anche perché non sempre una grande storia alle proprie spalle è garanzia di un futuro altrettanto importante e solido.

and, especially, for having kept in mind the anthropological and historical requirements when you face a "delicate" subject like food. One must never insult ancient table traditions, as concerns the productive identity of Fratelli Guzzini, and the same goes for the bedroom, for how we wash ourselves, sit, and so on, for other productive typologies. The new technologies, the new materials must allow people to behave and act the way they always have, communicating with modernity and progress, of course, without ever forgetting the "humanistic" dimension of the project.

A.C.: This last consideration is very important because, as you know better than I do, having worked with Anty Pansera to found the Fratelli Guzzini company museum in Recanati, our roots are essential to an understanding of the future and the roads to venture down. Memory moves, in the history of a company, through the people, the objects, the tools, the different stages of innovation and productive technologies. All this has not kept Guzzini from looking forward. Let's again recall the cultural project known as *Foodesign* in collaboration with Slow Food, set

• **Roberto Giolito**, *head of Fiat Design.* Amo gli oggetti cosiddetti d'uso, apprezzo molto la dedizione e l'amore che di solito vengono infusi nel disegno degli oggetti che quotidianamente popolano le nostre giornate.

Capita di usare, anche distrattamente, qualcosa che ci dà piacere e soddisfazione, ma che non pretende troppe energie nell'essere capito, esaltato, raccontato, cosa che puntualmente andrebbe a sottrarre del nostro tempo prezioso, ingiustificatamente, senza averne le qualità.

Se penso a Guzzini, penso subito alla maestria, alla dedizione, alla cura con cui da così lontano nel tempo realizzano gli oggetti del quotidiano, ai quali viene infusa quella qualità rappresentata da un progetto raffinato e dallo studio di una tecnologia bilanciata, per renderli, oltre che dei buoni strumenti, qualcosa di cui ci si stancherà difficilmente, che vorremmo assieme a noi per il più lungo tempo possibile.

A me, a cui capita ormai da quasi un quarto di secolo di progettare automobili, fa una certa impressione vedere una tale profusione di buone idee e tecnologie sempre all'avanguardia che generano dei prodotti sempre al passo con i tempi, capaci di farci comprendere in che era viviamo.

Anche perché per qualcosa è valsa davvero la pena cambiare rotta (mentre per molte altre no), come le abitudini che vorremmo mantenere, quando esse ci legano ai gesti e al calore dei nostri gusci abitativi, le amicizie e le relazioni in genere, quando mettono in gioco la nostra personalità, talvolta espressa anche da ciò che usiamo e possediamo con orgoglio.

Chi non conosce le Marche non può apprezzare fino in fondo la qualità e la dedizione che la gente del posto ha per i propri prodotti e le proprie idee. Parlare di passione, imprese, affari sembrerebbe fuori luogo quando c'è la sensibilità di capire in un attimo cosa occorre fare per cambiare in meglio il mondo, magari quel poco di cui molti apprezzeranno lo sforzo, ma i più ne avranno solo il piacere di accarezzarlo e sentirlo proprio senza rimpiangere nulla di ciò che c'era prima.

• *Head of Fiat Design.* I love so-called everyday objects, I very much appreciate the devotion and love that usually converge in the objects that routinely populate our days.

We often find ourselves absent-mindedly using objects that give us pleasure and satisfaction, but that in order to be figured out, praised, described don't demand too much of our energy... as this would mean wasting some of our precious time, unjustifiably, without having the qualities to do so.

When I think of Guzzini, skill comes to mind, dedication, the care that has for so long been creating everyday objects, filled with the quality that goes hand in hand with the sophisticated project and the study of a balanced technology, so that what we end up with are not just good tools but something we won't tire of, objects that we'll want with us for as long as possible.

I've been designing cars for almost a quarter of a century, and I have to admit I'm impressed to see such a profusion of good ideas and technologies always at the cutting edge, generating products that are always in step with the times, capable of helping us to understand the era we live in.

Also because for some things it has been worth changing directions (while for many others it hasn't), such as the habits we'd like to keep, when they connect us to the gestures and the warmth of our homes, to our friendships and relationships in general, when they call into play our personality, at times also expressed by what we proudly use and own.

Anyone who isn't familiar with the Marches can't really appreciate the quality and the devotion of its people in regard to the local products and ideas. To speak of passion, enterprise, business would seem misplaced, when there's the sensibility to understand in a split second what we need to do to change the world for the better, perhaps that small effort that many will appreciate, but that the majority will only have the pleasure to caress and feel their own without regretting what had come before.

• Insalatiere *Mirage*, design Luca Nichetto, 2008

• *Mirage* salad bowls, designed by Luca Nichetto, 2008

• Cestini pane *Mirage*, design Luca Nichetto, 2009

• *Mirage* bread baskets, designed by Luca Nichetto, 2009

G.D.: Credo che il progetto aziendale della Fratelli Guzzini, in relazione al museo ma non solo, in generale rispetto a tutte le iniziative messe in campo, sia in completa sintonia con quanto stiamo dicendo. E cioè che chi progetta e produce industrialmente per l'uomo non può, non deve dimenticare che al centro di qualsiasi innovazione, i protagonisti, i consumatori siamo noi, persone concrete con i nostri desideri, le nostre pulsioni, ma soprattutto con le nostre attese nelle quali estetica, etica – nel suo significato etimologico di comportamento sempre sospeso tra "bene" e "male" – e funzionalità non possono, non devono essere separate.

up a few years back, in order to show how, in times when there is too much spectacularization, you have to put back at the heart of things real contents, shared knowledge, to avoid moving away from history but above all from the market. What do you think of this relationship between memory and future, tradition and innovation? Also because a great past does not always guarantee a future that is equally important and solid.

G.D.: I think that Fratelli Guzzini's company project, not just as it relates to the museum but in general with respect to all the initiatives fielded, is in complete harmony with what we are saying. In other words, anyone who designs and produces industrially for man cannot and must not forget that at the heart of every innovation, we the consumers are the leading figures, practical people with our desires, drives, but above all expectations where aesthetics, ethics in its etymological meaning as behavior that is always poised somewhere between "good" and "bad," and function, cannot and must not be separated.

Foodesign & internazionalità
Foodesign & Internationality

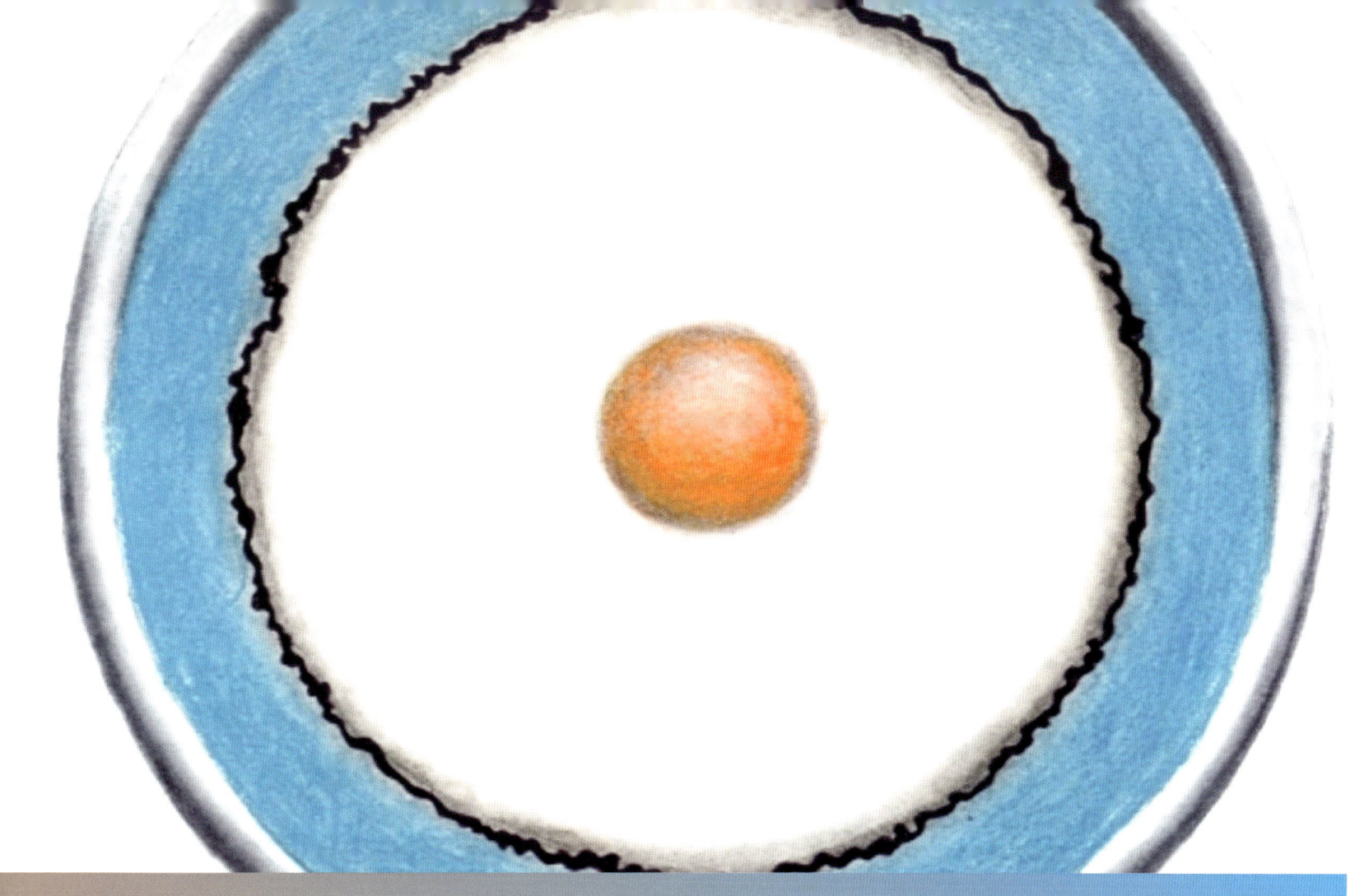

• *Piatto per uovo "all'occhio di bue",* Sottsass Associati, per *Multipli di Cibo. Cento progetti Foodesign Guzzini. Un nuovo rapporto tra esperti del cibo e designer,* Milano 2004

• *Fried Egg Plate,* Sottsass Associati, for *Multipli di Cibo. Cento progetti Foodesign Guzzini. Un nuovo rapporto tra esperti del cibo e designer* (Milan: 2004)

Quando il design è sottile
Giorgio Di Tullio

I fratelli Guzzini nascono come piccoli artigiani, in un ristretto edificio, quasi uno scantinato; lì portano i valori della cultura contadina, mezzadrile, lì trasferiscono i saperi diffusamente presenti in un territorio naturale bellissimo, arredato da borghi e città che incarnano un'idea del mondo fatta di dolcezza, di leggerezza, poesia, convivio e colori. Le loro e le altre famiglie contadine, artigiane, bracciantili sono le protagoniste di un microsistema di reti comunitarie e collaborative. Oggetti, tecnologie, invenzioni materiche e meccaniche, progettazioni: un unico filo lega ogni artefatto, i saperi si integrano, individuano nuove soluzioni; il loro lavoro ha la forma di un cantiere, di un laboratorio. Chi pensa i prodotti realizza anche le macchine, migliora il materiale, aiuta a immaginare le case di chi li userà.
Nel tempo i fratelli sviluppano visioni, creatività, abilità industriali, si internazionalizzano, scoprono

When Design Is Subtle
Giorgio Di Tullio

The Guzzini brothers started out as small craftsmen in a cramped building that was more like a basement. That was where they brought the values of the share-cropping culture; where they transferred the know-how that's everywhere in a very beautiful, natural territory studded with hamlets and towns that embody the idea of a world made up of gentleness, lightness, poetry, conviviality and colors. Their families, like those of the farmers, artisans and laborers, are the leading figures in a microsystem of community and collaborative networks. Objects, technologies, material and mechanical inventions, designs: a common thread for each artifact, skills come together to find new solutions. Their activity resembles that of a work-site. Those who invent the products also make the machinery, improve the materials, help to imagine the houses that will

• Collezione My Table, design Antonio Citterio con Toan Nguyen, 2005

• *My Table* collection, designed by Antonio Citterio with Toan Nguyen, 2005

di appartenere, da sempre, al mondo del design. Come una moderna impresa della conoscenza innalzano continuamente il livello culturale delle loro persone, le prestazioni qualitative delle loro soluzioni tecnologiche, il valore delle loro idee. Dai saperi della terra, all'innovazione che serve nuove abitudini, conoscere è il loro fine, il loro metodo, il processo, il prodotto. Si tratta di attitudine alla condivisione, creano valore a partire da uno spirito conoscitivo che non si limita alla conservazione ma punta su una rete connettiva nella quale persone e oggetti, strategie d'uso, tattiche di rielaborazione nascono dal potenziamento delle intelligenze e delle sensibilità. I fratelli e le loro reti agiscono quasi silenziosamente, giorno per giorno, "sottilmente".

use them. In time the brothers developed visions, creativity, industrial skills, became international, discovered they had always belonged to the design world. As a modern knowledge enterprise they have constantly raised their staff's cultural level, the quality of their technology, the value of their ideas. From the wisdom of the earth to innovation at the service of new ways of living, knowledge is their goal, their method, process, product. The idea is to share, to create values starting from a learning spirit that is not limited to conservation, but rather aims at connecting networks in which people and objects, strategies for use, tactics in reworking emerge from the strengthening of intelligence and sensibilities. These brothers and their networks almost work in silence, day after day, in a "subtle" manner.

- **Ettore Sottsass**, *designer.* Lavoriamo volentieri per la Fratelli Guzzini perché ci sembra una delle poche industrie italiane rimaste dove si pensa che "l'estetica" possa ancora produrre qualche consolazione nell'esistenza: nell'esistenza di quelli che producono i prodotti e anche di quelli che i prodotti li comperano.
- *Designer.* We all like working for Fratelli Guzzini because we see it as being one of the few Italian industries left where the belief is that "aesthetics" can still provide some comfort to a person's life: to the lives of those who make products and also of those who buy their products.

- **Robin Levien**, *designer.* Noi nordeuropei siamo forse un po' troppo riservati e poco espansivi. Quando abbiamo la fortuna di andare in un paese del Sud impariamo ad apprezzare il calore del sole e della gente. Ho tanti bei ricordi legati alla collaborazione con la Fratelli Guzzini, ma forse la cosa che ricordo maggiormente è la loro ripetuta richiesta di "più emozione" quando presentavo i miei progetti. Mi piace pensare che le mie creazioni per Fratelli Guzzini siano il frutto di un perfetto equilibrio tra il freddo del Nord e il calore del Sud.

Buon compleanno e non cambiate mai.
- *Designer.* Up here in the north of Europe we can be a little restrained and cool. When we are fortunate enough to travel south we get to enjoy the warmth of the sun and the warmth of the people. I have many good memories of designing for Fratelli Guzzini but perhaps the strongest is the often repeated request for *more emotion* when presenting my designs. I like to think it is the perfect balance between the cool north and the warm south that have made my designs for Fratelli Guzzini work so well.

Happy Birthday and stay warm.

• **Renzo Piano**, *architetto.* (Tratto da una videointervista). Ho appreso che in tutte le lingue africane non esistono parole in cui il significato di buono non sia connesso a quello di bello. Bello e buono sono un'unica parola. Nella nostra cultura invece i due significati si scindono.

La ricerca sull'oggetto è una ricerca molto fisica, molto sperimentale, molto artigianale direi. Coinvolge sia il progettista che l'azienda in un continuo provare e riprovare portato avanti senza aver fretta di chiudere.

È un processo abbastanza laborioso da un verso, ma al tempo stesso anche molto semplice. Si tratta infatti di provare e riprovare continuamente. Questo approccio sperimentale per tentativi è di fondamentale importanza.

In questo lavoro il disegno non basta perché è piatto. Ci vuole un modello e spesso un modello con un certo dettaglio, infatti la presenza di dettagli rende la percezione dell'oggetto molto più ricca.

Non trovo grande differenza tra la progettazione di un oggetto e quella di un edificio, anzi il mio modo di progettare gli edifici procede con la definizione dei diversi pezzi che poi compongono lo spazio.

La soluzione funzionale non è mai strettamente, freddamente, razionale; c'è infatti sempre qualche cosa che sfugge a questa rigida gabbia. Quando hai trovato una soluzione tecnica che risolve un problema ti accorgi sempre che ti ricorda qualche altra cosa.

Questo avviene spesso in musica, dove qualsiasi brano ne riecheggia altri e di fatto ti rendi conto che questo accade perché pur nella sua individualità esso appartiene al vasto mondo della musica.

• *Architect.* (From a videointerview). I learned that in every African language there are no words in which the meaning for good isn't connected to the meaning for beauty. Beauty and good are one word. In our culture the two meanings are instead separate.

The research on the object is very physical, experimental and artisanal, I'd say. It involves both the designer and the company in a never-ending try and try again without ever being in a hurry to finish.

On the one hand, it's a very laborious process, but at the same time it's a very simple one. It's a question of continually trying over and over again. This experimental approach by trial and error is extremely important.

In this work design isn't enough because it's flat. You need a model and often a model with a certain amount of detail; in fact, the presence of the details makes the perception of the object richer.

I don't see any real difference between designing an object or a building, actually in my way of designing buildings I proceed with the definition of the different pieces which will then make up the space.

The functional solution is never strictly, coldly, rational. In fact there's always something that escapes this framework. When you've found a technical solution that solves a problem you always realize that it reminds you of something else.

This often happens with music, where every piece echoes other pieces and you realize that this is because in spite of its individuality it still belongs to the vast world of music.

• *Decanter*, design Ron Arad, per *Multipli di Cibo. Cento progetti Foodesign Guzzini. Un nuovo rapporto tra esperti del cibo e designer*, Milano 2004

• *Decanter*, designed by Ron Arad, for *Multipli di Cibo. Cento progetti Foodesign Guzzini. Un nuovo rapporto tra esperti del cibo e designer* (Milan: 2004)

Una delle possibili origini del termine sottile è *sub-tèxtilem* e definisce un sottotesto finemente delicato: sottile è la struttura, l'intreccio che sotto sta alla materia, che la sostanzia; è in questa fine tessitura che risiede la possibilità di sperimentare pensieri originali e rivoluzionari fatti di forme e destinazioni, di passioni e interessi attraverso le quali indagare nuovi modi dell'abitare il mondo, le case, le persone, i gesti.
Se abitare non è occupare lo spazio, ma averne cura e creare quella dimensione nella quale l'individuo, la famiglia, gli affetti sorgono e prosperano, è l'attenzione ai dettagli, la costruzione di un universo

One of the possible origins of the word "subtle" is *sub-textilèm*, which describes a finely delicate subtext: subtle is the structure, the interweaving that underlies the material, substantiates it. Lying within this fine pattern is the chance to experiment with original, revolutionary ideas made up of shapes, uses, passions and interests through which to examine new ways of inhabiting the world, houses, people, gestures. If living does not mean inhabiting space, but rather taking care of it and creating the dimension in which the individual, the family, affections are born and prosper, it is the attention to detail,

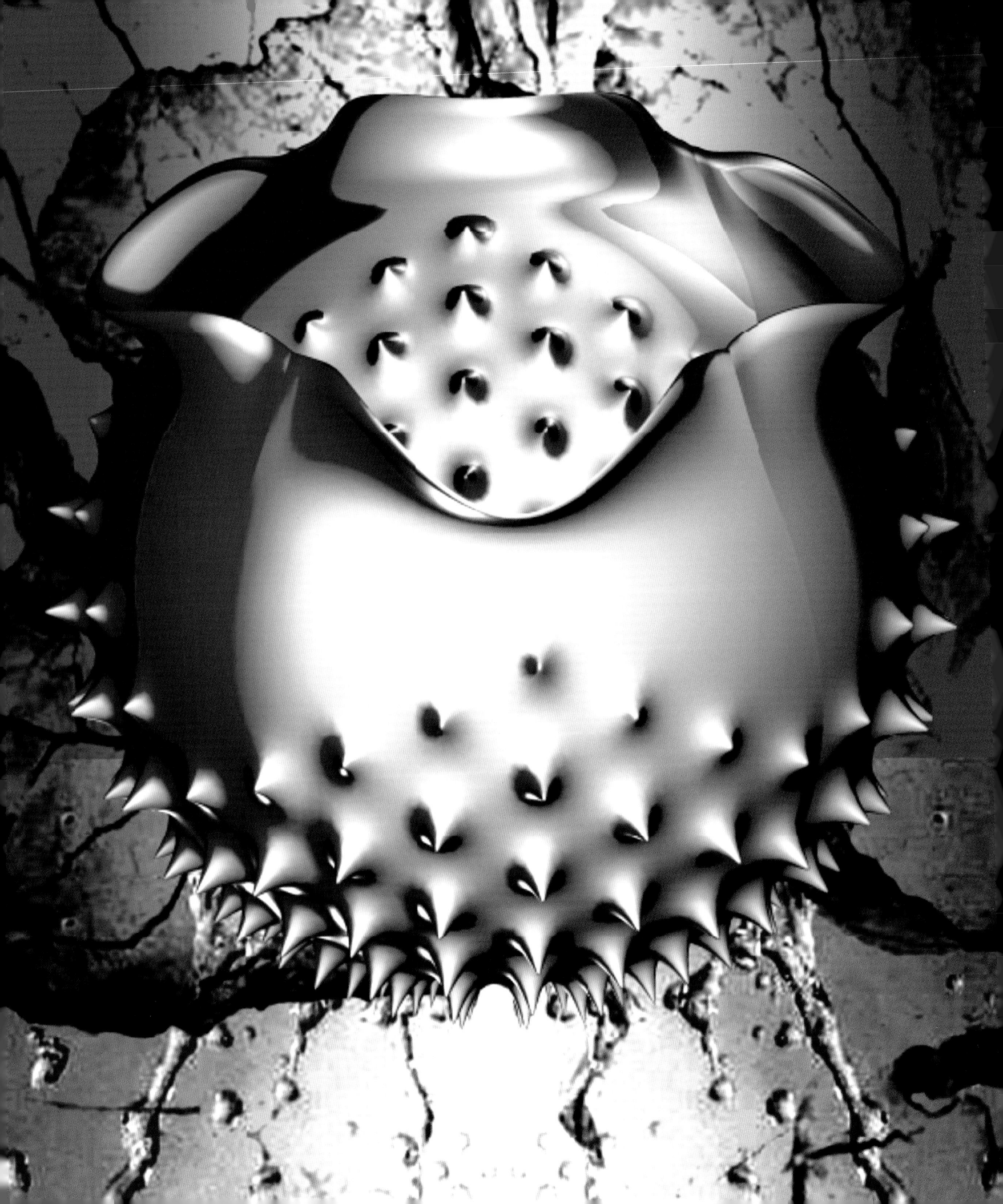

MATTHIAS BURHENNE
burhenne@tiscali.it

eccomi
Dall'acqua per l'acqua. Il liquido per eccellenza si materializza sotto forma di maxi goccia e si esprime con un pizzico d'ironia diventando un supporto da centrotavola per le bottiglie. I sottobottiglia, in vetro di Murano o plexiglas trasparente, raccontano la natura frizzante e naturale delle due acque identificandone la diversità di carattere e rendendole protagoniste della tavola.

eccomi
From water, for water: The very best liquid there is materialises in the form of large droplets and is expressed with a pinch of irony as it becomes a table centrepiece which is used to support bottles. The bottle stands, available in Murano glass or transparent Plexiglas, highlight the sparkling or still nature of the two waters, identifying the diversity of their features and giving them a central role on the dining table.

www: wonderful water world i nuovi valori dell'acqua

foodesign guzzini    S.PELLEGRINO   ACQUA PANNA

• *Armadillo*, design Elena Manferdini, per *Multipli di Cibo. Cento progetti Foodesign Guzzini. Un nuovo rapporto tra esperti del cibo e designer*, Milano 2004
• *Eccomi*, design Matthias Burhenne, per *WWW Wonderful Water World. Quaranta progetti Foodesign Guzzini e San Pellegrino. I nuovi valori dell'acqua*, Milano 2006

• *Armadillo*, designed by Elena Manferdini, for *Multipli di Cibo. Cento progetti Foodesign Guzzini. Un nuovo rapporto tra esperti del cibo e designer* (Milan: 2004)
• *Eccomi*, designed by Matthias Burhenne, for *WWW Wonderful Water World. Quaranta progetti Foodesign Guzzini e San Pellegrino. I nuovi valori dell'acqua* (Milan: 2006)

fatto di inafferrabili elementi a trasformare un luogo, un edificio, un appartamento, nella casa dei propri sogni. I colori, gli odori, le superfici luminose e stimolanti, le decorazioni, le prospettive e le forme sono i fondamenti di un discorso intorno alle relazioni, sono gli elementi immateriali che formano la stoffa dei sogni. Sono i vuoti, più dei pieni, a dare senso e forza agli ambienti. Ma sono vuoti che profumano, che colorano, che emozionano: l'allestimento della tavola prima del cibo, il movimento degli oggetti prima che funzionino, gli sguardi che precedono l'attraversamento di una stanza. È un vuoto di funzionamento, è un pieno di percezione. Noi siamo quello che sentiamo, noi siamo quello che sta sopra, sotto, dietro ogni oggetto, prima di usarlo. È in quei punti, esterni all'uso ma aperti all'affetto, che nasce

the construction of a universe made up of elements that cannot be grasped, that transforms a place, a building, an apartment, into the house of one's dreams. Colors, smells, bright surfaces, ornamentation, perspectives, and shapes lay the foundations for relationships, which are the intangible elements that dreams are made of. The voids, more than the fulls, bestow meaning and strength to a place. But these are fragrant voids, ones that color, that move you: the way a table is set before the food is brought out, the way the objects move before they are used, the looks cast before crossing a room. A functional void, a perceptive fullness. We are what we feel, we are what lies above, below, behind every object before we use it. In those points, external to use

• *Extra Hot*, design Uwe Fischer, per *Multipli di Cibo. Foodesign Guzzini Made in Germany. Eine neue Beziehung zwischen Foodexperten und Designern*, Frankfurt 2005

• *Extra Hot*, designed by Uwe Fischer, for *Multipli di Cibo. Foodesign Guzzini Made in Germany. Eine neue Beziehung zwischen Foodexperten und Designern*, (Frankfurt: 2005)

il nostro mondo emozionale: è da lì che partono le voci che dicono ciò che siamo. È l'identità sottile che nasce dal progetto.

I prodotti Fratelli Guzzini trasformano le identità individuali e familiari in una rete di possibilità e di combinazioni infinite e mutabili, tali da costruire ogni giorno un luogo sottile fatto di piccoli intervalli nel tempo, fatto di persone e strumenti, di mercati ed economie, in relazione tra loro. Gli oggetti della Fratelli Guzzini sono piccoli segni sparsi nel mondo: segnano il paesaggio e quindi l'identità domestica di milioni di individui nel mondo. Indicano una cultura mutante nella forma, ma non nei valori. Poche aziende possono vantare testimoni così diffusi che parlano e parleranno ovunque di benessere, di buon vivere, di frammenti di futuro.

but open to affection, our emotional world is born: the voices that tell us who we are start from there. A subtle identity that is born from the project.

Fratelli Guzzini products transform individual and familiar identity into a network of possibilities and endless and ever-changing combinations, enough to build a subtle place each day made up of small intervals in time, people, instruments, markets and economies that are all interrelated. The objects made by Fratelli Guzzini are small signs scattered across the world; they mark the landscape and the domestic identity of millions of people everywhere. They indicate a culture that is changing shape, but not its values. Very few companies can boast such widespread testimonies that speak of wellness, good living, fragments of the future.

• **Arik Levy**, *designer.* Visitando la fabbrica per la prima volta, sono rimasto molto colpito dalle vecchie foto della famiglia Guzzini. Erano commoventi perché non raccontavano solo la storia dell'azienda, ma anche delle persone che l'avevano creata. Mantenere e far crescere un'impresa è difficile quanto crearla, a volte anche di più… E qui sta il bello dell'azienda di famiglia. Ho avuto molte riunioni e bevuto un sacco di caffè insieme a Domenico, Adolfo e ad altri membri della famiglia e, ripensandoci, ho la sensazione che tutto sia partito dal cuore e non solo dai prodotti.

Un episodio che ricordo sempre con particolare emozione è l'incontro con Domenico, quando gli ho presentato il progetto *Water=Life*. Volevo coinvolgere Guzzini in qualità di partner e sostenitore di questa operazione che, rivolgendosi a un pubblico di giovani e meno giovani, si collega in un certo senso ai cento anni dell'azienda. Domenico non mi ha neanche lasciato finire la presentazione e ha detto: "Arik, conta sul nostro aiuto, questo è un grande progetto". Mi è piaciuto molto quel gesto e anche tutto ciò che implicava da parte dell'azienda.

È uno splendido regalo di centesimo anniversario per me, per il mondo e per Guzzini.

Grazie e divertitevi.

• *Designer.* When I first visited the factory I was mostly taken by the photos of the family from so long ago. It was moving because you can see the history of not only what the company has made but of the people that created it. It is as hard to maintain and develop a company as it is to create it and sometimes even harder… that is the beauty of family business. I have had many meetings and drank lots of *caffè* together with Domenico and Adolfo as well as with other members of the family. And looking backwards it feels like it all started from the heart and not only from products. One moment that I was especially excited about was when I met with Domenico and presented my *Water=Life* project proposing Domenico to have Guzzini be a partner and a supporter of this operation that in a way connects to 100 years as it is addressing to an older population as much as to a young one.

I did not even have to finish the presentation and Domenico said, "Arik we will help you, this is a great project." I appreciated this moment and all that was engaged with it, from the company's side. It is a great 100 year birthday present to me, to the world and to Guzzini.

Thank you & enjoy.

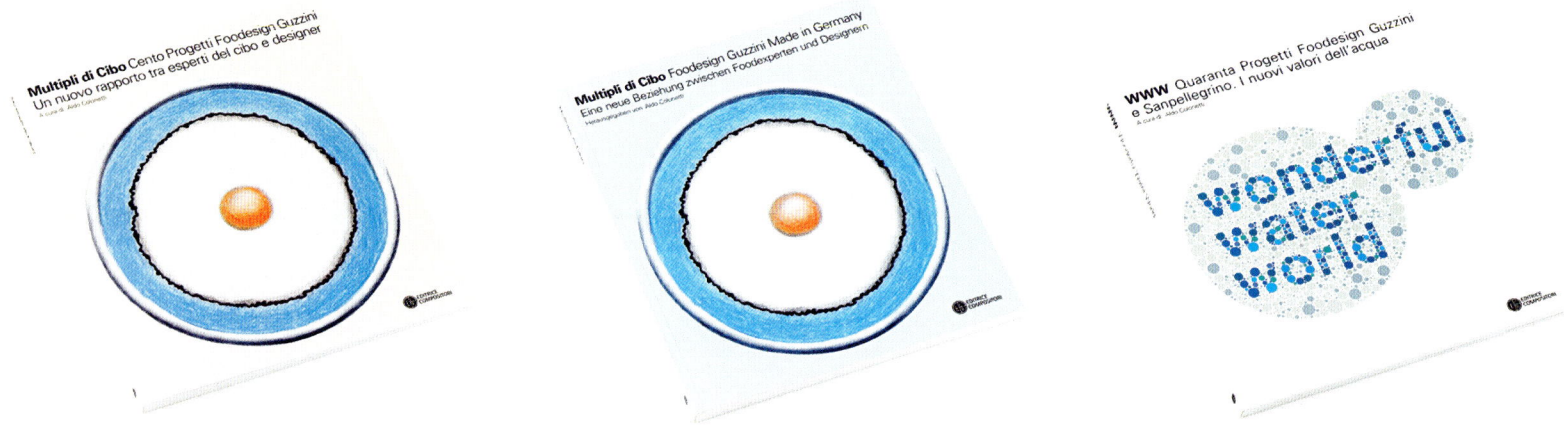

Quale analogia può esistere, in gastronomia, tra uno scolapasta e un armadillo?
Alberto Capatti

Una mostra di progetti è come un concorso di cuochi: nessuno può prevedere quale piatto vincerà non tanto il concorso ma la sfida con il tempo, uscendo dalla stretta cerchia dei giudici di gara per essere assaggiato da altri, ripetuto, fatto proprio. Ogni prototipo esposto risponde a un'idea e a un'esperienza del cibo proprie del designer che le ha studiate, e pone un interrogativo a chi si ripropone di utilizzarlo. Il gastronomo, ad esempio, lo esamina incuriosito accostandovi alcuni alimenti, ne indaga l'uso con la pasta che predilige, ne saggia l'effetto con la propria frutta. Se lo sguardo gli cade su un portagrissini, vuole inserirvi il suo fascio di grissini lunghi, secchi e sottili per vedere se il cilindro regge. Se il suo occhio si ferma sul piatto di Sottsass con un tuorlo al centro subito si mette alla ricerca di cibi compatibili (asparagi e puree) e di quelli non compatibili (filetti di pesce e insalata fresca). Per il gastronomo il progetto soggiace alla selezione degli ingredienti, alla loro fattura, alla degustazione. Siccome tuttavia il cibo non riempie ancora le coppe, non copre i vassoi, non è infilzato sulle forchette, deve immaginare di mettercelo.

Come sono state scelte, in passato, pentole e suppellettili? Secondo alcune regole dettate dalla consuetudine, dalla convenienza e dalla convivialità. Il gastronomo ha sempre reperito ricette, piatti, cibi e utensili, valorizzandoli con uno sguardo retrospettivo e dal futuro egli si attende la loro

In Gastronomy, What Affinity Could There Be between a Colander and an Armadillo?
Alberto Capatti

An exhibition of projects is like a cooking contest: no one can guess which dish will win not just the competition itself but the challenge against time, which one will emerge from the tight circle of judges to be tasted by other people, repeated, and adopted. Each prototype on display is the answer to an idea about and an experience with the food belonging to the designer who studied it, and poses a challenge to whoever decides to use it. The gourmet examines it with a sense of curiosity, combining it with some other food, exploring its use with the pasta he prefers, seeing the effect it might have with his own fruit. If he happens to see the breadstick holder, he will want to place his bunch of long, dry and slim breadsticks inside to see if the cylinder will hold. If his eye pauses on Sottsass' plate with a fried egg in the middle he will immediately start looking for compatible (asparagus and purées) and incompatible (fish fillets and fresh salad) foods. For the gourmet the project underlies the selection of ingredients, their preparation, their tasting. However, as the food has not yet filled the bowls, it does not cover the trays, it is not pierced by the forks, he has to imagine putting it there.

How were pots and other household equipment chosen in the past? According to rules that are based on habit, convenience and conviviality, the gourmet has always amassed

• Volumi della collana "Foodesign Guzzini"
• Volumes from the *Foodesign Guzzini* series

evoluzione coerente, impercettibile. Il *foodesign* sconvolge questo approccio. È nato per inventare contenitori, supporti, utensili ed esige un cibo nuovo, o meglio espresso per forme, per colori che non possono essere considerati una semplice evoluzione di alcuni universali. La mezzaluna è più di una lama e di una luna dimidiata, e il contenitore bianco della verdura, circondato dalle vaschette bianche del pinzimonio, prepara una degustazione diversa da quella delle terracotte invetriate, perché il colore dell'olio, dei sedani e delle carote viene "salvato" dal contatto con il nuovissimo contenitore. Il *foodesign* è una cucina delle forme per consumare il cibo consueto e per orientare la cucina verso oggetti nutritivi sperimentali. Un tagliapizza può tagliare qualsiasi pizza, surgelata, da asporto o fatta in casa, e nello stesso tempo ne indica una tutta da preparare, sottile al punto che il manico le si accosti da lontano con dolcezza e la rotella la solchi tagliente e la divida esatta. Il designer ha studiato il corpo e l'utensile, le mani che afferrano un manico, il braccio che alza il calice e persino il busto di chi deve reggere nel corso di un party un piatto, un bicchiere, una forchetta e ha solo due mani. L'antropologia dei futuri consumi alimentari è, pezzo a pezzo, configurata e tradotta in icone come quelle esposte e in tutte le altre a venire che completeranno cucina e tavola ridisegnate. Prima che si possa parlare di una qualche *cuisine future*, il *foodesign* propone degli oggetti nutritivi formati da elementi commestibili, non commestibili e immaginari. Quale analogia può esistere, in gastronomia, tra uno scolapasta e un armadillo? Nel *foodesign* cresce un altro tipo di sperimentazione, di un cibo esteticamente compatibile con ciò che lo

recipes, dishes, food and kitchen utensils, valorizing them with a retrospective look, and from the future he expects their coherent, imperceptible evolution. Foodesign turns this approach upside down. It was born to invent containers, supports, utensils, and demands a new kind of food, or rather, food that's expressed in terms of form, or colors that cannot be considered a plain and simple evolution of some universals. The crescent-shaped two-handled chopping knife is more than a blade and a half-moon, and the white vegetable container, surrounded by white vegetable dip bowls, prepares us for a different taste as compared with glazed terracotta, because the color of the oil, the celery and the carrots is saved by the contact with the brand-new container. Foodesign is a cuisine of forms for eating well-known food, and for orienting cuisine towards experimental nutritional objects. A pizza-cutter can slice any pizza, frozen, take-away or homemade; at the same time it indicates one that has yet to be made, so thin that the handle approaches it gently from a distance, and the wheel slices it sharply, dividing it into equal parts. The designer has studied the body and the utensil, the hands that grasp the handle, the arm that raises the goblet and even the torso of someone who has to hold a plate, a glass, a fork during a party and has just two hands. The anthropology of future food consumption is, piece by piece, configured and translated into icons such as the ones on display, and into all the others that will complete the redesigned kitchen and table. Before we can even speak of some future cuisine, foodesign suggests a series of nutritional objects

 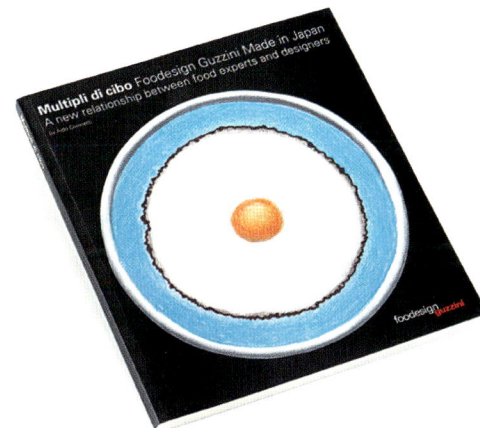 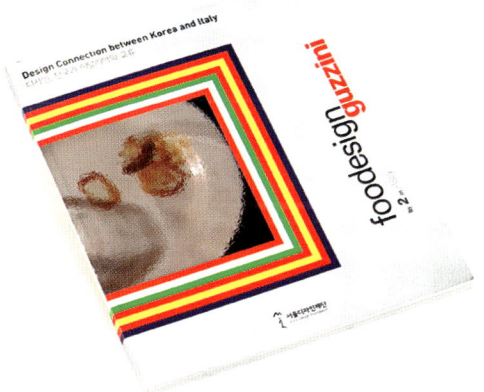

Kyusu, design Kitagawa Daisuke, per *Multipli di Cibo. Foodesign Guzzini Made in Japan. A New Relationship between Food Experts and Designers*, Tokyo 2008

Kyusu, designed by Kitagawa Daisuke, for *Multipli di Cibo. Foodesign Guzzini Made in Japan. A New Relationship between Food Experts and Designers* (Tokyo: 2008)

• *Barrique*, design Konstantin Grcic, per *Multipli di Cibo. Foodesign Guzzini Made in Germany. Eine neue Beziehung zwischen Foodexperten und Designern*, Frankfurt 2005
• *Do you know how to use OHASHI?*, design Shinobu Ito, per *Multipli di Cibo. Foodesign Guzzini Made in Japan. A New Relationship between Food Experts and Designers*, Tokyo 2008
• *Oh, Miei Papa*, design Joan June, per *Foodesign Guzzini. Design Connection between Korea and Italy*, Seul 2010
• *Zenbox*, design Hiroshi Ono, per *Multipli di Cibo. Foodesign Guzzini Made in Japan. A New Relationship between Food Experts and Designers*, Tokyo 2008

• *Barrique*, designed by Konstantin Grcic, for *Multipli di Cibo. Foodesign Guzzini Made in Germany. Eine neue Beziehung zwischen Foodexperten und Designern*, (Frankfurt: 2005)
• *Do you know how to use OHASHI?*, designed by Shinobu Ito, for *Multipli di Cibo. Foodesign Guzzini Made in Japan. A New Relationship between Food Experts and Designers* (Tokyo: 2008)
• *Oh, Miei Papa*, designed by Joan June, for *Foodesign Guzzini. Design Connection between Korea and Italy* (Seul: 2010)
• *Zenbox*, designed by Hiroshi Ono, for *Multipli di Cibo. Foodesign Guzzini Made in Japan. A New Relationship between Food Experts and Designers* (Tokyo: 2008)

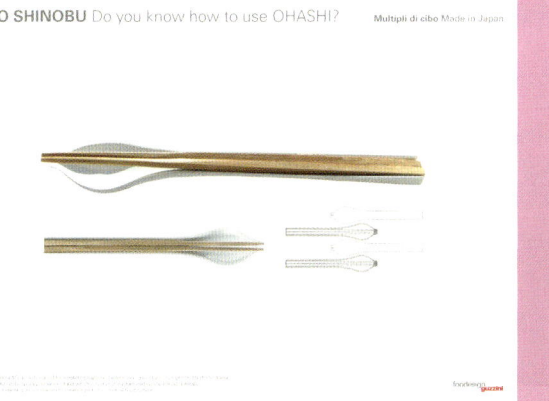

TO SHINOBU Do you know how to use OHASHI? — Multipli di cibo Made in Japan

ONO HIROSHI Zenbox — Multipli di cibo Made in Japan

• *Spoon bottle – Nature Intérieure*, design Matali Crasset, per *Multipli di cibo. Foodesign Guzzini Made in France. Un nouveau lien entre experts de gastronomie et designers*, Paris 2011

• *Spoon bottle – Nature Intérieure*, designed by Matali Crasset, for *Multipli di cibo. Foodesign Guzzini Made in France. Un nouveau lien entre experts de gastronomie et designers* (Paris: 2011)

• **Veit Streitenberger**, *designer.* La mia esperienza con Guzzini è nata per il progetto di un caffè, Café Transparency, creato in occasione di Ambiente 2011 alla Fiera di Francoforte, dove è stata messa in scena la nuova sedia Guzzini, e ispirato dalle opere dell'artista italiano Michelangelo Pistoletto che stampa immagini reali su specchi. Tramite l'immagine riflessa l'osservatore "entra" nell'opera d'arte e diventa arte lui stesso.
Auguri, auguri, *long live* Guzzini!

• *Designer.* My experience with Guzzini started with a project for a café called *Café Transparency*, created on the occasion of *Ambiente 2011* at the *Frankfurt Trade Fair* in order to showcase Guzzini's new chair inspired by the work of the Italian artist Michelangelo Pistoletto, who prints real images onto mirrors. The observer "enters" the artwork through his or her reflected image, and thus becomes art.
Happy Birthday, long live Guzzini!

• **Sebastian Conran**, *designer.* All'inizio della mia carriera di designer ho svolto un tirocinio presso la Bieffe, una fabbrica di Padova specializzata in tavoli per disegno. La mia idea fissa era che lo stampaggio a iniezione fosse per certi versi simile alla stampa tipografica.

Ero convinto che una volta portato a termine il difficile compito di progettare un prodotto (o scrivere un libro) e realizzare il relativo stampo (i cliché), gli unici costi fossero quelli generali e dei materiali. Naturalmente, la qualità del design (o del testo scritto) incideva direttamente sul successo del prodotto in termini di vendite, ma il lavoro di creazione più arduo era comunque già stato fatto.

Ricordo ancora l'insalatiera Guzzini in materiale sintetico che vidi da John Lewis nel periodo in cui mettevo su il mio primo appartamento: era perfetta, un oggetto dalla linea straordinariamente pulita ed elegante, tanto bello da ispirarmi.

Molto tempo dopo ho conosciuto Domenico Guzzini e visitando la fabbrica (il pavimento era così pulito che ci si poteva mangiare sopra) ho capito che quella perfetta insalatiera era il frutto di una cura maniacale dei particolari.

• *Designer.* When I was a young designer I did my internship at a drawing board factory called Bieffe in Padova, Italy; I was obsessed by injection molding as being a bit like a printing press.

It seemed to me that once you had done the hard work of designing your product (or writing your book) and making the tooling (or printing plates) the only cost was the raw materials and overheads. Of course the better designed (or written) the better the sales but the hard work of creation had already been done.

When setting up my first apartment I can remember going to the John Lewis store, seeing an acrylic Guzzini salad bowl, and marveling at how perfect it was, how crystal clear and polished was the form—I actually was quite inspired.

Much later after I met Domenico Guzzini and toured their factory (you could have eaten your antipasti off the floor it was so clean) I then realized the fanatical attention to detail that had enabled that perfect salad bowl.

• **Dario Tanfoglio**, *designer*. Faccio una fatica immensa anche solo a pensare di racchiudere in un pensiero il mio trascorso e la mia crescita con la vostra azienda. Ho avuto una fortuna incredibile, sono approdato in un'impresa dove le scelte non erano fatte da grigi uomini di marketing ma da imprenditori, quelli veri, quelli che il mercato lo conoscevano davvero perché lo vivevano quotidianamente, quelli che rischiavano applicando nuove tecnologie, quelli che osavano senza dimenticare che il vero giudice del loro lavoro sarebbe stato il mercato. Ho avuto l'immenso onore di poter lavorare accanto a persone che sono state alla base del successo della Fratelli Guzzini, ho avuto modo di imparare la visione di un design veramente "democratico", di un design veramente "quotidiano" e non necessariamente elevato a complemento. Ho imparato a non trascurare funzionalità e fattibilità industriale, ho imparato a vivere i progetti coniugando il giusto mix di funzionalità e creatività, ho imparato ad applicare le tecnologie evolutive acquisite o elaborate in un'azienda che ha fatto della plastica il suo *core business* creando oggetti che hanno saputo sfidare tempi e mode.

Faccio molta fatica a esprimere un pensiero, ma se è vero che oggi il design italiano è un punto di riferimento certamente uno degli interpreti più dei creativi che ha contribuito alla diffusione di questo verbo è la vostra azienda.

Un abbraccio.

• *Designer*. I make an enormous effort just thinking about summing up in one single thought my past and my growth with your company. I was incredibly fortunate. I arrived at a company where choices were not made by gray marketing men but by entrepreneurs — the real kind—the kind who really knew the market because they lived it everyday, the kind who risked by applying new technologies, the kind who dared without forgetting that the true judge of their work would be the market. I had the immense honour of working alongside people who were at the root of the success of the Fratelli Guzzini. I was able to learn the vision of truly "democratic" design, truly "everyday" design—one that was not necessarily raised to complement. I learned not to neglect usefulness and industrial feasibility. I learned to experience the projects by joining the right blend of usefulness and creativity. I learned to apply evolutionary technologies, acquired or elaborated in a company that made plastic its core business by creating objects that challenge time and fashion.

It's really difficult for me to express an idea, but if it's true that today Italian design is a reference point, without a doubt one of its most creative interpreters who contributed to spreading this word is your company.

Hugs.

Underpin, design Jeongtae Kang per *Foodesign Guzzini. Design Connection between Korea and Italy,* Seul 2010

Underpin, designed by Jeongtae Kang, 2010, for *Foodesign Guzzini. Design Connection between Korea and Italy* (Seul: 2010)

contiene, che lo taglia e lo infilza. Ma il gastronomo, a questo punto, non è più sicuro di avere l'ultima parola. Finito il pranzo non resteranno che i prototipi progettati e null'altro, da lavare prima di accogliere un altro cibo, diverso dal precedente. L'adeguamento del contenitore al contenuto, e viceversa, obbedisce dunque a una legge secondo la quale cibi e bevande sono effimeri mentre i materiali appaiono resistenti; ma cibi e bevande sono, alla lunga, più durevoli degli stessi materiali. Questo paradosso crea infinite difficoltà non solo a chi intende scegliere suppellettili o riempire semplicemente dei bicchieri, ma anche a tutti coloro che cucinano, servono e consumano. Oggetto nutritivo e utensile d'uso, fondendosi e separandosi ogni giorno, sono due fattori del gusto complici e antagonisti. Il *foodesign* è la loro risoluzione creativa.

made up of edible, inedible and imaginary elements. What analogy could there possibly be, in gastronomy, between a colander and an armadillo? In foodesign another type of experimentation develops, involving a kind of food that is aesthetically compatible with what contains it, what cuts it and what pierces it. But at this stage the gourmet is no longer certain he will have the last word. Once the meal is over, all that will be left are the designed prototypes, and nothing more, to be washed up before welcoming another food, different from the previous one. The adapting of the container to its content, and vice versa, thus complies with a law according to which food and drinks are ephemeral, whereas materials appear to be resistant, but food and drinks are, in the long run, more durable than the materials themselves. This paradox creates endless difficulties not only for those who intend to choose some household items or simply to fill glasses, but also for anyone who cooks, serves and consumes. Nutritional object and practical utensil providing for each other and separating from each other every day; these are two factors of taste that are both accomplices and antagonists. Foodesign is their creative solution.

Paesaggio marchigiano
Marches landscape

Biografie / Biographies

Caraffa soffiata *Happy Hour*, design Guzzini Lab, 2004

Happy Hour blown jug, designed by Guzzini Lab, 2004

Aldo Bonomi

Sondrio, 1950. È fondatore del Consorzio AASTER, che dirige dal 1984. Da oltre trent'anni studia le dinamiche territoriali compiendo studi e ricerche; ha sempre mantenuto al centro dei suoi interessi le dinamiche antropologiche, sociali ed economiche dello sviluppo territoriale. Editorialista del "Sole 24 Ore", con le rubriche *Microcosmi* e *Viaggio in Italia*, dirige la rivista "COMMUNITAS". Intrattiene rapporti con istituzioni locali, organismi del terzo settore e con rappresentanze degli interessi con cui segue l'evoluzione del capitalismo molecolare e del capitalismo dei piccoli. Con la Triennale di Milano ha curato mostre di taglio sociale: "La città infinita" (2004), "La rappresentazione della pena" (2006), "La vita nuda" (2008), "La città fragile" (2009).
È autore di numerose pubblicazioni, dal *Trionfo della moltitudine. Forme e conflitti della società che viene* (Bollati Boringhieri,1996), a *Il rancore. Alle radici del malessere del Nord* (Feltrinelli, 2008), sino a *Sotto la pelle dello Stato. Rancore, cura, operosità* (Feltrinelli, 2010), *La Malaombra. Il perturbante caso dei suicidi in una vallata alpina* (Codice Edizioni, 2011) e *Elogio della depressione* scritto con Eugenio Borgna (Einaudi, 2011).

Luigi Bussolati

Colorno (Parma), 1963. Si diploma in fotografia al CFP Bauer di Milano nel 1986. Da tempo lavora nella sperimentazione della luce artificiale come strumento per la comunicazione collaborando con diverse imprese tra cui AEM S.p.A. (azienda energetica milanese), AMPS (azienda municipalizzata di Parma), Arquati S.p.A., Consorzio del Prosciutto di Parma e il Comune di Milano.

Aldo Bonomi

Sondrio, 1950. Founder of the Consorzio AASTER, which he has directed since 1984. For over thirty years he has studied and researched territorial dynamics; he has always kept the anthropological, social and economic dynamics of territorial development at the centre of his interests.
An editorialist for *Il Sole 24 Ore*, with the columns "Microcosmi" and "Viaggio in Italia," he also directs the magazine *COMMUNITAS*. He collaborates with local institutions, third-sector entities and with delegations for the interests with which he follows the evolution of molecular capitalism and small businesses. With the Triennale di Milano he curated the social-themed exhibitions *La città infinita* (2004), *La rappresentazione della pena* (2006), *La vita nuda* (2008), *La città fragile* (2009).
He is the author of numerous publications, from *Trionfo della moltitudine. Forme e conflitti della società che viene* (Bollati Boringhieri, 1996) to *Il rancore. Alle radici del malessere del Nord* (Feltrinelli, 2008), including *Sotto la pelle dello Stato. Rancore, cura, operosità* (Feltrinelli, 2010), *La Malaombra. Il perturbante caso dei suicidi in una vallata alpina* (Codice Edizioni, 2011) and *Elogio della depressione*, written with Eugenio Borgna (Einaudi, 2011).

Luigi Bussolati

Colorno (Parma), 1963. He graduated in Photography from the *CFP Bauer* in Milan in 1986. For some time now he has experimented with artificial lighting as a

Parallelamente alla comunicazione d'impresa collabora con l'editoria pubblicando con "Il Sole 24 Ore Domenica", "Abitare" (Editrice Abitare Segesta), "Linea Grafica" (Progetto Editrice), "IO Donna" (Rizzoli), "Zoom" (edizioni Progresso), MFL (Class Editori), "L'Uomo Vogue" (edizioni Condé Nast), "first. Il mensile di Panorama" e "Interni" (Mondadori), "Domus" (Editoriale Domus). Nel 2003 ha pubblicato per le edizioni Charta *AKH. Verso la luce*, una monografia che raccoglie una selezione dei suoi lavori.
Nel 2009 frequenta il corso di *lighting design* al Politecnico di Milano. Sue opere sono esposte in numerose collezioni pubbliche e private in Italia e all'estero.

Alessandro Cannavò
Catania, 1962. È caporedattore al "Corriere della Sera", dove guida la sezione culturale *Eventi* e quella dei supplementi speciali. Uno dei prodotti di questa seconda realtà editoriale è la serie "Italie" che in ogni numero analizza a 360 gradi una regione del Paese, dall'economia alla cultura, dalla sanità alla formazione, dal turismo allo sport con storie e reportage che mettono in rilievo le eccellenze del territorio.

Alberto Capatti
Già docente di Storia della cucina e della gastronomia all'Università degli Studi di Scienze Gastronomiche di Pollenzo (Cuneo), è storico dell'alimentazione, soprattutto per quanto riguarda il periodo contemporaneo. Ha pubblicato con Massimo Montanari *La cucina italiana storia di una cultura* (Laterza, 1999), *L'osteria nuova, una storia del XX secolo* (Slow Food, 2000), e l'edizione con commento critico della *Scienza in cucina e l'arte di mangiar bene* di Pellegrino Artusi (Rizzoli, 2010). Attende attualmente a una storia della cucina italiana (1945-2011).

Moreno Cedroni
Ancona, 1964. Chef a due stelle Michelin, ha portato uno spirito avanguardista nella cucina italiana. Appena ventenne apre il ristorante La Madonnina del Pescatore a Senigallia (nominato dal "Wall Street Journal" tra i primi dieci ristoranti europei di pesce del 2011 e decorato dalla *Guida Espresso* 2011 con il punteggio di 18/20). Da allora ha scritto vari libri tra cui *Sushi & Susci*, nel quale presenta il concetto di *susci*, ovvero un modo innovativo di reinterpretare il pesce crudo, partito come imitazione dell'idea tradizionale del sushi giapponese per diventare, più tardi, un vero e proprio studio indipendente. Il regno del suo *susci* diventa nel 2000 il Clandestino Susci Bar, proprio nel cuore del paesaggio più spettacolare della costa dell'Adriatico e nelle Marche: Portonovo. Nel 2003 ha cominciato a produrre nel suo laboratorio Officina le rinomate conserve gourmet e nello stesso anno ha aperto la prima salumeria di pesce al mondo, Anikò, nella città di Senigallia. Nel 2010 si è unito a Moschino per creare una versione urbana del suo susci bar, il Clandestino Milano. Ha ricevuto vari

communication instrument, collaborating with various companies including AEM S.p.A. (energy supplier in Milan), AMPS (municipal company in Parma), Arquati S.p.A., Consorzio del Prosciutto di Parma and the Municipality of Milan.
Alongside company communication, he also collaborates with publishing houses, with *Il Sole 24 Ore Domenica*, *Abitare* (Editrice Abitare Segesta), *Linea Grafica* (Progetto Editrice), *IO Donna* (Rizzoli), *Zoom* (Edizioni Progresso), *MFL* (Class Editori), *L'Uomo Vogue* (Condé Nast editions), *first. Il mensile di Panorama* plus *Interni* (Mondadori), *Domus* (Editoriale Domus).
In 2003 he published with Edizioni Charta, *AKH. Verso la luce*, a monograph that gathers a selection of his works.
In 2009 he attended the Lighting Design course at the Politecnico di Milano. His works are on display in numerous private and public collections, both in Italy and abroad.

Alessandro Cannavò
Catania, 1962. He is the editor-in-chief of *Corriere della Sera*, where he heads the culture section, *Eventi*, and special supplements. One of the creations of this second publishing reality is the series *Italie* which in each issue analyzes in-depth a region in Italy, from its economy to culture, from heath to education, from tourism to sports with reportages that highlight the outstanding qualities of the area.

Alberto Capatti
Former professor of History of Cooking and Gastronomy at the Università degli Studi di Scienze Gastronomiche in Pollenzo (Cuneo), he is a food historian, especially with regards to contemporaneity. He published with Massimo Montanari *La cucina italiana storia di una cultura* (Laterza, 1999), *L'osteria nuova, una storia del XX secolo* (Slow Food, 2000) and the edition with critical comment of *Scienza in cucina e l'arte di mangiar bene* by Pellegrino Artusi (Rizzoli, 2010).
He is currently working on a history of Italian cooking (1945–2011).

Moreno Cedroni
Ancona, 1964. Michelin two-star chef, he has brought an avant-garde spirit to Italian cuisine. When he was just twenty he opened the restaurant *La Madonnina del Pescatore* in Senigallia (Ancona) (the *Wall Street Journal* called it one of the top ten fish restaurants in Europe in 2011 and the *Guida Espresso 2011* gave it a vote of 18/20). Since then he has written various books including *Sushi & Susci*, where he presents the concept of *susci*, or rather an innovative way of reinterpreting raw fish, beginning as an imitation of the traditional idea of Japanese sushi to become, later, a veritable independent study. In 2000 the kingdom of his *susci* is the *Clandestino Susci Bar*, right in the heart of the most spectacular landscape on the Adriatic Coast and in the Marches region:

premi e riconoscimenti tra cui il Sole di Veronelli, le Tre Forchette del Gambero Rosso e lo svedese Kungsfenan Seafood Award. È considerato uno degli chef italiani più innovativi, un vero *enfant terrible* della cucina internazionale che gioca a cavallo tra le radici nella tradizione culinaria italiana e la vivacità del proprio spirito visionario.

Aldo Colonetti
Bergamo, 1945. Filosofo, ha studiato con Gillo Dorfles ed Enzo Paci, storico e teorico dell'arte, del design e dell'architettura. Dal 1998 è direttore scientifico dello IED (Istituto Europeo di Design); dal 1991 è direttore di "Ottagono". Ha fatto parte del comitato scientifico della Triennale di Milano dal 2002 al 2006 e del comitato presidenza ADI (Associazione per il Disegno Industriale) dal 1991 al 1992 e dal 1998 al 2002. Autore di saggi, curatore di mostre e iniziative culturali, in Italia e all'estero, collabora con il "Corriere della Sera" con articoli sul design e l'architettura.
Nel 2001 ha ricevuto da Sua Maestà Britannica Elisabetta II il titolo di Member of British Empire per meriti culturali. Dal 2004 fa parte della Fondazione 3M come membro dell'*advisor board*. Ha fatto parte del Consiglio Italiano del Design, sotto l'egida dei ministri dei Beni Culturali, degli Esteri e delle Attività Produttive (2009-2011).
Dal 2011 fa parte del comitato scientifico della Fondazione Ragghianti di Lucca.

Guido Corbetta
Milano, 1959. È professore ordinario di Corporate Strategy e titolare della cattedra AIdAF-Alberto Falck di Strategia delle aziende familiari presso l'Università Bocconi; è stato altresì fondatore della Bocconi Graduate School.
Da quasi venti anni studia le imprese familiari e le medie imprese e ha pubblicato vari contributi, tra questi *Le aziende familiari. Strategie per il lungo periodo* (EGEA, 2010). Nel 2008 ha pubblicato *Learning from Practice: How to Avoid Mistakes in Succession Processes* in un volume che raccoglie i contributi di una decina tra i più noti studiosi internazionali di *family business*. Ha svolto attività di docenza presso varie *business schools*, tra le quali IESE e EAE di Barcellona, AESE di Lisbona e Loyola University di Chicago.
Collabora con l'Associazione Italiana delle Aziende Familiari (AIdAF) sin dalla sua fondazione. È membro dei consigli di Amministrazione di varie imprese italiane a controllo familiare.

Luca Cordero di Montezemolo
Bologna, 1947. Dal 1991 è presidente della Ferrari S.p.A. Presidente e tra i maggiori azionisti di NTV (Nuovo Trasporto Viaggiatori), prima azienda privata dei treni di alta velocità, da luglio 2009 è presidente di Telethon. È consigliere di Amministrazione di Fiat S.p.A., della "Stampa", del gruppo francese del lusso PPR (Pinault-Printemps-Redoute), di Tod's, di Unicredit e di Delta Topco

Portonovo. In 2003 he began to produce in his *Officina* workshop renowned gourmet conserves and in that same year he opened the first fish deli in the world, *Anikò*, in Senigallia. In 2010 he joined with Moschino to create an urban version of his *susci* bar, the *Clandestino Milano*. He has won various awards and prizes including the *Sole* by Veronelli, *Tre Forchette* by Gambero Rosso and the Swedish *Kungsfenan Seafood Award*. He is considered one of Italy's most innovative chefs, a veritable *enfant terrible* of international cuisine who plays between the roots of Italian culinary traditions and the liveliness of his own visionary spirit.

Aldo Colonetti
Bergamo, 1945. A philosopher, he studied with Gillo Dorfles and Enzo Paci, an art, design and architecture historian and theorist. Since 1998 he has been the scientific director of IED (Istituto Europeo di Design); and since 1991 he has been director of *Ottagono*. He was on the scientific committee of the Triennale di Milano from 2002 to 2006 and directing committee of ADI (Associazione per il Disegno Industriale) from 1991 to 1992 and from 1998 to 2002. Author of essays and curator of exhibitions and cultural initiatives, in Italy and abroad, he collaborates with *Corriere della Sera* for articles on design and architecture.
In 2001 he received from His Majesty Queen Elizabeth II the title of Member of the British Empire for Cultural Merit. Since 2004 he is part of the Fondazione 3M as a member of the advisory board. He was also part of the Consiglio Italiano del Design, under the auspices of the Ministries of Cultural Heritage, Foreign Affairs and Production Activities (2009–2011).
Since 2011 he has been a member of the scientific committee of the Fondazione Ragghianti in Lucca.

Guido Corbetta
Milan, 1959. He is tenured professor of Corporate Strategy and AIdAF-Alberto Falck Professor of Family Company Strategy at Università Bocconi; he is also a founder of the Bocconi Graduate School.
For almost twenty years now he has researched family-run businesses and mid-size companies, publishing extensively, including *Le aziende familiari. Strategie per il lungo periodo* (EGEA, 2010). In 2008 he also published *Learning from Practice: How to Avoid Mistakes in Succession Processes* in a volume that gathers the contributions of about ten of some of the most well-known international family business scholars. He has also taught at various business schools, including IESE and EAE in Barcelona, AESE in Lisbon and Loyola University in Chicago.
He has collaborated with the Associazione Italiana delle Aziende Familiari (AIdAF) since it was founded. He is also on the board of administration of various Italian family companies.

ed è membro della giunta dell'Assonime.
Nel 2009 fonda l'associazione Italia Futura, nata
per promuovere il dibattito civile e politico sul futuro
del Paese, con il contributo di numerosi esponenti
della società civile italiana.
È stato presidente di Fiat S.p.A. dal 2004 al 2010
e presidente di Confindustria dal 2004 al 2008, nonché
presidente dell'Università LUISS di Roma fino al 2010.
Dal 1997 al 2005 ha ricoperto le cariche di presidente
e amministratore delegato in Maserati S.p.A. e dal 1998
al 2008 è stato presidente della Fiera Internazionale
di Bologna. Nel 2002 ha fondato Charme, fondo finanziario
imprenditoriale, con cui, nel 2003, ha acquisito Poltrona
Frau, nota azienda italiana di arredamento, di cui è anche
consigliere di Amministrazione, cui si sono poi aggiunti
i marchi Cassina, Cappellini e Thonet, e nel 2004,
Ballantyne, storico marchio internazionale di cashmere.
Dal 1973 al 1977 ha ricoperto il ruolo di assistente
di Enzo Ferrari e team manager della scuderia di Maranello,
conquistando due vittorie nel campionato del mondo piloti
di Formula 1 con Niki Lauda nel 1975 e nel 1977. Dal 1977
al 1981 è stato direttore delle relazioni esterne del gruppo
Fiat e, dal 1981 al 1983, amministratore delegato della Itedi
S.p.A., la holding che riunisce le attività editoriali del gruppo
Fiat, tra cui il quotidiano "La Stampa". Dal 1984
al 1986 ha guidato a Ginevra la Cinzano International S.p.A.
in veste di amministratore delegato ed è stato responsabile
dell'organizzazione per le attività di *Azzurra*, la prima barca
italiana che ha partecipato all'America's Cup. Ha, quindi,
ricoperto, dal 1986 al 1990, la carica di direttore generale
del Comitato organizzatore della Coppa del Mondo di Calcio
Italia '90 e poi, da 1990 al 1991, quella di amministratore
delegato della RCS Video e di membro del consiglio
di Amministrazione di TF1, il più importante canale
televisivo francese. È Cavaliere del Lavoro e nel 2008
è stato insignito del titolo di *Commandeur de la Légion
d'Honneur* dal presidente della Repubblica francese.
Nel 2001 è stato eletto "uomo dell'anno" dalla più
importante rivista automobilistica americana, "Automobile",
e, nel 2002, dalla prestigiosa rivista inglese "Autocar".
È stato citato dal "Financial Times" tra i cinquanta migliori
manager del mondo nel 2003, nel 2004 e nel 2005.
Gli sono state conferite cinque lauree honoris causa:
in Ingegneria meccanica dall'Università degli Studi
di Modena, in Gestione integrata d'impresa dalla
Fondazione CUOA di Vicenza, in Ingegneria gestionale
dall'Università degli Studi di Genova, in Ingegneria
del design industriale dal Politecnico di Milano e, infine,
in Fisica dei materiali della SISSA (Scuola Internazionale
Superiore di Studi Avanzati) di Trieste.

Diego Della Valle
Casette d'Ete di Sant'Elpidio a Mare (Fermo),1953.
Dopo gli studi in Giurisprudenza a Bologna e un periodo
di lavoro negli Stati Uniti, entra nell'azienda di famiglia
nel 1975, dove ha modo di approfondire la conoscenza
delle tecniche produttive, affiancando l'attività del padre
nella gestione della stessa.

Luca Cordero di Montezemolo
Bologna, 1947. Since 1991 he has been Chairman
of Ferrari S.p.A. Chairman and one of the main
shareholders of NTV (Nuovo Trasporto Viaggiatori),
the first private company of high-speed trains, since
July 2009 he is Chairman of Telethon.
He is advisor of the board of directors for Fiat S.p.A.,
La Stampa, the French luxury company PPR
(Pinault-Printemps-Redoute), Tod's, Unicredit
and Delta Topco and a board member of Assonime.
In 2009 he founded the association Italia Futura, born
to promote the civil and political debate on the future
of Italy, with the contribution of numerous exponents
of Italian society.
He was Chairman of Fiat S.p.A. from 2004 to 2010
and Chairman of Confindustria from 2004 to 2008,
as well as Chairman of Università LUISS in Rome
until 2010.
From 1997 to 2005 he was Chairman and CEO
of Maserati S.p.A. and from 1998 to 2008 he was
Chairman of the International Fair of Bologna.
In 2002 he founded Charme, an entrepreneurial financial
fund, with which, in 2003, he acquired Poltrona Frau,
a famous Italian furnishing company of which he is also
advisor of the board of directors, subsequently including
the brands Cassina, Cappellini and Thonet, and in 2004,
Ballantyne, a celebrated international cashmere brand.
From 1973 to 1977 he was the assistant of Enzo Ferrari
and team manager for Ferrari, winning twice in the
Formula 1 World Championships with Niki Lauda
in 1975 and 1977. From 1977 to 1981 he was Public
Relations Director of Fiat and, from 1981 to 1983,
CEO of Itedi S.p.A., the holding that joins the publishing
activities of Fiat, including the newspaper *La Stampa*.
From 1984 to 1986 he led in Geneva Cinzano
International S.p.A. as CEO and was head of organizing
activities for *Azzurra*, the first Italian boat that
participated in the America's Cup. From 1986
to 1990 he was General Manager of the Organizing
Committee for the Coppa del Mondo di Calcio Italia '90
and then, from 1990 to 1991, he was CEO
of RCS Video and member of the board of directors
of TF1, France's most important TV channel.
He is a Knight of Labor and in 2008 he was given
the title Commandeur de la Légion d'Honneur from
the President of the French Republic. In 2001
he was elected *Man of the year* by America's most
important auto magazine, *Automobile*, and, in 2002,
by the prestigious English magazine *Autocar*. He was
listed by the *Financial Times* as one of the fifty best
managers in the world in 2003, 2004 and 2005.
He has been given five honorary degrees: in Mechanical
Engineering from the Università degli Studi di Modena,
in Integrated Company Management from the
Fondazione CUOA in Vicenza, in Management
Engineering from the Università degli Studi di Genova,
in Industrial Design Engineering from the Politecnico
di Milano and, finally, in Material Physics from the

Ha avuto un ruolo di preminenza nel determinare le strategie aziendali e nella creazione dei marchi che contraddistinguono i prodotti della società, dando inizio allo sviluppo di un innovativo piano di marketing che diventerà un esempio mondiale, da molti seguito nell'industria dell'alta qualità.
Dal mese di ottobre 2000 ha assunto il ruolo di presidente e amministratore delegato del nuovo gruppo Tod's S.p.A., quotato alla Borsa di Milano, che rappresenta oggi uno dei grandi protagonisti mondiali nel settore degli accessori di lusso con i marchi Tod's, Hogan, Fay e Roger Vivier.
Nel 1996 è stato nominato Cavaliere del Lavoro e ha ricevuto, nell'anno 2000, la laurea honoris causa in Economia e Commercio dall'Università di Ancona.
È componente del consiglio di Amministrazione di diverse società come LVMH, Assicurazioni Generali, Ferrari, Marcolin, RCS e Nuovo Trasporto Viaggiatori S.p.A. ed è membro del patto di Sindacato di Mediobanca.
È inoltre azionista, attraverso le società finanziarie di famiglia insieme al fratello Andrea, oltre della Tod's S.p.A., anche di Mediobanca, RCS, Saks, Marcolin, Piaggio, Cinecittà, Fondo Charme e della squadra di calcio ACF Fiorentina.
Diego Della Valle è membro del comitato di sostegno della Fondazione Umberto Veronesi e presidente del consiglio di Amministrazione della Fondazione Della Valle Onlus.

Giorgio Di Tullio
Di formazione filosofica e antropologica, scrive e dirige opere teatrali per poi dedicarsi, esplorando miti e tradizioni di terre diverse, alla ricerca su architetture, nature e territori in più di trenta nazioni nel mondo. Era a Mosca durante la caduta del muro di Berlino (1989-1990), a Cape Town alla fine dell'apartheid (1993-1994), a Mostar, in Bosnia, in occasione degli eventi relativi al ponte-simbolo della guerra (1993 e 2001); ha viaggiato, scritto e fotografato in Corea del Nord, Islanda, Nuova Caledonia, Cina, Nuova Zelanda e Tanzania.
Da oltre dodici anni intervista architetti e designer internazionali sulla natura del progetto e sul significato degli oggetti, delle architetture, delle città. Ha pubblicato, come regista e autore, con De Agostini Editore, Atlas Editeur, Sfera-RCS, Marsilio Editori, RAI Trade e Domus. Svolge attività di design, di progettazione integrata, di indagine di scenari e di consulenza strategica su oggetti per l'abitare, sul senso di prodotti, cibo e benessere.
Si occupa del significato e delle pratiche della sostenibilità. Coordina diversi gruppi di ricerca e di sviluppo di nuovi concetti per l'innovazione nei processi e nella progettazione, sulla ridefinizione dell'idea di prodotto. Oggetti, installazioni e progetti sostenibili sono stati premiati ed esposti a Roma (Museo Ara Pacis e collezione permanente della Farnesina), New York (MAD Museum), Vancouver (Round House, per i Giochi Olimpici del 2010), Johannesburg (Casa Italia per i Campionati del Mondo 2010), Istanbul (Kadir Has University), Tel Aviv (Design Museum Holon), Parigi

SISSA (Scuola Internazionale Superiore di Studi Avanzati) in Trieste.

Diego Della Valle
Casette d'Ete di Sant'Elpidio a Mare (Fermo), 1953.
After studying Law at Bologna and working in the United States, he entered his family's company in 1975, where he furthered his understanding of production techniques and managed the business alongside his father.
He had a pre-eminent role in establishing the company's strategies and in the creation of brands that have distinguished their products; this allowed him to develop an innovative marketing plan that would become a world example, followed by many in the industry of high quality.
Since October 2000 he has been Chairman and CEO of the new company, Tod's S.p.A., listed on the stock exchange in Milan, which today represents one of the great international players in the sector of luxury accessories with the brands Tod's, Hogan, Fay and Roger Vivier.
In 1996 he was nominated Knight of Labor and he received, in 2000, an honorary degree in Economics and Business Administration from the Università di Ancona.
He is a member of the board of directors of various companies like LVMH, Assicurazioni Generali, Ferrari, Marcolin, RCS and Nuovo Trasporto Viaggiatori S.p.A. and a member of the syndicate for Mediobanca.
He is also a shareholder, through his family's financial companies along with his brother Andrea, of Tod's S.p.A., Mediobanca, RCS, Saks, Marcolin, Piaggio, Cinecittà, Fondo Charme and the football team ACF Fiorentina.
Diego Della Valle is also a member of the supporting committee for the Fondazione Umberto Veronesi and Chairman of the board of directors of the Fondazione Della Valle Onlus.

Giorgio Di Tullio
With studies in Philosophy and Anthropology, he writes and directs theatrical works as well as explores the myths and traditions of various lands, researching the architecture, nature and territories of over thirty countries across the world. He was in Moscow when the Berlin Wall fell (1989-1990), in Cape Town during the demise of Apartheid (1993-1994), in Mostar, Bosnia, for events relating to the bridge-symbol of the war (1993 and 2001); he has travelled, written and photographed in North Korea, Iceland, New Caledonia, China, New Zealand, Tanzania.
For over twelve years now he interviews international architects and designers on the nature of the project and the meaning of objects, of architecture, of cities. He has released, as director and author, with De Agostini Editore, Atlas Editeur, Sfera-RCS, Marsilio Editori, RAI Trade and Domus. He is occupied with design, integrated planning, setting research and strategic consulting of objects for living, of the sense of products, food and wellbeing.

(Boucheron per Wallpaper*), Rabat (Ecole Nationale d'Architecture), Francoforte, Milano (Triennale, Best up e altri luoghi) ed Helsinki (Musikkitalo).

Gillo Dorfles
Trieste, 1910. È pittore, critico d'arte, teorico e storico. Con Monnet, Soldati e Munari è stato il fondatore nel 1948 del Movimento Arte Concreta (MAC), di cui ha rappresentato un cardine teorico. Ordinario di Estetica a Milano, Cagliari e Trieste, ha insegnato, come *visiting professor*, in decine di università nel mondo. È autore di innumerevoli saggi di estetica tradotti in tutto il mondo, tra i quali *Le oscillazioni del gusto e l'arte moderna* (Lerici, 1958); *Ultime tendenze nell'arte di oggi* (Feltrinelli, 1961) e *Il kitsch. Antologia del cattivo gusto* (Mazzotta, 1969).
Collabora, dagli anni settanta, con il "Corriere della Sera".
È ritenuto uno dei maggiori studiosi al mondo delle arti.

Oscar Farinetti
Alba (Cuneo), 1954. Dal 1972 al 1976 frequenta, a Torino, Economia e Commercio, per poi entrare subito nell'impresa di famiglia. Dal 1978 al 2003 è prima consigliere, in seguito amministratore delegato e presidente del gruppo di elettrodomestici UniEuro. Dal 2002 al luglio 2003 è nel *board* della multinazionale inglese Dixons e, negli stessi anni, collabora ad attività didattiche per l'Istituto Cermes-Bocconi e per l'Università degli Studi di Parma. Dopo aver inventato il format Eataly, primo supermercato al mondo dedicato interamente ai cibi di alta qualità, che apre a Torino il 27 gennaio 2007; nel settembre 2008 lascia la poltrona di amministratore delegato per rimanerne presidente. Nel frattempo segue le aperture di altri Eataly: in Italia, a Tokyo (nove punti vendita) e a New York.
Dal luglio 2008 è amministratore delegato dell'azienda vitivinicola Fontanafredda.

Stefano Frattini
Milano, 1980. Si laurea in Disegno industriale al Politecnico di Milano studiando codici e segni invisibili del vivere urbano. Contemporaneamente si diploma in Fotografia presso il CFP Bauer di Milano.
Dopo esperienze come art director nel campo dell'editoria, dal 2005 al 2009 lavora presso lo studio Gentili Associati di Milano come visual designer e project manager su progetti di cultura della comunicazione.
Nel 2009 segue progetti di sviluppo sociale in Argentina con le associazioni non governative ACDI e AVSI.
Lì sviluppa due ricerche personali sulle baraccopoli di Santa Fe e sugli italiani emigrati nel dopoguerra in Patagonia.
Realizza le videoscenografie per la performance teatrale *Suite Sarajevo* di Moreno Gentili (2008-2010) e successivamente per lo spettacolo multimediale *Rock-In* (2010) con il conservatorio di musica Giuseppe Niccolini di Piacenza.
Nel 2011 scrive e dirige *papà home less*, documentario sulla condizione dei padri separati che vivono in strada, prodotto dalla Fondazione Milano Cinema.

He also studies the meaning and practices of sustainability. He coordinates various research and development groups of new concepts for the innovation of processes and planning, on redefining the idea of the product. His sustainable objects, installations and projects have been awarded and displayed in Rome (Museo Ara Pacis and the Farnesina permanent collection), New York (MAD Museum), Vancouver (Round House, for the 2010 Olympic Games), Johannesburg (Casa Italia for the 2010 World Championships), Istanbul (Kadir Has University), Tel Aviv (Design Museum Holon), Paris (Boucheron for Wallpaper*), Rabat (Ecole Nationale d'Architecture), Frankfurt, Milan (Triennale, Best up and other venues) and Helsinki (Musikkitalo).

Gillo Dorfles
Trieste, 1910. He is a painter and critic, theorist and historian of art. With Monnet, Soldati and Munari in 1948 he founded the Movimento Arte Concreta (MAC), of which he was a key theorist. Tenured Professor of Aesthetics in Milan, Cagliari and Trieste, he has also lectured, as Visiting Professor, in many universities around the world.
The author of numerous essays on aesthetics, translated into many languages, including *Le oscillazioni del gusto e l'arte moderna* (Lerici, 1958); *Ultime tendenze nell'arte di oggi* (Feltrinelli, 1961), and *Il kitsch. Antologia del cattivo gusto* (Mazzotta, 1969).
Since the 1970s he has collaborated with *Corriere della Sera*.
He is considered one of the greatest art scholars in the world.

Oscar Farinetti
Alba (Cuneo), 1954. From 1972 to 1976 he studied Economics and Business Administration at Turin University, then entering the family's business. From 1978 to 2003 he was advisor then CEO and finally Chairman of the appliance company UniEuro. From 2002 to July 2003 he was on the board of the English multinational corporation Dixons and, during those same years, he collaborated with didactic activities for the Istituto Cermes-Bocconi and for the Università degli Studi di Parma. After inventing the *Eataly* format, the first supermarket in the world entirely dedicated to top-quality products, which opened in Turin on January 27th, 2007; in September 2008 he stepped down as CEO but remained Chairman. In the meantime he followed the openings of other *Eataly* stores: in Italy, in Tokyo (nine stores) and in New York.
Since July 2008 he has been CEO of the wine company Fontanafredda.

Stefano Frattini
Milan, 1980. He graduated in Industrial Design from the Politecnico di Milano, studying invisible codes and signs of urban living. As the same time he also

Dal 2009 lavora come visual designer, muovendosi trasversalmente tra *brand identity*, arte, fotografia e immagini in movimento.

Moreno Gentili
Como, 1960. Si occupa di strategie di comunicazione per l'impresa, scrittura e arte. Scrive per il "Corriere della Sera", "Domus", "Il Giornale del Design" e altre testate.
Nel 2000 introduce in Italia il principio di *concept design*, attività di valorizzazione del brand d'impresa in termini di "metaprogetto". È consulente di Ferrari per studi sul valore di brand.
Tra i suoi progetti: UP! Design Sustainability per presentare in anteprima la nuova vettura *UP* di Volkswagen; On the Move per Autogrill con Al Gore, Steven Spielberg, Marc Augé e altri autori per raccontare storia e successi dell'azienda nel mondo; Harmonia Mundi, allestimento permanente della nuova sede di RCS e del "Corriere della Sera" in via Solferino a Milano; Arca, progetto plurisettoriale per la Fratelli Guzzini in occasione del suo centenario; Vulcania, allestimento permanente del nuovo Centro Stile Fiat a Torino; Skira Impresa, progetto editoriale dedicato a rappresentare il made in Italy nel mondo.
Come artista ha partecipato alla Biennale di Venezia 2007 presso la Fondazione Thetis con il progetto *Do Not Cross*, ideato per promuovere la tutela delle foreste europee ed esposto alla Biennale di Venezia 2011 con un'opera dedicata a New York.
Tra le sue pubblicazioni: *Barreca & La Varra. Questioni di facciata* (Skira, 2012); *Milano 1944, un amore* (Skira, 2012); *L'Inferno dentro* (Sonda, 2010); *Suite Sarajevo* (Archivi del '900, 2009); *On the Move. Nel paesaggio di Autogrill* (Skira, 2009); *Do Not Cross. Azioni di tutela forestale* (Johan & Levi, 2007); *Ideators: disegnatori di idee* (Skira, 2007); *Sguardo nomade nell'Eldorado dell'Europa* (Archinto, 2004); *Europe Terminal. Mutazioni tecnologiche* (Charta, 2004). *NYC. New York Revisited* (Charta, 2001); *In linea d'aria. Immagini di un viaggio a piedi* (Feltrinelli, 1999); *Habitat* (Arti Grafiche Friulane, 1995); *Rivedute veneziane* (Idea Books, 1993).

Luigi Massoni
Milano, 1930. Dopo gli anni di tirocinio presso il "Collettivo di Architettura" di Milano e le prime esperienze tra il 1953 e il 1955, inizia l'attività di designer realizzando per Alessi il set da bar e i contenitori della *Serie 5* tuttora in produzione. Tra il 1957 e il 1960 con l'architetto Carlo De Carli contribuisce al rinnovamento produttivo e professionale di quegli anni, partecipando a diverse manifestazioni. Ancora assieme a De Carli fonda "Il Mobile Italiano".
Nel 1959, associando un gruppo di industriali del mobile, dà vita a Mobilia, uno dei primi centri di promozione del design italiano. Sempre nel 1959 entra, in qualità di progettista e coordinatore della produzione, alla Boffi cucine, realizzando alcuni tra i primi sistemi modulari per la casa e la cucina.
In seguito a questa esperienza, in qualità di progettista

graduated in Photography from the *CFP Bauer* in Milan. After being art director in the field of publishing, from 2005 to 2009 he worked at Gentili Associati in Milan as visual designer and project manager on communication culture projects.
In 2009 he followed social development projects in Argentina with the non-governmental associations ACDI and AVSI. There he developed two personal studies on the slums of Santa Fe and on Italian emigrants in Patagonia after the war.
He created the video scenography for the theatrical performance *Suite Sarajevo* by Moreno Gentili (2008–2010) and subsequently for the multimedia show *Rock-In* (2010) with the Music Conservatory Giuseppe Niccolini of Piacenza.
In 2011 he wrote and directed *papà home less*, a documentary on the condition of homeless divorced fathers, produced by the Fondazione Milano Cinema.
Since 2009 he is a visual designer, ranging transversally from brand identity, art, photography and images in motion.

Moreno Gentili
Como, 1960. He deals with Business Communication, Writing and Art. He writes for *Corriere della Sera, Domus, Il Giornale del Design* and others. In 2000 he introduced the principle of "Concept Design" in Italy, an activity to enhance company brands in terms of "Metaproject." He is an advisor for Ferrari for brand enhancement studies.
Among his projects: *UP! Design Sustainibility* to premiere the new vehicle *UP* by Volkswagen; *On the Move* for Autogrill with Al Gore, Steven Spielberg, Marc Augé and others to narrate the history and successes of the company in the world; *Harmonia Mundi*, permanent installation in the new headquarters of RCS and *Corriere della Sera* on Via Solferino in Milan; *Arca*, a multisector communication project for Fratelli Guzzini for their hundredth anniversary; *Vulcania*, permanent installation of the new Centro Stile by Fiat in Turin; *Skira Impresa*, publishing project dedicated to representing "Made in Italy" across the world.
As an artist he took part in the 2007 Venice Biennale with the Fondazione Thetis and his *Do Not Cross*, a project aimed at safeguarding European forests and in the 2011 Venice Biennale with a work dedicated to New York.
Among his publications: *Barreca & La Varra. Questioni di facciata* (Skira, 2012); *Milano 1944, un amore* (Skira, 2012); *L'Inferno dentro* (Sonda, 2010); *Suite Sarajevo* (Archivi del '900, 2009); *On the Move. Nel paesaggio di Autogrill* (Skira, 2009); *Do Not Cross. Azioni di tutela forestale* (Johan & Levi, 2007); *Ideators: disegnatori di idee* (Skira, 2007); *Sguardo nomade nell'Eldorado dell'Europa* (Archinto, 2004): *Europe Terminal. Mutazioni tecnologiche* (Charta, 2004); *NYC. New York Revisited* (Charta, 2001); *In linea d'aria. Immagini di un viaggio a piedi* (Feltrinelli, 1999); *Habitat* (Arti Grafiche Friulane, 1995); *Rivedute Veneziane* (Idea Books, 1993).

e art director ha dato forza all'immagine di numerose industrie italiane ed estere operando nei seguenti settori: arredamento (cucine, mobili componibili, poltrone etc.), materie plastiche, ceramica e porcellana, vetri e cristallo, metalli (anche preziosi), pelletteria e accessori, articoli da regalo e articoli casalinghi.
In qualità di collaboratore della Fratelli Guzzini, l'attività di Massoni è stata importantissima per indirizzare l'evoluzione dello sviluppo dell'artigianato diffuso sul territorio marchigiano verso il design.

Gianfranco Zaccai
Trieste, 1947. Da lungo tempo negli Stati Uniti, è presidente e *chief design officer* di Continuum che ha cofondato nel 1983. Sotto la sua direzione, Continuum è diventata leader nel definire il ruolo della ricerca nel design, del design interdisciplinare e del processo di *concurrent development* come fattori chiave di un business *human-centered* e dell'innovazione di prodotto.
Si è laureato in Industrial Design presso la Syracuse University, dove fa parte del senato accademico del College of Visual and Performing Arts. Possiede inoltre una laurea in Architettura conseguita presso il Boston Architectural College, dove ricopre il ruolo di consulente scientifico. Numerosi i riconoscimenti ottenuti nel corso degli anni: una laurea honoris causa in Doctor of Arts conferitagli dalla North Caroline State University, e una laurea honoris causa in Doctor of Fine Arts concessagli dalla sua alma mater, la Syracuse University. Ha inoltre ricevuto dal presidente della Repubblica italiana l'onorificenza di commendatore dell'Ordine al Merito.

Luigi Massoni
Milan, 1930. After years of interning at the "Collettivo di Architettura" in Milan and his first work experiences between 1953 and 1955, he began his activity as a designer creating for Alessi the *Serie 5* bar set and containers, which are still in production. Between 1957 and 1960 he contributed, along with architect Carlo De Carli, to the production and professional renewal of those years, taking part in various events. With De Carli he founded *Il Mobile Italiano*.
In 1959, he established, along with a furniture manufacturing company, Mobilia, one of the first Italian design promotion centers. Also in 1959 he became part of Boffi cucine, as designer and production coordinator, creating some of the first modular systems for the home and kitchen.
Following this experience, as a designer and art director he bolstered the image of numerous Italian and foreign manufacturers in the following sectors: furnishings (kitchens, furniture units, armchairs, etc.), plastic materials, ceramics and porcelain, glass and crystal, metals (even precious), leather and accessories, gift items and home goods.
As a collaborator of the Fratelli Guzzini, Massoni's activity has been very important in channelling the evolution of craftsmanship throughout the Marches region towards design.

Gianfranco Zaccai
Trieste, 1947. For many years now a resident in the United States, he is Chairman and Chief Design Officer of Continuum which he co-founded in 1983. Under his guidance, Continuum became a leader in defining the role of design research, of interdisciplinary design and of the process of concurrent development, as key factors of a human-centered business and product innovation. He graduated in Industrial Design from Syracuse University, where he is a member of the Academic Senate for the College of Visual and Performing Arts. He also possesses a degree in Architecture, from Boston Architectural College, where he is also a consultant. He has been awarded numerous times over the years: an honorary degree as Doctor of Arts from North Caroline State University and another as Doctor of Fine Arts from his alma mater, Syracuse University. He also received from the President of the Italian Republic the honor of Commander of Merit.